JN124890

紫式部占い

著 小林清香

風水監修 谷口令

かざひの文庫

はじめに

「『源氏物語』って宿曜占星術とこんなに関わりがあるんだ！」

これまで、アロマや月読みなどと併せて宿曜占星術を学び、私が、『源氏物語』と宿曜占星術の関係が深いということを知り、興味を持ったのは2022年の夏のことでした。

優れた人物造形やストーリーテリングで、千年以上経った今もなお読み継がれる『源氏物語』。

紫式部はなぜ、宿曜占星術を使ってこの名作を書いたのでしょう？　宿曜占星術の学びを深めるためのヒントがここにあるのではないか？

そう考えた私は紫式部の思考をひもといてみたくなりました。

人の本質を深くまで読み解き、その的中率の高さから社会的に地位のある方も頼ることがある宿曜占星術。

私は、これまで宿曜占星術やアロマなどを用いて3千人以上のカウンセリングを行ってきました。

その中で、宿曜占星術はさまざまな悩みを解消するのに大変役立ち、喜ばれるものだと実感していましたが、なんといっても宿曜占星術の構造はとても複雑で、知識のない人が気軽に自分で試すというわけにはいかないのが玉に瑕。

そこで、宿曜占星術をなるべく分かりやすくシンプルにしつつ、本質と特性を表す27の「宿」を『源氏物語』のキャラクターになぞらえた本を作ったら面白いのではないかと考え、文献に当たりながら試行錯誤の末に完成したのがこの『紫式部占い』です。

宿曜占星術では、人間は大宇宙に包まれた存在であり、自然の一部であると考えていることから、本書では、アロマや風水も取り入れた自然と共存できるライフスタイルを提案しています。

可愛いキャラクターのイラストでクスッと笑ってもらいつつ、この本に書かれていることが皆さんにとって楽に楽しく生きるための一助になればと願っています。

CONTENTS

COLUMN

第三帖

第四帖 人生を変えるソウルメイト

第五帖 お悩み解消！ 紫式部占い流風水 162

第一帖
紫式部占いと宿曜占星術

紫式部占いは、性格や相性、前世・来世の生き方、自分に合った香り（アロマ）、風水などを『源氏物語』に登場する27人のキャラクターに当てはめて導き出す、これまでにない新しい占いです。

本書のベースになっているのは、宿曜占星術です。天体の位置や運行をもとに、人間の運命や吉凶を占うことを目的としており、約1200年前の平安時代に、密教の一分野として空海によって伝えられたとされています。

この宿曜占星術は、戦国時代にはかの武田信玄、豊臣秀吉など名だたる大名たちが、戦術のサポートをはじめ、大名の配置転換など重要事項を決める際に使っていました。

その信頼度合はというと、あの徳川家康が「あまりにも的中するから」という理由

で封印し、世に出さないようにしてしまったほど！　これだけでも、いかに宿曜占星術の力が強大かということがお分かりいただけるのではないでしょうか。

一方の『源氏物語』は、平安時代に下級貴族の女性作家・紫式部の手による長編小説で、宮廷や貴族社会を舞台に恋愛や人間関係を描いています。

この時代の貴族は宿曜占星術を生活に取り入れており、紫式部はキャラクター作りやストーリー展開にもそれを生かしたとされているのです。

現に、物語中には、帝が幼い光源氏を「宿曜のかしこき道の人に勘(かんが)えさせたまふ（宿曜経の優れた専門家に鑑定させなさる）」という一文をはじめ、宿曜占星術が登場するシーンがあちこちに見られます。『源氏物語』と宿曜占星術は密接に関係しているのです。

第一帖では、紫式部占いのベースとなる宿曜占星術と『源氏物語』の関わりなどをひもときながら、この本の魅力についてお話ししていきたいと思います。

紫式部と宿曜占星術の歴史

紫式部は言わずと知れた平安中期の女流作家、歌人です。

彼女と同時代に活躍していた「陰陽師」という存在をご存知でしょうか。

映画や漫画などに登場することも多いため、一度は耳にしたことがあるのではないかと思います。

陰陽師とは、陰陽五行思想に基づいた陰陽道を駆使し、厄祓い、祈祷、占術などを行う職業です。

実は、紫式部の生きた平安中期、その陰陽道と同じくらい支持されていたのが当時の上流階級の人々が信じていた「宿曜占星術」でした。宿曜の専門家は「宿曜師」と呼ばれ、国家鎮護にあたる役割を担っていました。

紫式部の時代よりもさらに100年ほどさかのぼった9世紀のはじめ、平安時代初期に空海が中国から持ち帰ったものは仏具、そして真言密教の経典

『文殊師利菩薩及諸仙所説吉凶時日善悪宿曜経』でした。この最後の三文字を取って宿曜経と呼ばれるようになり、ここから生まれたのが宿曜占星術です。

しかし、真言密教は、当時の日本では非常識な教えとされていました。

なぜならその教えの核ともいえる「現世ご利益」――「今を楽しむ」という考え方がその頃の宗教界とは相容れないものだったからです。

当時は「来世のために今生があり、転生するたびに霊格が上がっていく」という考え方が主流でした。

その後、平安時代も中期になると貴族たちは目新しさのある密教の教えに魅了され、普及に貢献しました。同時に、真言密教の一部である宿曜占星術も彼らに浸透していったのです。

その一方で、宿曜が貴族、僧侶の間に深く定着していた時期も、一般庶民には知られていませんでした。

その大きな理由としては、「一般庶民に知れ渡ると悪用されるかもしれない」という貴族たちの恐れがあったようです。

宿曜占星術は、その的中率の高さから、国家機密として特権階級だけが知ることができるものだったのです。

なぜ紫式部は宿曜を使ったのか？

なぜ紫式部はこの宿曜占星術を『源氏物語』の作劇に使ったのでしょうか。

彼女が宿曜占星術に傾倒していた理由には、紫式部の家族関係にも一因があったようです。

紫式部の兄あるいは弟が、日本に宿曜を持ち込んだ空海の甥・円珍によって建立された園城寺の阿闍梨（あじゃり）（高僧の位の一種）だったと言われているのです。

その時代の僧侶は、みな宿曜経を学ぶので、紫式部もまた宿曜経に接する機会が多かったと考えられます。

27の宿と『源氏物語』の27人の登場人物

宿曜占星術では、生まれた日の月の位置によって、27個の「宿」で人間の性質や運勢を分類しています。

宿曜占星術がベースとしている旧暦では、月が地球を一周するのに要する日数はおよそ27日。月の軌道を27等分した時間（＝1日）に月が宿泊する（＝宿る）ことから、宿は「月の宿」とも呼ばれ、宿にはすべてその日の月に近い位置にある恒星の名前が付けられています。

『源氏物語』には、人間臭さを持ったさまざまなタイプの魅力的なキャラクターが登場しますが、紫式部はこの宿曜占星術の27宿の性格に当てはめて登場人物を作っていたようです。

本書を書くにあたり、私はさまざまな文献に当たりながら『源氏物語』を読み、時に自分なりの解釈を交えながら27人のキャラクターを当てはめていきました。

ちなみに私のキャラクターは、宿曜占星術でいうと角宿、本書でいうと匂の宮。光源氏の息子・薫に対抗意識を燃やしている遊び好きな男性です。

仕事も遊びも一生懸命、無我夢中になるので器用貧乏のところがありますが、ワクワクすることで運が開けるキャラクターということを知ってからは、日頃から理屈よりも自分の感覚を大事にすることで、仕事も家庭の雑事も以前に比べてストレスなく向き合えるようになりました。

宿曜占星術で分かること ①自分も知らない自分の本質

では、宿曜占星術についてもう少し説明したいと思います。

宿曜占星術の最大の特徴は、前述のように、悪用を懸念されるほどに的中率が高いこと。

次に、個人の性格や運命を細かく分析することができる点が挙げられます。

宿曜占星術では27の宿があり、細かく個人の本質を割り出しており、自分でも知らなかった自分の性質が分かります。

私がカウンセリングしている中でも、宿曜占星術で導き出された性格に対してピンと来られていない方がいらっしゃいます。しかし、「周囲からはそう言われます」とおっしゃるのです。

宿曜は、地球の陰に隠れてしまうことのある月に関係している教えでもありますので、隠れていて見えない自分本来の姿を客観的に見ることや、潜在意識にフォーカスすることを教えてくれるのです。

自分自身のことは自分では見えにくいもの。だからこそ、道に迷った時、自分を見失った時などには宿曜占星術が役に立つはずです。

「自分はこういう行動しかできない」「自分はこうしないといけない」などといった思い込みから離れ、柔軟に自分の本質や使命、役割、くせ、才能などを見つめ直すきっかけになります。

宿曜占星術は自分の内面と向き合うためのもの。

自己理解を深め、より良い人生を送るためのガイドとなってくれるのが、宿曜占星術なのです。

宿曜占星術で分かること ②729通りもの相性

また、宿曜占星術では、自分自身の内面だけでなく、周囲の人々との相性を知ることが可能です。

こちらもまた分類が細かく、27×27、つまり729通りの組み合わせを見られるのです。

同じキャラクター同士の相性であっても、自分から見た場合と相手から見た場合で内容が違っていることもあります。ここまで詳細に相性を見られる占術はなかなかないのではないでしょうか。

恋愛、ビジネス、夫婦、友人関係……身近な人との相性を知っておくことで相手に振り回されず、良好な人間関係の構築、コミュニケーション向上に役立てていただければと思います。

宿曜占星術で分かること ③関わりの深い体の部位

宿曜占星術では、惑星と体の関係を見ており、それぞれの宿ごとに頭、右肩、左肘、目、などと関わりの深い体の部位が記されています。

月と体には密接な関係があり、宿ごとに、月からのエネルギーを受けやすい場所があるという考え方です。

この各キャラクターにとって関わりの深い部位というのは、ストレスや何か不調があった時に反応しやすい場所といえます。

例えば匂の宮である私にとって関係の深い部位は、顎です。疲れやストレスを感じたり、何か異変があると顎関節症になったり歯痛の症状が出たりします。

宿曜占星術で教えてくれているこうした部位は、あなたにとってダメージを受けやすいところと認識しておきましょう。それと同時に、日頃からそこに注意を向け、ケアする習慣をつけましょう。

例えば足であれば、日頃から転倒に注意しつつマッサージを習慣化する、目であれば目薬をこまめにさし、スマホなど負担になるものを軽減する、などが考えられますね。

平安時代と香りの文化

この本では、宿曜占星術に加えて、各キャラクターの香り＝アロマを紹介しています。

私は、20年以上にわたりアロマを学び、いくつか資格も持っています。その長年の経験から、香りとは、体と心を癒やし、魂を輝かせてくれるものであると考えるようになりました。

そして、奇しくも『源氏物語』と香りもまた、切っても切れない密接な関係があるものだったのです。

日本では、仏教の伝来とともに「香」は仏教儀式に欠かせないものとして発達しました。

平安時代になると、まさに香りの文化は花盛り。

平安貴族にとってなくてはならないものとなり、貴族たちは代々家宝として伝わる香りの原料を使い、自ら調香してセンスや位を表していました。

香りは教養のひとつとして重視されるものであり、香りにまつわるさまざまな風習もありました。

例えば、「追風用意（おいかぜようい）」。これは、人を招き入れるのに香りを含む風でお出迎えすることです。今でいうアロマの芳香浴（ディフューズ）ですね。

どんな追風用意をしているかによってその家、部屋の持ち主のセンスの良し悪しが判断されるわけです。

『源氏物語』と香り

登場人物のほとんどが貴族である『源氏物語』の中でも香りにまつわる描写は多く、物語の世界観を豊かに表現しています。

例えば、光源氏が好む「薫物」は「たきもの」と読み、香木や香料を練り込んだ固形の練香。源氏は、愛する女性たちに、この薫物を持ち寄ってどちらが優れた匂いかを判定する「薫物合（たきものあわせ）」という遊びをさせたり、心と感性の豊かさを練香作りで競わせたりもしています。

香りはコミュニケーションツールでもあったのですね。

また、物語の中で登場人物たちが身に纏う香りも折につけ描かれ、人物の魅力や個性を表現しています。特に、光源氏のまとう香りは非常に高貴で、どこにいても優雅な香りが漂っているとのこと。

ダイレクトな香りよりも、すれ違った時に風によってふと匂う香りのほうが余韻を残し、本能に働きかけると言われます。

光源氏と顔を合わさずとも、御簾越しに漂うほのかな香りや立ち去った後の残り香は女性たちの想像力を掻き立てたことでしょう。

ちなみに、嗅覚への刺激はたったの0・2秒で脳に直接影響を及ぼすことができると言われます。一目惚れと同じように、一瞬の香りで恋に落ちてしまうことがあるのです。

光源氏は、類まれな美貌や知性に加えて、その香りでも女性の恋心を刺激し、虜にしていたのですね。

香りの力は、時には理性的な女性でさえ狂わせることがあるとされています。気品も教養もある六条御息所が恋敵を呪う生霊にまでなってしまったのもまた、源氏の香りに狂わされてしまったからかもしれません。

香りと紫式部占い

そうして『源氏物語』を読み進めるうちに、私は「紫式部はなぜここでこの香りを登場させたのだろう？」ということを想像し、読み解いていくことにハマってしまいました。

心温まる場面、恋に落ちる場面、悲しみの場面、悔しさに歯噛みする場面……さまざまな場面において、感情を表す香りが生き物のように感じられたのです。

感情が高まるシーンには必ずと言っていいほど香りの描写があり、生きる喜び、悲しみに寄り添うようでした。

私は香りというものが大好きでアロマについて勉強し、その魅力を一人でも多くの人に伝えたいと思っています。

『源氏物語』に出てくる香りの中には、現代のアロマの香りと同じようなものも存在します。

また、具体的な香りの名称が出ていなくても、そのキャラクターからアロマを導き出すと面白いのではないかと考えました。

そこで、第二帖では、『源氏物語』の中に登場する香りをそのキャラクターに合った感情を癒すための香り、そしてもうひとつ、そのキャラクターごとに関係の深い体の部位のダメージに効果のある香りをご紹介しています。

自然の治癒力――アロマセラピー

ここで少し、アロマの持つパワーについてご説明したいと思います。

アロマとは、植物から抽出した香りの成分である精油のことをいいます。

植物の生命力というのは侮れません。エネルギーの爆弾ともいわれ、東洋でも西洋でも薬として使っていた歴史もあります。

そもそも植物はなぜ芳香分子（精油成分）を作るのでしょうか？

それは、生き残るためです。

植物は人間や動物のように生きる場所を選んで移動することはできません。命を与えられたその場所で生息するしかありません。

そこで、自らの身を守り子孫を残していくために必要なのが芳香成分なのです。芳香によって敵を寄せ付けないようにしたり、受粉しやすいようにしたりという、生存戦略です。

そのため、芳香成分というのは生き物に働きかけるエネルギーが詰まったものなのですね。

日本ではさまざまな事情から医療とは認められていませんが、フランスではアロマは「痛みのない注射」と呼ばれ、れっきとした医療として扱われています。

「今を楽しむ」ための占星術

ここまで、宿曜占星術とアロマについて駆け足で説明してきました。

私は、宿曜占星術のベースにある、空海の持ち込んだ密教の教え「現世ご利益」――「今を楽しむ」という考え方はとても魅力的で、まさに今の時代に必要なものだと考えています。

日々、さまざまな人のカウンセリングをする中で、過去にとらわれて悩み続けている人、見えない未来への不安に振り回されている人を多く見かけます。

今の自分にできることは今現在のことしかありません。過去に戻ってやり直すことができない以上、今この時の積み重ねが未来を作ります。

今の自分を認め、より良い未来へと前進するために、宿曜占星術はとても有益だと思います。

この本の使い方

本章の最後に、本書の使い方をお話ししたいと思います。

まず、181ページからの「紫式部占い27キャラクター早見表」でご自分のキャラクターが誰かを調べてください。必要なものは生年月日だけです。

次の第二帖では、各キャラクターの特徴、関係の深い体の部位、オススメのアロマについて紹介しています。

第三帖と第四帖ではより深く自分を知ってもらえるよう、各キャラクターとの相性と、縁の深いソウルメイトの関係を一覧で解説しました。

そうして、自分のキャラクターへの理解を深めたところで、第五帖では現状を改善するための行動として、九星気学の考え方を取り入れ、お悩みを解消する風水をお教えしています。

『源氏物語』に登場する27人のキャラクターたちが教えるあなた自身も気付いていないあなたの本質、そして周囲の人と付き合うコツが、あなたの生きやすさの一助となればこんなにうれしいことはありません。

第二帖　『源氏物語』より27人のキャラクター

この本では『源氏物語』の登場人物の27人をキャラクターとして設定しています。

なぜ27人なのかというと、前述のように、宿曜占星術では旧暦をもとに月の周期を27等分し、それぞれの日を27の宿に分類しているからです。

紫式部は、全ての宿を網羅した27人を小説の中に登場させることで、宇宙の真理、密教の奥義を知ることができて道が開けると思ったのではないでしょうか。

実際に、紫式部が書き上げた『源氏物語』は大ベストセラーとなって運を開き、平安時代に活躍した女流文学者として今もなお語り継がれる人物となっています。

私はこれまでに27の全ての宿の人をカウンセリングしましたが、人によって考えていることもまったく違えば、同じことを伝えてもリアクションもまるで異なります。

ポジティブな言葉でもネガティブに受け取る人もいれば、その逆もあり、個性の違いというのは本当に面白いものです。

自分の思い描く自分像と世間から見る自分像はよほど差があるようで、本人にはピンと来ないことが多いようです。紫式部は、各宿の持つ個性をかなり色濃くキャラクターの中に出しているように感じました。

本章では、キャラクター紹介と、キャラクターごとに関わりが深く不調の出やすい体の部位、そしてアロマもご紹介しています。アロマは源氏物語に登場したものをはじめ、イメージに合うと感じたもの、体の部位をケアする際にお役立ちのものを集めました。左記の注意点をご一読の上、ぜひご活用ください。

※アロマの注意点&免責事項

アロマセラピーは医療ではありません。ここに掲載されている内容は、精油の効果効能、心身の不調改善を保証するものではありませんが、長い年月をかけて伝承された歴史ある知識をもとにしております。精油の原液をそのまま肌につけること、服用も避けて下さい。事故やトラブルに関して一切の責任を負いかねますので、あくまでも自己責任にてご使用をお願いいたします。

持病をお持ちの方、妊娠中の方、お子様に使用する場合や、その他使用に不安のある方は、専門家や専門医に相談することをお勧めいたします。

ふじつぼのみや

藤壺宮

強運・統率力・愛され力
の持ち主

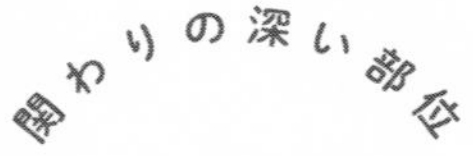

頭

キャラクター

光源氏の母・桐壺更衣にそっくりの美貌を持ち、光源氏に生涯をかけて追い求められながら、同時に桐壺帝にも執着される女性です。

「輝く日の宮」と称賛されるほど光り輝く気品を持つこのキャラクターの人は、強運と愛され力を兼ね備えています。また、知的でリーダーとしても認められる運勢。人からうらやまれるようなすばらしい星のもとに生まれていますが、そうした運の良さに慢心しないことが大切。

行き当たりばったりでもなんとかなってしまいがちですが、目標設定をしっかり持つことで、より才能が開花し豊かな人生を送ることができるでしょう。

このキャラクターの有名人

綾瀬はるか、新垣結衣、小池栄子、相葉雅紀、庵野秀明、山田孝之、チェ・ゲバラ

源氏物語のアロマ

サンダルウッド（白檀）

桐壺帝が尼になった藤壺の宮を訪れた際に「いともの深き黒方にしみて、妙香の煙もほのかなり」（奥ゆかしい黒方という名香の煙がほのかに漂ってくる）という描写があります。サンダルウッドは寺院や神社など神聖な場所でよく用いられるアロマ。緊張や不安を和らげたい時、人生を切り開きたい時に使ってみて下さい。

体を癒やすアロマ

ジンジャー

頭部に不調が現れやすい人です。頭痛の他、なんとなく頭の中がモヤモヤして思考がまとまらない、などに悩まされることが考えられます。そんな時には、頭をスッキリさせる効果のあるジンジャーがオススメ。発熱、風邪の諸症状や偏頭痛、吐き気を緩和させる効果も期待できます。

むらさきのうえ

紫上

スロースターターでも
最後はで粘り勝ち

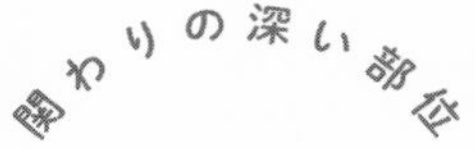

額

キャラクター

源氏の生涯の妻。叔母の藤壺宮に似ており、天性の美貌の持ち主。源氏をコントロールしながら理想の妻となります。美しい言葉遣いと優れた知恵、才覚を持ち最後まで大切にされる女性。

紫上タイプの人は、スロースターターで自分の気持ちをあまり話しませんが、一度決めるとてこでも動かない、確たる自分を持っています。慎重派で誠実なのですが、なぜかトラブルに巻き込まれやすい傾向が……。

困難があっても最後まで諦めずに頑張る粘り強さがあるので、大器晩成型の人も多いのが特徴です。

このキャラクターの有名人

松田聖子、山口百恵、米倉涼子、松本人志、親鸞

源氏物語のアロマ

ゼラニウム

華やかさとセンスの良さで一目置かれていた紫上が薫物合で選んだ香りは「梅花」。「今まで嗅いだことがないような梅花」「ピリッとした香り」とのことで、フローラル調でほのかにスパイシーさもあるゼラニウムが近いのではないかと思います。情緒不安定な時、自分らしくいられるよう促してくれる励ましアロマです。

体を癒やすアロマ

クラリセージ

額に不調が出やすい人には、鎮静作用を持ち、頭皮ケアや頭痛・偏頭痛に効果があるといわれるクラリセージをオススメします。男女問わずホルモンバランスを調整する役目を果たしてくれるアロマで、婦人科系のトラブルにもよく使われます。子宮強壮作用があり、月経に関するトラブルにも役立ちます。

すえつむはな

末摘花

二面性のある
不思議な空気感の持ち主

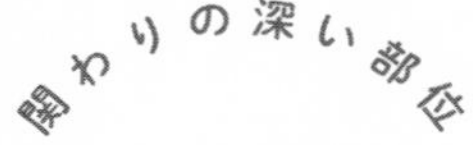

眉

キャラクター

貧乏のどん底で一人寂しく暮らしていたところを源氏と恋仲になり、生活の面倒を見てもらっていた末摘花。末摘花は紅花の別名で、彼女の長い鼻が赤いのを見て、源氏が赤い花の紅花とかけたのですね。現代で生きていたら身長が高く個性派のスーパーモデルのような女性かもしれないと言われています。

ここに当たる人は、子供の頃は親の言うことをよく聞き、物事にじっくりと取り込みます。争い事が嫌いで、大事な時に一歩を踏み出せないものの、チャンスをじっくりと待つ忍耐力の持ち主。自分を表に出さないおとなしい面と計算高く好奇心旺盛でお喋りという二面性があり、それを生かせば周囲から支援を得られます。

このキャラクターの有名人

井上真央、深田恭子、宮沢りえ、松本潤、ボブ・ディラン、二宮金次郎

源氏物語のアロマ

ジャスミン

末摘花は、調度品や衣裳はみすぼらしいものの、由緒ある血筋の姫君らしく匂いは優しくてしとやかな素晴らしい藤の香りで源氏が感服したと書かれています。甘く爽やかで藤の香りに似ているのがジャスミンです。孤独感、不安感、悲しみ、恐れを癒し、生きる喜びや自信を再確認させてくれるアロマです。

体を癒やすアロマ

スペアミント

眉間のあたりは考え事をしている時にシワが寄ってしまいますね。スーッとした清涼感のある香りに甘みも加わったスペアミントは、集中力が低下している時に頭をスッキリさせ思考力を高めてくれます。精神疲労や乗り物酔い、頭痛、ストレス、頭や気持ちをクリアにしたい時にオススメのアロマです。

こきでんのにょうご

弘徽殿女御

喜怒哀楽豊かで
エネルギッシュなお妃さま

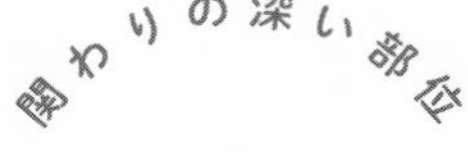

目

キャラクター

源氏の父である桐壺帝の正妻で、皇太子を産んだため権力を振るい、何かと光源氏と対立します。源氏が光であるなら、「影」と表現されている弘徽殿女御は、最後まで光源氏の障壁となる悪女キャラクター。自己主張が強く頑固で、桐壺帝への愛をうまく表現できない不器用さも見せます。

このキャラクターに当たる人は、彼女のように喜怒哀楽が豊かで、自分の心情をさらけ出すことをためらいません。好奇心旺盛でエネルギッシュ。新しいものを作り出す才能があり、誰よりも早く情報をキャッチして伝達、行動します。毒舌な一面がありますが、陽気で正直なため人から好かれます。

このキャラクターの有名人

菜々緒、松嶋菜々子、ブリジット・バルドー、竹内涼真、蜷川幸雄

源氏物語のアロマ

ベチバー

弘徽殿女御は、政治家としての能力、行動力に優れていますが、感情を押し殺せず、怒りや憎悪で自分を見失いがち。大地からのエネルギーを貰えるベチバーのアロマは、情緒不安定な時に自分を取り戻し落ち着かせてくれます。仕事やゲームのし過ぎなど、何でも夢中になってしまい過ぎる時にもオススメです。

体を癒やすアロマ

ラベンダー

目の疲れ、充血など目にダメージが出やすい人には、ラベンダーのアロマが良いでしょう。目元の血行促進の他、考えがグルグルしてまとまらない時、頭の中を整理したい時にも効果的。やけどや痛み、かゆみにもそして安眠にもお役立ちです。家庭にひとつは常備しておきたい万能なアロマです。

おぼろづきよ

朧月夜

才気煥発、情熱的で口達者

耳

キャラクター

弘徽殿女御の娘で、才気があり持論は絶対に曲げません。華やかな容姿と奔放な性格で、その魅力は光源氏だけでなく時の帝・朱雀帝もメロメロにしてしまうほど。光源氏は結局、彼女との恋愛が理由で失脚してしまいます。

この朧月夜に当たる人は、情熱的に自分の意思を伝え、自己主張が強いのでその分痛い目に遭うことも少なくありません。

しかし、口が立ち、人を説得したり知らないうちに巻き込んだりすることが得意なこともあり、そうしたトラブルや失敗を最終的には人生のプラスに変えてしまう不思議な強さを持っています。

このキャラクターの有名人

杏、仲里依紗、前田敦子、チェ・ジウ、稲垣吾郎、柳井正、太宰治、福沢諭吉

源氏物語のアロマ

マグノリア(木蓮)

朧月夜は、光源氏と長く恋愛関係を続ける一方で、朱雀院にも想いを寄せられていました。そんな状況下で尼になることを決意した朧月夜は、光源氏に宛てた最後の文を樒(しきみ)の小枝に結びます。樒(しきみ)は気品のある香りを放つモクレン科の植物。鎮静作用があり、疲れた心にエネルギーを与えてくれる愛のアロマです。

体を癒やすアロマ

オレガノ

耳の機能のために良いアロマとしては、難聴、耳鳴り、耳の痛みなどを軽減してくれるといわれるオレガノがオススメ。その他関節炎、頭痛を軽減し、気力、集中力を高めてくれます。古代ギリシャの医師ヒポクラテスは、殺菌や胃腸系、呼吸器系の治療にも使っていたそうです。

あかしのきみ

明石の君

強い意志と深い愛情で
人生を切り開く

鼻

キャラクター

スキャンダルから逃れるため都を離れた光源氏が出会ったのが明石の君です。身分の低さにコンプレックスを抱きながらも両親から深い愛情を注がれ、教養豊かで優雅な物腰の女性。光源氏との間にできた娘・明石の姫君を、娘のことを想い源氏の正妻の紫上に託します。

このキャラクターに当たる人は、強い意志と信念を持ち、お堅いように見えて実は素直で柔軟さも持ち合わせています。

思いやり深い性格で面倒見が良く忍耐強さもあるので、人にものを教えたり育てたりすることが得意。明石の君もまた、孫の面倒をよく見る描写があります。

このキャラクターの有名人

川口春菜、長谷川京子、マツコ・デラックス、香取慎吾、高倉健

源氏物語のアロマ

クローブ

香りで優劣を競う薫物合で、明石の君は他の姫とは違う種類の香りのものを混ぜて自己アピールし、例えようもなく素晴らしい香りと絶賛されました。彼女が調合した薫物には丁子(クローブ)が入っていたのです。クローブは、豊かさの象徴の精油。集中力を高めたい時、考え過ぎで動けなくなっている時には、行動に移す力を与えてくれます。

体を癒やすアロマ

バジル

鼻のアロマといえばバジルです。鼻炎、鼻づまり、嗅覚喪失、鼻のポリープ、副腎皮質にも作用するのでアレルギーの発症を軽減する効果があります。

また、胃腸の不調にも効果があり下痢の時にも役立ちます。ハーブの王様とも言われ、「王様」という意味のギリシャ語が由来です。

ろくじょうのみやすんどころ

六条御息所

稳やかさの中に
激しさを隠し持った情熱家

歯

キャラクター

桐壺帝時代の先の東宮妃で、光源氏が憧れた年上の女性。容姿に加えて知性も品格も優れていますが、源氏への想いに苦しみ悩んだ果てに生霊となり、光源氏に愛される女性たちのもとへ現れます。

このキャラクターの人は、初対面の印象は温厚で高感度も高いですが、一度何かに興味を持つと、命がけで愛するような激しさを隠し持っています。理屈の通らないことには立ち向かう生真面目な一面も。自己PRが苦手で、頑張っているところを人に見せたがらないので、良さを認めてもらいにくい場合があります。世間体を気にするあまり、人間関係に支障をきたすことがあるので注意が必要です。

このキャラクターの有名人

満島ひかり、宮崎あおい、吉田羊、大野智、川端康成、村上春樹、トム・クルーズ

源氏物語のアロマ

サイプレス

眠っていて気付かないうちに生霊となっていた六条御息所が、目を覚ますと、ご祈祷に使う護摩の木の香り（杉、ヒノキ、松）が染みついているのを感じるシーンがあります。サイプレスは神聖な力があるとされるアロマで、現実を認め、過去のしがらみにこだわらずに生きる喜びや楽しみを教えてくれます。

体を癒やすアロマ

クローブ

昔から口内のケアのハーブといえばクローブです。現代でも歯磨き粉の原料になっており、いわゆる「歯医者さんの匂い」です。痛みを和らげる特性があり、抗菌、抗ウイルス作用が強く、噛んで痛みを止めていた歴史があります。吐き気や胃の中の異常発酵による口臭にも効果が期待できます。

これみつ

惟光

大物の隣にいることで
輝きを放つ存在

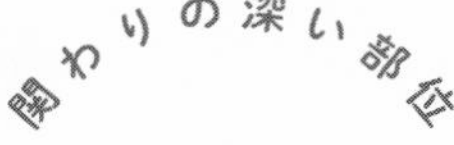

首

キャラクター

光源氏とは乳兄弟の間柄。「光源氏を思う」という意味の名前を持つ惟光は源氏の忠実な部下であり、どんな仕事でも誠心誠意を尽くして取り組みます。晩年にはその努力が実を結び、出世して安定した生活を手に入れました。

このキャラクターに当たる人は、さまざまな困難を乗り越え、努力を惜しまずやり遂げる力と独特の人間的魅力を兼ね備えています。

そして一番の特性は、誰かのサポートが主体となる時期があること。それを乗り越えた先に、自分の個性を発揮するタイミングが訪れるのです。その時にはカリスマと呼ばれるほどの存在になっている可能性も大!

このキャラクターの有名人

川栄李奈、鈴木京香、ポール・マッカートニー、リンゴ・スター、徳川吉宗

源氏物語のアロマ

プチグレン

惟光が光源氏の腹心としてサポート役に徹したことで幸せな晩年を迎えたように、人を支えることで自分の可能性が引き出される人です。プチグレンは「仲介オイル」とも言われ、相手の個性を認め、うまくバランスを取ってくれるアロマ。しがらみを断ち切り、感謝の気持ちを授けてくれる効果も期待できます。

体を癒やすアロマ

ライム

インドでは魔除け、ヨーロッパでは壊血病の予防として使われるライムは、のどの痛み、咳止めにも有用で、他にも血行促進、鎮痛作用があります。免疫力を高めてくれるのでインフルエンザ予防として使うのも◎。疲れた体、心に栄養を与えてくれるアロマです。

ひかるげんじ

光源氏

人を惹きつける
美しく華やかな人気者

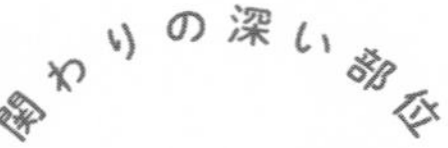

右肩

キャラクター

言わずと知れた源氏物語の主人公。光源氏は、1という数字に関連付けられ作られたキャラクター。1は始まりの数字であり、始まりを意味する言葉は「源」ですね。そして、宿曜占星術では太陽の影響を受けている宿があり、光源氏の宿もそれにあたります。太陽の「陽」の文字は、昔は「ひかり」と読まれていたことから、紫式部はこの宿を光源氏に設定したよう。

このキャラクターに当たる人は、華やかで自分をうまく演出する能力に長けた人が多いです。とにかく明るく輝き、人を惹きつける魅力を持った人気者! プライドが高いので、見栄を張ってしまいがちなのが玉に瑕。

このキャラクターの有名人

波瑠、小泉今日子、小泉進次郎、向井理、イーロン・マスク、エリザベス女王

源氏物語のアロマ

フランキンセンス

主人公にふさわしい、精油の王様といわれるアロマオイル。免疫力向上、リラックス効果など万能に使え、困った時のフランキンセンスといわれます。スパイシーでウッディな高貴な香りで霊的な儀式にもよく用いられます。ロマンスを呼ぶアロマでもあり、恋多き光源氏にぴったりです。

体を癒やすアロマ

ジュニパーベリー

右肩と関わりの深いあなたには、甘さの中に苦味のあるウッディな香りのジュニパーベリーがオススメ。肩こりを和らげてくれる他、関節痛、痛風、膀胱炎などの痛みを緩和してくれます。また解毒性がとても高く、老廃物を排出する作用もあるのでデトックスにも◎。

ゆうぎり

夕霧

上昇志向&順応性の高さを持つ
アクティブ派

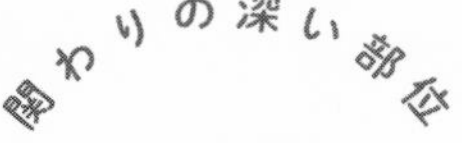

左肩

キャラクター

光源氏と葵上の間に生まれた美しき貴公子。上昇志向が強く、冷静沈着なタイプですが、友人である柏木の未亡人に恋をし、強引に彼女を手に入れました。

惟光に当たる人もまた、このような2つのペルソナを持っており、突然の行動で周囲を驚かせる一面があります。例えば朝と夜で言うことが違っていたり、短い間に全くテンションが変わってしまったり……。しかし、こうした軸が定まらない不安定な面はあるものの、基本的に順応性が高くどんな環境でも自分らしくやり遂げられる行動力があります。難点は目標設定が高過ぎること。ハードルを上げ過ぎず小さな目標からクリアしていくと夢に近付きます。

このキャラクターの有名人

長澤まさみ、橋本環奈、二宮和也、マーガレット・サッチャー、J・F・ケネディ

源氏物語のアロマ

シナモン

夕霧が玉鬘に思いを打ち明けるきっかけとして、フジバカマの枝を持っていくというシーンがあります。このフジバカマを乾燥させると、バニラやシナモンの香りがするのです。シナモンには、無気力な心を元気づけたり、緊張感の緩和、心の栄養剤という効果があります。勇気を出して行動に出る際に、背中を押してくれるアロマです。

体を癒やすアロマ

マジョラム

左肩に不調が出やすい人には、マジョラムがオススメです。筋肉のコリ、痛み、関節炎に有用といわれ、血液循環を活発にしてこわばりも取ってくれます。神経を鎮静する効果があり、強壮とリラックスの両方の性質を持ち合わせているため精神的に疲れた時のマッサージオイルとしても◎。

はちのみや

八宮

人と人を繋げるのが
得意なお人好し

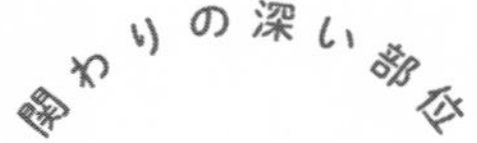

手

キャラクター

桐壺帝の第八皇子で光源氏の弟。冷泉帝を廃そうとする弘徽殿女御の陰謀に巻き込まれて宇治に身を隠すことになります。都を離れた後は仏教に傾倒。高貴な生まれの人らしく、穏やかでおっとりとした性格ですが、娘たちの後見を薫にそれとなく頼む交渉上手な一面も。

このキャラクターに当たる人は、行動範囲が広く、話術に長けたタイプ。お人好しで、人と人を出会わせ、繋げるのがとても上手。帝候補として担ぎ上げられながら見捨てられた八宮のように、人に裏切られたりすることもありますが、持ち前の明るさで乗り切えていきます。人生は晩年の方が良い傾向にあります。

このキャラクターの有名人

天海祐希、上戸彩、有吉弘行、草野マサムネ、佐藤健、羽生善治、盛田昭夫

源氏物語のアロマ

フェンネル

弘徽殿女御の陰謀に乗ってしまい地位を失った八宮。もしきっぱりとNOと言えていたら……？　フェンネルは「自己表現の精油」。お人好しゆえに何でも引き受けて後悔してしまう時に、ストレス緩和に一役買ってくれるアロマです。とても優しいアロマで、妊婦さん、子供の解熱、鎮痛作用にも使用可能。

体を癒やすアロマ

タンジェリン

手に不調が出やすい人にオススメなのはタンジェリン。使い過ぎで痛む手足に有用で、手足末端の動脈、静脈に栄養を運ぶ末梢血管の血行を促す効果が期待できるアロマです。柑橘系の爽やかな香りと鎮静作用で、安眠したい時、ストレス解消したい時にも使えます。

におうのみや

匂宮

天真爛漫、
周囲を明るくするパワーの持ち主

顎

キャラクター

光源氏の孫。見た目も良く才気に溢れ、源氏譲りの恋多き男です。親友である薫に対してはいつも対抗心を燃やしています。

このキャラクターに当たる人は、子供心を持ち続け、自由奔放、天真爛漫です。楽しいことが好きで、快楽に弱いという一面もありますが、周りを明るい気分にする不思議な力を持っています。何にでも興味を持ち、爽やかな雰囲気で好感度抜群。頭の回転は速いですがしたたかさはなく、素直さと誠実さでスルリと相手の懐に入ってしまいます。好きなことを極めれば大きな力を発揮することができますが、観察眼が鋭いため、好き嫌いもハッキリしています。

このキャラクターの有名人

浜辺美波、広末涼子、オダギリジョー、武田鉄矢、谷亮子、鳥山明、森喜朗

源氏物語のアロマ

イランイラン

ライバルである薫のかぐわしい香りに負けじと香りを強く焚きしめ、名前にも「匂」の文字が入る匂宮には、「香料の木」と呼ばれ、開放的で官能的なイランイランのアロマが似合います。ロマンチックで甘く華やかな独特の香りです。リラックス効果があり、楽しい気分にしてくれるので遊び好きな人にオススメ。

体を癒やすアロマ

ペパーミント

顎周りの部位に関わりが深い人には、のどの不快感、去痰作用、口臭にも効果があるペパーミントが良いでしょう。脳への刺激作用、首こり、肩こり、乗り物酔いなど幅広いトラブルに対応する便利なアロマです。鎮痛及び鎮静作用が期待でき、体感温度を5度下げてくれるともいわれています。

ひげくろのたいしょう

髭黒大将

反骨精神旺盛＆信念の力No.1

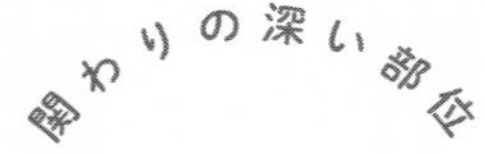

胸

キャラクター

色が黒くて髭が濃いことからこのあだ名がつきました。正妻がありながら、光源氏の養女・玉鬘を彼女の気持ちを無視して強引に自分のものにしてしまいます。髭黒大将が玉鬘のもとへ浮かれて出かけるのに腹を立てた正妻が、香炉の灰を被せるというシーンが有名です。

このキャラクターの人は、裏表がなくとても分かりやすい性格。人の下についたりサポート役に回ったりするのはあまり得意ではありません。反骨精神旺盛でパワフル、目上の人に言われたことでも信念に反するようなら頑として撥ねつけます。平穏な生活よりも、血湧き肉躍るような刺激を求める傾向があります。

このキャラクターの有名人

椎名林檎、橋本愛、福山雅治、イチロー、山田洋次、ウォルト・ディズニー

源氏物語のアロマ

パチュリー

インドでは昔から衣服の香りづけのために使用されてきた、独特なスモーキーな香りを持つアロマです。髭黒大将が玉鬘に会いに行く際に正妻から香炉を投げつけられ灰だらけになることから選びました。不安や緊張で地に足が着かない状態を安定した状態に戻してくれる「グラウンディング」のアロマとして用いられます。

体を癒やすアロマ

ゼラニウム

胸に不調が出やすい人には、乳房の炎症時に効果が期待できるゼラニウムを。ローズに似た華やかな匂いの中にミントのような爽やかさもある香りで、慢性的な疲れや心のバランスを取りたい時に強壮作用があります。抗炎症作用や鎮痛作用、肝臓と腎臓の強壮作用もあり不眠にも効果的。

かおる

薫

内に秘めた底力で
目標に向かって邁進

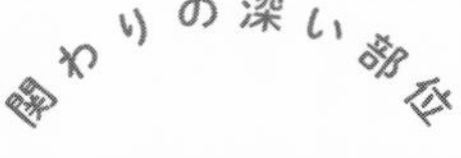

みぞおち

キャラクター

光源氏の末っ子として愛されて育ち、頭脳明晰、容姿端麗。しかし実は女三宮と柏木との不義の子という出生の秘密を抱えており、どことなく影のあるキャラクターです。その名のとおり、特徴的な体臭を持ち、いつも神聖で奥ゆかしい独特の良い香りがしているとされます。

このキャラクターに当たる人は、とにかく底力があります。何か問題が起きてもガッツで乗り越え、目標へ向かって邁進する強さを持って生まれた人。

見た目や雰囲気は穏やかで軽やかですが、どんな手を使ってでも欲しいものを手に入れようとする負けず嫌いな一面があります。

このキャラクターの有名人

柴咲コウ、浜崎あゆみ、平野紫耀、石原慎太郎、レオナルド・ディカプリオ、織田信長

源氏物語のアロマ

ローズ

その生い立ちから孤独を抱える薫に勧めたいのは、幸福感をもたらすドーパミンが出ると言われ、喪失感を癒してくれるローズのアロマ。ローズは「愛と美の象徴のアロマ」とも言われています。そのエネルギーの強さから恐れや不安がある時は逆に寂しさを感じてしまう人もいるので、徐々に慣らしていってください。

体を癒やすアロマ

セロリシード

みぞおち付近に不安を抱える場合、消化を促進し、おなかの調子を整えてくれるセロリシードがオススメ。フレッシュで力強いアロマが月経周期を整え、血液をきれいにする解毒作用も期待できます。浄化作用が強いので、内側から元気になりたい時に使ってみて下さい。

かしらのちゅうじょう

頭中将

次々に幸運を呼び寄せる
ナルシストキャラ

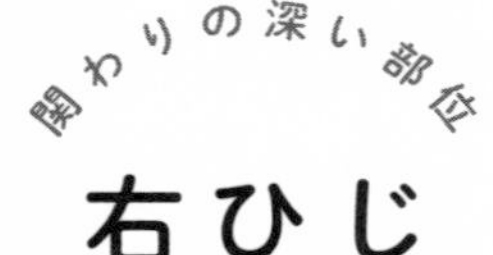

右ひじ

キャラクター

光源氏のいとこであり、遊びを教えたライバル兼親友でもあります。光源氏と張り合うがあまり、時に冷静さを失くしてしまうことも。左大臣の長男という家柄の良さに加えてイケメンで遊び上手。今でいうチャラ男のようですが、光源氏の窮状を見かねて会いに行く心優しい一面もあります。

このキャラクターに当たる人は、世渡り上手であまり苦労せずともぶどうの房がなるようにどんどん幸運が増えていきます。

華やかなオーラで人から注目され、努力しなくても愛される存在。ナルシストな言動を見せる人が多いのも特徴です。

このキャラクターの有名人

指原莉乃、明石家さんま、藤井聡太、マーク・ザッカーバーグ、徳川慶喜

源氏物語のアロマ

グレープフルーツ

相手を認め、余計なこだわりを流す「気分爽快アロマ」とも言われるグレープフルーツ。楽天的でオープンマインドな頭中将の性格を表すアロマです。気分を高め、落ち込んでいる心も元気にしてくれます。別名「インナーチャイルドをなだめるアロマ」ともいわれます。

体を癒やすアロマ

ローズマリー

右ひじのトラブルに使ってみてほしいのは、ローズマリー。新陳代謝を促進するため、関節炎など体の痛みを和らげる作用があります。体を内から温め、血行促進にも効果があるので手足の冷えに悩む人にもオススメ。昔から「太陽のハーブ」と言われる心身活性に良いアロマです。

かしわぎ

柏木

2面性があり
人の気持ちを読み解く達人

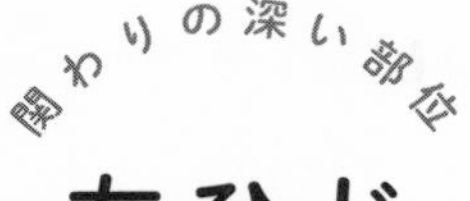

左ひじ

キャラクター

頭中将の息子であり、光源氏の息子・夕霧の親友。光源氏の二番目の正妻で女三宮との密通がバレてしまった心労から、最後には病に倒れてしまいます。

このキャラクターに当たる人は、相手の望むものを察知する能力が高く、そのため信頼を得られます。社交的でチャーミングなこともあり周りに人が集まってきますが、どこか信じ切ることができない繊細な一面も……。

２つの人格を持つ人が多く、陰と陽、白と黒のように真逆の面を見せることがあります。柏木のように心身ともに打たれ弱いところがあり、身の丈に合わないことをすると体調を崩しがちなので要注意。

このキャラクターの有名人

菅野美穂、吉岡里帆、星野源、レディ・ガガ、パブロ・ピカソ、ヒッチコック

源氏物語のアロマ

ローズマリー

自らの行動に自信が持てず自尊心が低い柏木に勧めたいのは、自分の存在価値を認め、励ましてくれるローズマリーのアロマ。

思考をクリアにし、今この時を大切にすることを教えてくれます。自信とやる気、集中力、記憶力アップなど別名「脳の活性剤」。精神を高揚させるアロマでもあります。

体を癒やすアロマ

ベチバー

左ひじのトラブルには、関節炎、慢性関節リュウマチ、筋肉痛を和らげる効果のあるベチバーがオススメ。ストレスや緊張などで高ぶった神経を鎮静させてくれる作用から別名「静寂のアロマ」とも呼ばれます。

また、血行促進効果もあり、昔から塗り薬や湿布にも用いられていました。

れいぜんてい

冷泉帝

不屈の精神で
運命に立ち向かう

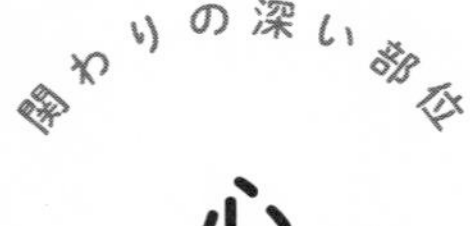

心

キャラクター

表向きには桐壺帝の第十皇子ですが、実は光源氏と藤壺宮との不義の子。自分の出生を知り苦しむ人物です。

このキャラクターに当たる人は、一見すると物静かで受け身ですが、負けず嫌いで芯が強いことが多いです。幼少時に苦労が多い場合がありますが、それを乗り越えることで強靭な心が育ちます。上昇志向が強く、一人になっても耐え忍び、集中を持続する力は27キャラクターの中で一番あると言えます。不屈の精神の人としてグループ内では信頼され、最後を締めくくる役目になることが多いです。孤立せず、仲間を作ることを心掛けると運気が開けます。

このキャラクターの有名人

有村架純、小林幸子、大地真央、エリザベス・テイラー、本田宗一郎、山中伸弥

源氏物語のアロマ

ジュニパーベリー

真実を知り、不安で日々悩んでしまう……心の浄化が必要な時にうってつけのアロマがジュニパーベリー。森林浴をしているような心穏やかな気分になる香りで、宗教的な行事にもよく使われており、冷静に考える力を貸してくれます。陰陽を調和し、余計な感情を手放す手助けをしてくれるアロマです。

体を癒やすアロマ

オレンジ

心、精神面のトラブルには、オレンジのアロマが良いでしょう。ストレスや不安など神経の緊張を和らげ、リラックス効果も抜群。万人受けする香りで憂鬱な気分や心のモヤモヤを吹き飛ばしてくれます。一年の幸運と繁栄を願うシンボルとしても崇拝されるオレンジのアロマはツキを呼び込むパワーも期待できます。

きりつぼてい

桐壺帝

威風堂々と
我が道を行く愛の人

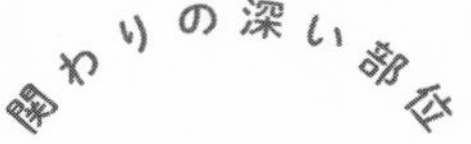

右脇

キャラクター

光源氏の父。妻である桐壺更衣を愛し、彼女が亡くなった後に「似ている」という理由で好きになったのが藤壺宮です。執着型の愛の人といえるでしょう。

このキャラクターに当たる人は、帝という地位にふさわしく、威風堂々という言葉がぴったりのキャラクター。裏表がない正直者なので人望も厚く、ボスらしい存在感があります。保守本流に従わない傾向がありますが、王道を外れても周囲の人間を大切にすることは変わらないので、自分なりのポジション、存在感を確立できる人。思ったことをそのまま口に出してしまいがちなので、驚かれることがありますが、それも魅力となる得なキャラクターです。

このキャラクターの有名人

上野樹里、岸恵子、柄本明、中居正広、はじめしゃちょー、林修、ヨウジ・ヤマモト

源氏物語のアロマ

ヒノキ
帝らしい高貴さのある桐壺帝には、法隆寺や正倉院などにも使われ、古くから「尊い最高の木」と称されているヒノキのアロマがぴったり。森林浴効果もあるので、気持ちが落ち着き、癒し効果が期待できます。心身の状態を整えるアロマです。

体を癒やすアロマ

メリッサ
脇にはリンパがたくさん流れているので、リンパの流れを良くするメリッサがオススメです。心臓の不調に対しても鎮静作用があり、循環器に働きかけて血圧を下げ、心拍をスローダウンさせるのに有益な作用があると言われます。その他月経異常や月経痛の緩和、アレルギーの緩和、止血の働きもあるとされています。

すざくてい

朱雀帝

「自分の敵は自分」
で成長する人

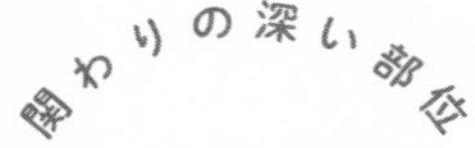

左脇

キャラクター

父は桐壺帝、母は弘徽殿女御で、光源氏の兄。麗しい容姿と高い教養を持つ人。弟の光源氏に一歩いつも先を行かれていますが、腐ることなく兄として彼を受け入れ、優しく接しました。

このキャラクターに当たる人は、温和でありながら、きちんと自分らしい芯を持っています。沈着冷静なおっとりしたタイプのように見えて勝気な面を隠し持ち、他人だけでなく自分にも闘争心を向けることがあります。

「自分の敵は自分」といった精神で成長を遂げる人で、周囲の人を惹きつけるカリスマ性があります。

このキャラクターの有名人

安室奈美恵、米津玄師、アルバート・アインシュタイン、ジェフ・ベゾス、徳川家康

源氏物語のアロマ

メリッサ

弟の光源氏の存在を常に意識している朱雀帝には、穏やかな強さと心のバランスを整えてくれるメリッサを勧めたいです。

憂うつに対する働きがあり、伝統薬として循環器系、神経系にも使われていました。生命の万能薬とも言われ、自分らしく生きることを教えてくれるアロマです。

体を癒やすアロマ

グレープフルーツ

脇には大きなリンパが流れているので、余分な水分の排泄、脂肪の溶解を助けてくれるグレープフルーツも良いでしょう。交感神経を活発にして、代謝アップも期待できます。また、グレープフルーツのアロマはセルライトのケア、体重増加、肥満対策にも適している他、二日酔いの解毒にもオススメです。

あかしのにゅうどう

明石の入道

どこまでも自分を貫く
ミステリアスな人

腹

キャラクター

光源氏とは親戚関係。大臣の子息ですが、自ら地方官となった風変わりな人物です。常人からは理解しがたい行動を取るミステリアスな人で精神性が高く、最後は仏道に入ります。

このキャラクターに当たる人は、思いやりがあり人を和ませる存在ですが、腹の底が見えないずる賢い面もあります。どんな状況でも自己研鑽を忘れない人で、自分を貫き、やると決めたら誰が何と言おうと緻密に計画を立てて結果を出す強さがあります。そのため、高いポジションに就く場合も多くあります。根回し上手で、目立たずとも影で暗躍するボスタイプ。

このキャラクターの有名人

上沼恵美子、水川あさみ、北野武、松岡修造、デヴィッド・ベッカム、空海

源氏物語のアロマ

マンダリン

多くの弟子と共に山に入った明石の入道は、それだけ尊敬される人物だったということでしょう。マンダリンは、中国で身分の高い官吏たちに尊敬の証として捧げられていたアロマです。疲れた心に安らぎを与え、明るい気持ちにしてくれます。また、不眠にも効果があるとされています。

体を癒やすアロマ

サイプレス

腹部のケアには、サイプレスをオススメします。肥満、セルライトのマッサージに効果があり、体液のバランスを整えてくれます。また、サイプレスは腐朽しにくいことから「永久に生きる」と言われるようになったほど強く、生殖器系、腰を強壮する作用があります。更年期障害にもお役立ちのアロマと言われています。

たまかずら

玉鬘

鋭い直感力で
幸運を引き寄せる

腎臓

キャラクター

夕顔と頭中将の娘。母を亡くし、父とは生き別れた不安定な身の上で庶民的な暮らしをしていましたが、光源氏の養女となり生活は一転。華やかな環境に身を置き、数多くの貴公子に求婚されます。最終的には後に太政大臣まで出世する髭黒大将と結婚し、経済的にも恵まれた人生を送ります。いわば平安のシンデレラガールですね。

このキャラクターに当たる人は、直感力が鋭く、運を引き寄せるスピリチュアル性が高いことが多いよう。唯一無二の世界観が魅力になる人。数々の男性からひっきりなしに結婚を迫られた玉鬘のように、いつの間にかあなたのもとには人が集い、大きな夢や目標を叶えるバックアップをしてくれるでしょう。

このキャラクターの有名人

小松菜奈、美空ひばり、マドンナ、秋元康、フレディ・マーキュリー、岩崎弥太郎

源氏物語のアロマ

オレンジ

物語の中で、玉鬘に想いを打ち明けにきた夕霧がフジバカマを渡すシーンがあります。フジバカマは、花だけでなく茎も葉も枝も良い香りがすることで知られています。オレンジを選んだのは枝の成分が似ていたからです。リラックス効果抜群、喜びと自己肯定感を高めてくれる、太陽のようなアロマです。

体を癒やすアロマ

シダーウッド

シダーとは「霊的なパワー」を意味する西アジアのセム語から来ていて、寺院で使われる薫香の一つであり、腎臓の強壮効果が期待できるアロマです。急性よりも慢性の疾患に向くとされています。リンパの流れを向上させてくれるので、心身のデトックス効果が期待できます。マッサージオイルとして使用することもオススメ。

おんなさんのみや

女三宮

純真で
自分の心に嘘をつけない正直者

股関節

キャラクター

朱雀帝の姫君。光源氏が想いを寄せ続けた藤壺宮の妹の娘というだけで源氏の正妻となり、その後、柏木との不義の間に生まれた子（薫）を表向きは源氏の子として育てていきます。精神的に幼かった彼女ですが、この苦悩を経て成長します。

このキャラクターに当たる人は、親しみやすい雰囲気で人間関係の要とも言われます。純真で明るく、場の雰囲気を和ますタイプ。

地位や名誉よりも、遊びの方を選んでしまいます。楽しく日々過ごしたいという気持ちが強く、束縛を嫌い、少々生活が苦しくても自由であることを重視。また、自分の気持ちに正直過ぎて、粘り強さに欠ける傾向があります。

このキャラクターの有名人

上白石萌音、デヴィ・スカルノ、マリリン・モンロー、ジョン・レノン

源氏物語のアロマ

ライム

柏木との不貞を源氏が知ってしまってからは針のむしろ生活を送った女三宮には、過去にとらわれ動けない時に新たな一歩を踏み出す勇気をくれるライムが良いでしょう。心に精気を与えてくれるアロマです。また、他人の意見に流されそうな時に使うのもオススメです。

体を癒やすアロマ

ジャスミン

「花の精油の王」といわれる万能なアロマ。出産の時に一番役に立つとも言われているホルモンのバランスを取ったり月経痛を和らげたり、膣の感染症、女性の生殖器系の治療にも有益といわれています。

また、男性の泌尿器系にも効果が期待できます。

あおいのうえ

葵上

人に弱いところは見せない
自信家

関わりの深い部位

右太もも

キャラクター

光源氏が12歳の時に正妻になった葵上は、才色兼備ですが、年上ということもあり、プライドの高さゆえに意地を張ってしまう不器用なところがあります。愛情はあるのですが素直になれない、いわゆるツンデレタイプですね。

このキャラクターに当たる人は、自分の欠点は認めない自信家なことが多いです。しかし落ち着きがありドンと構えているので、皆がその自信を受け入れてしまいます。人に努力は見せませんが、度胸もあるので大きな目標を成し遂げることができます。上から目線にならず、人の意見を聞くことでより生きやすく、運気も上がるでしょう。

このキャラクターの有名人

黒柳徹子、木村拓哉、草彅剛、櫻井翔、羽生結弦、田中角栄、ココ・シャネル

源氏物語のアロマ

コパイパ

プライドが邪魔してうまく自分の気持ちを伝えられない葵上にぜひ使ってほしいのがコパイパ。

過去の出来事から心を解放し、愛されていることを教えてくれるアロマで、ストレスの軽減、安心感をもたらしてくれる効果も期待できます。

体を癒やすアロマ

レモンユーカリ

太もものケアには、むくみ、セルライト、老廃物の除去、血行促進、体にたまった余分な水分を代謝してくれるレモンユーカリがオススメ。筋肉痛、関節炎、傷や皮膚炎など、幅広い痛みにも対応してくれます。解熱剤や蚊の発生を抑えるアロマとしてもよく使われています。

うつせみ

空蝉

静かなる強さ
&癒やしのオーラ

左太もも

キャラクター

家運の衰えで年老いた受領の後妻となった女性。控えめで慎み深く、中流層の女性に興味を持っていた光源氏から想いを寄せられます。

源氏を愛しながらも老夫を見捨てることのできない空蝉は、自分の境遇を嘆きながらも矜持(きょうじ)を守り抜きます。

このキャラクターに当たる人は、穏やかでもの静かな印象で、意思が周囲に伝わりにくいことが多いです。壁を作り、自分の気持ちをなかなかオープンにしないのです。しかし、癒やしのオーラと、人に寄り添い支える力はピカイチ。修羅場にも焦らず、いざとなると冷静に策を巡らし、対応することができる人です。

このキャラクターの有名人

池田美優、吉永小百合、成田凌、孫正義、中田英寿、オードリー・ヘップバーン

源氏物語のアロマ

ローズマリー

光源氏を愛しながらも老夫を裏切らなかった空蝉には、古代ギリシャやローマでは、忠誠心のオイルの象徴と言われていたローズマリーがピッタリ。自分にとって何が一番大切なのかを明確にしてくれる効果があるとされ、「頭脳明晰のアロマ」ともいわれています。活力を与え、心を明るくしてくれるアロマです。

体を癒やすアロマ

レモングラス

太もものケアに関わるアロマとしてオススメなのは、体力回復サポートオイルとも言われるレモングラス。副交感神経を活性させ、消化器、筋肉を刺激して病気の回復を促す体の強壮剤。筋肉痛を和らげ、乳酸を流してくれる効果が期待できる他、体と心のバランスを取ってくれるアロマでもあります。

うきふね

浮舟

人を助け、助けられることで
人生を切り開く

膝

キャラクター

光源氏の弟である宇治八宮の三女。薫の愛人となりますが、匂宮とも愛人関係になり二人の間で悩んだ結果、川に身を投げるが助かります。優柔不断なところがありますが、苦悩したことで成長して強くなる女性と言えます。

このキャラクターに当たる人は、基本的に道を逸れることを良しとしませんが、一度心を惹かれると衝動的に突っ走ってしまう一面があります。自分主体で物事を進めるより、人をサポートすることで輝くタイプ。一方で、自身のトラブル時や行き詰まった時には異性から助けられることが多いです。あまり考え込むと良い結果にならないので、直感やひらめきを信じることも大切です。

このキャラクターの有名人

北川景子、菅田将暉、林真理子、糸井重里、スティーブン・スピルバーグ

源氏物語のアロマ

ミルラ

道ならぬ恋に思い詰めてしまった浮舟には、「いつからでも人生は変えることができる」と教えてくれるミルラを使ってほしいと思います。古代エジプトではミイラを作る際に防腐剤として使用しており、精神面で成長したい人、人生の転換期を迎える際の助けが欲しい時にうってつけのアロマです。

体を癒やすアロマ

レモン

膝と関わりの深い人には、レモンのアロマがオススメ。神経痛、リュウマチ、関節炎の痛みにも有用です。また、血の巡りが悪くなり静脈瘤に悩まされている時にも◎。日頃の疲れが溜まって慌ただしくしている時ほど、足元に注意が必要。体全体の浄化、頭の中、心をリフレッシュするにもこのオイルがオススメです。

はなちるさと

花散里

温和で頼りがいのある
理想のNo.2ポジション

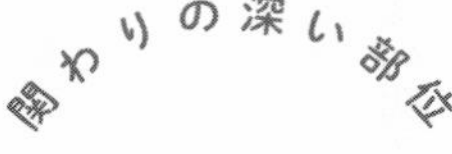

すね

キャラクター

光源氏の妻であり、幼なじみ。温和で教養があり慎ましく、光源氏を陰で支える女性。光源氏から信頼され、源氏の息子である夕霧の後見人となり、孫の玉鬘も育てます。

このキャラクターに当たる人は、人から人へ、バトンを渡すように繋いでいくことが得意。リーダーよりもNo.2のポジションのほうが能力を存分に発揮することができるタイプです。空気を読む能力に長け、慎重かつ冷静な判断を下します。真面目で温厚なため下の立場の人間からも好かれます。頼りがいがあるので面倒事を押し付けられて自分のことが後回しにならないよう注意。

このキャラクターの有名人

宇多田ヒカル、永野芽郁、池井戸潤、アンディ・ウォーホール、ビル・ゲイツ

源氏物語のアロマ

ロータス（蓮）

花散里が薫物合で調合したのは夏の香りの荷葉（かよう）＝蓮でした。蓮は、聖なる花で神聖なものの象徴。どんな時でも自分は輝いているという自信を授け、ありのままを受け入れ愛することを教えてくれるアロマです。心を開き、自分の中の雑音を取り除いてくれるので「静寂のアロマ」といわれます。

体を癒やすアロマ

ジンジャー

ジンジャーもまた、鎮痛作用があり、関節炎やリュウマチの痛みを和らげると言われるアロマです。筋肉疲労にも有用。さまざまな用途に使われ、古代ギリシャの数学者、哲学者のピタゴラスは消化剤として使用していたとされています。行動に移したいけど移せない、背中を押してほしい時の起爆剤にもなるアロマです。

ゆうがお

夕顔

パワフルに人を巻き込む
魅力の持ち主

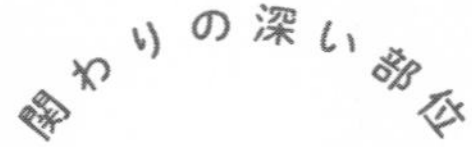

足

キャラクター

頭中将の元恋人であり、玉鬘の母。そして光源氏と激しい恋に落ちる女性です。容姿端麗で穏やかですが男性を虜にする魔性めいたものがあるようです。出会いのきっかけは垣根に咲く夕顔の花だったことからこの名がついています。

このキャラクターの人は個性が強く好奇心旺盛。感情の赴くまま行動し、周りを巻き込んでいくパワフルさに満ちています。一匹狼的な側面もあり、なんでも自分でやりたがるタイプ。頭脳明晰な努力家で我慢強さも持ち合わせています。価値観や行動指針など人と違うところがありますが、それらを否定せず個性として受け入れることでより一層魅力が放たれるでしょう。

このキャラクターの有名人

高畑充希、広瀬アリス、大泉洋、柳楽優弥、長嶋一茂、小池百合子、夏目漱石

源氏物語のアロマ

プチグレン

夕顔の白い花の香りは、青葉の力強いフレッシュな香りです。神秘的で魔力のような香りの力で光源氏を恋に狂わせたのではないでしょうか。

プチグレンは、周りを振り回したり逆に振り回されたり、そんな時に心にゆとりと安心感をもたらしてくれるアロマです。

体を癒やすアロマ

ブラックペッパー

末端への血液循環を良くして足や手の痛み、筋肉のコリを軽減し局部的に温める作用があります。別名活力を上げる精油。古代では通貨として使われていたこともあるほど貴重なものでした。きわめて歴史が古く大事にされてきたアロマです。胃腸のトラブルにも効果を発揮する他、循環を刺激するので貧血症にも有用です。

COLUMN

宿曜カウンセリングを受けた人の声

私は、これまで宿曜占星術を使ってカウンセリングを行ってきました。ここでカウンセリングを受けた方の感想を紹介します。お悩みと心境の変化を知ることで本書を読み進める参考になればと思います。

【①紫式部占いキャラクター：弘徽殿女御】

宿曜と出会って変わったこと。苦手というか嫌いだと思っていた人がいます。2度と会いたくないと思ってもまた会うことになる、不思議とご縁のある方です。その人がなんと自分と同じ宿だったのです。

それを知ってから、彼女は私を映す鏡なのかなと思いながら接するようになりました。相変わらず自分の話ばかりするし、人の悪口ばかり言うのですが、彼女の立場に立って考えると「家族に話を聞いてもらえないのかな」「誰かに認めてもらいたいのかな」「はっきり何でも言えそうなのに、頼まれると嫌といえないタイプなんだな」と、彼女と私の似ている部分に気付くことで彼女に対して優しくできるようになりました。

宿曜がなければいまだに嫌いだっただろうし、自分のことも嫌いだったと思います。家族に対しても自分が接し方を変えることで関係性が変化する、自分が柔軟になれるのも宿曜のおかげだと思います。

【②紫式部占いキャラクター：惟光】

私は宿曜占星術で、誰かを応援したりサポートしたりすることで、より自分が輝く星宿（※紫式部占いの惟光）という性質があることを知りました。ずっと自分自身で0から何かを作り上げることが苦手で、誰かのサポートをすると喜ばれていたのですが、自分自身の実力でないような気がしてどこかで罪悪感がありました。

しかし、サポートすることが得意なのは性質で、そのままで生きていくことでうまくいくと知り、とても楽になりました。この性質を受け入れてからは、余計な悩みが減り、仕事もますますうまくいくようになりました。宿曜占星術に出会えて本当に良かったです。

第三帖　729通りの秘められた相性

恋愛でも仕事でも、お互いに気が合うと「相性が良い」、逆に気が合わないと「相性が悪い」と表現されることがありますね。

宿曜占星術では、相性というのは単に良し悪しだけで括られるものではありません。感情とは別に、人と人の相性には吉凶の力が作用してくると考えられ、天体の動きと関連付けて、目に見えない秘められた運命を予測する中で相性を判断します。それが宿曜占星術独自の大切に守られてきた秘伝です。

宿曜占星術では、同じペアでも、自分から見た場合と相手から見た場合で異なる内容になります。例えば末摘花から見た葵上と、葵上から見た末摘花ではコインの裏表のように感じ方が違っています。

つまり、27人×27人の組み合わせ＝729通りの相性を知ることができるのです。人と人との相性についてこれだけ緻密な分類がされているのもまた、宿曜占星術の大きな特徴のひとつと言えるでしょう。

本章では、各キャラクターの相性を一覧にしています。

相性は、恋愛、友情、ビジネスなどあらゆる関係において当てはまるものであり、①【栄・親】、②【友・衰】、③【安・壊】、④【危・成】、⑤【命】、⑥【業・胎】の6つのグループに分けられています。

次のページで各漢字が表す関係性を解説していますので、それを参照しながら気になる相手との相性を一覧で見てみて下さい。

また、⑤【命】、⑥【業・胎】に当たる相手は、前世・来世でも関わりの深い、いわゆるソウルメイトと言われる人です。

ソウルメイトについては次の四帖で詳しくお話しているので、そちらも参考にしてみて下さいね。

相性一覧の見方

自分のキャラクターのページから、調べたい相手のキャラクターのところを見ます。それぞれの漢字が表す関係性は次のとおりです。これは、自分から相手を見た場合になりますので、相手から自分がどう見えているかを調べたい場合は、相手のキャラクターのページから自分のキャラクターの漢字を見て下さい。

【栄(えい)】・【親(しん)】

親しみを持ち、互いに運勢をベストな関係。ただ、平穏なだけに倦怠感が出やすい関係ともいえます。

【栄】一緒にいて安心感があり、お互いに利益を生み出しやすい関係です。かけがえのないパートナーになるでしょう。

【親】出会いからインパクトがあります。ときめきは少ないかもしれないですが信頼感と親しみを覚え、居心地が良い関係になります。

【友(ゆう)】・【衰(すい)】

心が通じ合い、意気投合する優しい関係です。一緒にいるとホッとできて、癒しを感じられます。

【友】昔からの友人のような楽しい時間を過ごすことができ、気がつけば仲良くなっています。心を開いてなんでも語り合える大切な存在になります。

【衰】ついサポートしたくなってしまう存在。面倒を見ることが喜びになるのですが、やり過ぎてしまい息切れを起こすこともある不思議な関係です。

【安(あん)】・【壊(かい)】

インスピレーションが湧き、惹かれ合う縁。感情とは裏腹に魔力的な力が作用し、困難なことがあっても結びつこうとしてしまいます。安壊の関係は少し特殊で難しく、関係性がシーソーのように入れ替わります。しかし、切磋琢磨し合える相手で、成長するためには必要な存在です。

【安】損得関係なく自分を受け入れてくれる居心地の良い相手です。文字通り、安心感を与えてくれますが、理解するまでには時間がかかります。

【壊】強烈なパッションで結ばれる関係。試練のような痛みを伴います。尽くしすぎて消耗してしまうことも。近付くほどに傷付く危うさも秘めています。

【危(き)】・【成(せい)】

互いが持つ固定観念、世界観が違うからこそ惹かれ合うユニークな関係です。自分の可能性を広げてくれる良いパートナーとなります。

【危】予想外の行動をするので驚かされ、戸惑うことも多いですが、世界観を広げてくれる相手といえます。

【成】自分の持っていないものを提供してくれ、足りない部分を補ってくれる魅力的な相手です。

【命(めい)】

なかなか出会うことのない、運命の相手です。自分と同じキャラクターであり、シンパシーを抱きます。自分の長所・短所を鏡のように相手が見せてくれ、似た者同士なのでキャラがかぶってしまうことも。

【業(ぎょう)】・【胎(たい)】

前世・来世での関わりも深い運命共同体。尽くし、尽くされ、共に人生を歩む相手です。人生のターニングポイントで出会い、共に協力して目的を成し遂げる関係。

【業】あなたに無条件に尽くしてくれる相手。共通の目標があるとより絆が強くなります。

【胎】あなたが無条件に尽くしてしまう相手。同じ目的に向かって進むことが宿命的に決まっている関係です。

藤壺宮

ふじつぼのみや

藤壺宮・命
パワーがある同士意気投合／お互いの本音が分かりにくい

紫上・栄
夢を叶え応援してくれる相手／ペースが合わず疲れる時もある

末摘花・衰
ホッコリと和み気を許せる相手／甘え過ぎず時にはケアしてあげて

弘徽殿女御・安
刺激的でワクワクさせる眩しい存在／あまり干渉しない方が良い

朧月夜・危
お互い向上心の強い似た者同士／相手のペースに巻き込まれてしまう

明石の君・成
会話が弾み楽しく気楽に付き合える／振り回されることもある

六条御息所・壊
気がつけばフォロー役になっている／相手のペースに飲まれてしまう

惟光・友
困った時に助けてくれる／話が食い違うこともある

光源氏・親
違って見えているが実は似たところもある／違いを認めサポートし合える相手

夕霧・業
安らぎをくれてサポートもしてくれる相手／近くなり過ぎて距離を置きにくい

八宮・栄
自分らしさを気付かせてくれる／甘えすぎは相手が距離を取りたがる

匂宮・衰
楽しいことを共有してくれる／真面目な話は進まない

髭黒大将・安
自分の考えをはっきり言い合える／食い違いもあり安定しない

薫・危
違うものを持っていて惹かれる／真逆で理解に苦しむ相手

頭中将・成
異なる思考の人だからこそ楽しくなれる／考え方の違いを認めることが大事

柏木・壊
自分にはない魅力に惹かれる／本音と建前に苦しくなる

冷泉帝・友
迷った時に相談役になってくれる／鋭い指摘にドキッとする

桐壺帝・親
サポートしてくれる最高の相手／正反対の相手だからこそパワーをもらえる

朱雀帝・胎
他人とは思えないシンパシーを感じる相手／夢や目標の達成のお手伝いをすると吉

明石の入道・栄
トラブルの少ない最高のパートナー／刺激は感じない

玉鬘・衰
共感し合える相手／なかなか関係性が発展しい

女三宮・安
遊び相手、話し相手には面白い／ともに何かを成し遂げるのは難しい

葵上・危
違う分野で活躍を協力する相手／違う性質なので助け合うことが大事

空蝉・成
個性派なので良い刺激をくれる／時間をかけて分かり合うべし

浮舟・壊
独自の世界観が強い相手なので程良い距離を保つと良い／本心が読めず苦しくなる

花散里・友
好意的に接してくれるアドバイザー／未来はあなた次第

夕顔・親
似ている点が多く良いパートナー／本心を明かすことでより良い関係になる

紫上

むらさきのうえ

藤壺宮・親
無理せず自然体で付き合える／意見し過ぎに注意、相手の意思も確認

紫上・命
マイペースな二人だから助け合える／刺激がなくつまらなさを感じることも

末摘花・栄
尊敬できる、長続きする相手／思い描く結果は望めないかも

弘徽殿女御・衰
後腐れなくなんでも言い合える相手／迷いが起きたら舵切りをした方が良い

朧月夜・安
刺激を与えてくれる相手／スピード感の違いに戸惑い気味になることも

明石の君・危
自分と違うタイプで新鮮味を感じる／性格の不一致から距離を取りたくなる

六条御息所・成
親密になれる相手／飽きられて逃げられてしまうかも

惟光・壊
共に自分のペースで歩んでいくことが大切／道が交じり合えば助け合える

光源氏・友
真逆の一面を認め合えばベストパートナー／こだわりが違うので接点が少ない

夕霧・親
見守りサポートしてくれる／心のよりどころになりすぎないように

八宮・業
一卵性の双子のようによく似ていて気が合う／ありがた迷惑にならないように

匂宮・栄
楽しみ方を教えてくれるので惹きつけられる／期待した通りにはいかない

髭黒大将・衰
協力し合うよう心がけると味方になってくれる／サポートを期待し過ぎない方が良い

薫・安
自分の価値観を大切にする二人／近過ぎると火傷する

頭中将・危
自分次第でコントロールできる相手／ドライな一面に戸惑う

柏木・成
自分とは違う一面に魅力を感じる／繊細過ぎて理解しあえない

冷泉帝・壊
相手のペースに合わせると上手くいく／主導権を握れずイライラする

桐壺帝・友
同じ感覚があり気が合う／安心し過ぎて過信すると共倒れになる

朱雀帝・親
自分の世界を広げてくれる／張り合うこともある

明石の入道・胎
何も求めず尽くしたくなる相手／一方通行にならないように

玉鬘・栄
自分の器を広げてくれる／生き方が全く違うことを理解して

女三宮・衰
明るく楽しい気分になれる相手／求めても返ってこない

葵上・安
スケールが大きい者同士で認め合える／程よい距離感を大切に

空蝉・危
根気強いところが似ており長く付き合える／思いもよらない反応に驚く

浮舟・成
言動が面白く興味を持つ／ライバル心が芽生えてしまう

花散里・壊
知的で柔軟さがあり憧れる／一緒にいて窮屈に感じることもある

夕顔・友
長期的に見たら馬が合う／お互い気が強くイラっとすることがある

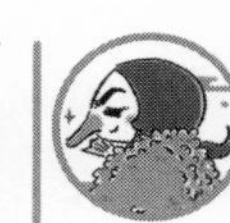

末摘花

すえつむはな

藤壺宮・友
お互いに話好きで飽きない／連絡をしっかりと取るように

紫上・親
安心して頼れる相手／絆を深める努力を忘れないように

末摘花・命
適度な距離感、相手のアイデアからひらめきをもらう／弱点もよく見える

弘徽殿女御・栄
手を組めば怖いもの知らず／相手に力を捧げることを忘れないように

朧月夜・衰
理解を深めあうには会話術が大切／理屈っぽくならないように注意

明石の君・安
癒してくれるので精神安定剤のような相手／いい加減な面が見えるとイライラ

六条御息所・危
オフィシャルに限定すると良い／踏込み過ぎるとがっかり

惟光・成
大切なことを教えてくれる／素直に耳を傾けると成長できる

光源氏・壊
仲良くなると頼りになる／関係が崩れると長期戦

夕霧・友
心強いアドバイザー／優しさに期待しすぎないように

八宮・親
平和主義でフレンドリーな関係／接点を持つように努力する

匂宮・業
楽しく明るい癒やしの存在／相手に合わせすぎてしまう時もある

髭黒大将・栄
互いに認め合い行動できる／ストイックになりすぎないように

薫・衰
クール&ドライの名コンビ／関係維持のためには歩み寄ることが大切

頭中将・安
利害関係が互いに影響しあう／貧乏くじを引かないように気をつけて

柏木・危
要領がよく軽やかさが魅力的／近過ぎると適当に扱われてしまう

冷泉帝・成
コラボレーションには良い相手／積極的に話題を提供していく事

桐壺帝・壊
感情が揺れ動く関係／相手のペースに飲まれてしまう

朱雀帝・友
刺激的であり支えてくれる／成長のための良いライバル

明石の入道・親
落ち着いて過ごせる相手、ベストカップル／力になってあげること忘れないで

玉鬘・胎
不思議といつでも繋がっている気がする／気持ちが分かるのでつらい時もある

女三宮・栄
楽しさを共有できる相手／わがままにならないように

葵上・衰
さりげない言葉に癒される相手／相手の変化に動じないように心を整えて

空蝉・安
うわべだけの付き合いになる／金銭のやり取りには要注意

浮舟・危
警戒心を持ってしまう相手／距離が近づくまでに時間を要する

花散里・成
気がつけば心の支えになってくれる相手／損得が絡むと争いになってしまう

夕顔・壊
リスペクトできる相手／距離が近過ぎると短所が強く出がち

弘徽殿女御

こきでんのにょうご

藤壺宮・壊
この人には甘えたくなる不思議な力加減／言い争っても負けてしまう

紫上・友
必要な時に力を貸してもらえる／独立して個々で動くことが大切

末摘花・親
才能を引き出しチャンスを与えてくれる／こちらから与えることも忘れない

弘徽殿女御・命
大事な時にパワーの源になる／程良い距離を取らないと毒を吐いてしまう

朧月夜・栄
視点が違うので意見交換が大切／口論では敵わない相手

明石の君・衰
心を開いて安心してくれる／お互いに理解しようとするが簡単ではない

六条御息所・安
理解しようと努力してくれる／わがままな面に失望する

惟光・危
お互いが切磋琢磨して成長する／良いライバルとして認める

光源氏・成
距離感が大切だが味方になってくれる／思いどおりには動いてくれない

夕霧・壊
お互いに強い信念を持ち、一緒だと敵なし／相手の意志の強さに引いてしまう

八宮・友
気配り上手で縁の下の力持ちになってくれる／感謝の心を忘れずに

匂宮・親
一緒にいると楽しくいろいろな面で輪が広がる／遊び過ぎないように

髭黒大将・業
意思の疎通がしやすく最高のパートナーとなる／多数の人と一緒に関わるとより良い

薫・栄
自然体でいられる良い関係／感情がぶつかり合い落ち着くのは難しいかも

頭中将・衰
憧れの存在となるが一方通行になりやすい／グイグイ行き過ぎると引かれる

柏木・安
自分に無いものを持っており刺激をくれる／うっかりすると疎遠になる

冷泉帝・危
物事への取り組み方が似ている／協力し合えないとモヤモヤする関係になる

桐壺帝・成
周囲を巻き込み刺激し合える関係／衝突する前に逃げること

朱雀帝・壊
応援団長のように応援してくれる／批判されることもある

明石の入道・友
影のボスの様子に刺激され高めあえる／雑な扱いを受けることもある

玉鬘・親
発想が楽しい組み合わせ／現実的な計画はなかなか進まない

女三宮・胎
価値観が似ていて物事が進みやすい／丁寧な対応を心がけて

葵上・栄
冷静さを見習うべき相手／ぶつかることもあるが前進する

空蝉・衰
やりたいことを認め応援したくなる／発言が強くならないように

浮舟・安
神秘的で深い関係になりやすい／思いが強くなると傷つける

花散里・危
程よく距離を取ることが大切／細かいことを言われ疲れてしまう

夕顔・成
お互いに似たところがあり興味を持ち合う／手堅い相手で負かされる

朧月夜

おぼろづきよ

藤壺宮・成
知的なところがよく似ており気が合う／言葉のブレーキを忘れずに

紫上・壊
良い影響を与えてくれる／討論しても押されてしまう

末摘花・友
話をしていて面白いので盛り上がる／愚痴っぽくなってしまう

弘徽殿女御・親
共感してくれる力強い味方／互いに主張を曲げないところがあり口論になるかも

朧月夜・命
お互いの望みが理解し合える相手／早い時点で岐路に行き当たるかも

明石の君・栄
気持ちをほぐし人生の幅を広げてくれる／ぶつかることが少ない

六条御息所・衰
話をしていて楽しい／相手の領域に踏み込みすぎないこと

惟光・安
なぜか気になり意識してしまう／見返りは期待できない

光源氏・危
馬が合わず表面的なお付き合い／心理戦になりがち

夕霧・成
意見が違ってもうまく解決できる／距離感は縮まらない

八宮・壊
今までにない可能性を広げてくれる／裏切られることもある

匂宮・友
心が和み、素直さに心が洗われる／楽しさを優先させてしまい学びは少ない

髭黒大将・親
ギブ&テイクで良い方向に進む／相手に仕切らせないとギクシャクする

薫・業
お互いに気付きを与え合う／パートナーとして存在が重く感じる時もある

頭中将・栄
欠点を補い視野を広げてくれる／素直になれなくて疲れることもある

柏木・衰
自分に合わせてくれるので心地良い／あなたの気まぐれで翻弄する時もある

冷泉帝・安
慕ってくれて信頼のおける相手／利用されてしまうこともある

桐壺帝・危
ステップアップに必要な冷静な意見をくれる／相手を立てることも忘れずに

朱雀帝・成
大人の対応ができたらうまくいく／別々のところで頑張るほうが良い結果になる

明石の入道・壊
誠実な対応を取ることがうまくいく秘訣／相手のペースに合わせ過ぎてしまう

玉鬘・友
お互いの良い面を引き出せる／誤解が生じた時はよく話し合うことが大切

女三宮・親
自分の枠を外しテリトリーを広げてくれる／二人より大人数のほうが客観的になれる

葵上・胎
お互いにパワーがあるがサポートに回るとより良くなる／余裕を持って接する

空蝉・栄
隠れた面白い部分を引き出し合える／付き合ううちにオタク度が高まる

浮舟・衰
サバサバしていてやり取りに気を遣わない／節度ある距離感を保つ

花散里・安
お互い理論的で理解し合える／意見の対立から距離を置かれることもある

夕顔・危
対照的な存在。気付きを与え感謝されることも／違和感があり本音を明かさない

明石の君

あかしのきみ

藤壺宮・危
一緒にいると心地良く話が弾む／求めすぎないほうが良い

紫上・成
一定の距離を保って接するとスムーズに行く／真逆の性格で否定から入るので注意

末摘花・壊
感覚の違いを学ばせてくれる相手／油断していると足下を掬われるかも

弘徽殿女御・友
親しくなれる間柄／天の邪鬼な態度に相手が引いてしまうことも

朧月夜・親
大事なことに気付かせてくれる相手／真逆だからこそヒントがある

明石の君・命
自由で個性的な発想に惹かれる／引っ張られすぎず自分の時間も大切に

六条御息所・栄
価値観が似ていて最高の相手／自分に似すぎで離れたくなる時もある

惟光・衰
ちょっと変わった感性が似ていて分かりあえる／頼りすぎ注意

光源氏・安
水と油のような関係／主導権はあなたが取るように心がけて

夕霧・危
お互いの魅力を楽しむ／考え方の違いを認め合う

八宮・成
テンポの違いも良しとする／軽薄に見えてしまう

匂宮・壊
一方的だが良い面も見える／乗せられてしまう

髭黒大将・友
メンタルが強いのでたくましく感じる／頑張らないと置いていかれる

薫・親
大切なことに気づかせてくれる／真逆な面がある

頭中将・業
いつもサポートしてくれる相手／感謝し合える間柄

柏木・栄
大らかさが相手を癒しお互い楽な関係／考え方の違いから喧嘩に発展することも

冷泉帝・衰
挑戦することを教えてくれる／柔軟性が乏しい相手にたまに息切れする

桐壺帝・安
強く当たってくるが磨かれる／損して得取れ

朱雀帝・危
向上心を高め合える／重荷に感じたら適度な距離を取る

明石の入道・成
タイプが違うが誘われる／水と油でペースが合わない

女三宮・壊
憧れて深入りしたくなる／裏切ったらお互いに許さない

女三宮・友
傷つけ合うことはない／相手に求めるものが多くなると苦しくなる

葵上・親
共に明るく長く付き合うことができる／長くお付き合いした方が良い

空蝉・胎
共に良い関係を築き上げていける／損得関係なくサポートしたくなる

浮舟・栄
神秘的な一面に親近感を感じる／共鳴する気持ちを忘れずに

花散里・衰
価値観を共有する努力をする／深入りしない方が良い

夕顔・安
マイペースな二人／激しさについていけない時もある

六条御息所

ろくじょうのみやすんどころ

藤壺宮・安
多方面でセンスが良く頼りたくなる／負担に感じない程度の距離感を持つ

紫上・危
自分にないものを持っていて興味が湧く／本音と建前の区別が難しい

末摘花・成
話を聞き寄り添ってくれる頼れる相手／見返りを求めると離れていく

弘徽殿女御・壊
感性が豊かな者同士／近寄り過ぎるとイライラすることもある

朧月夜・友
冷静沈着な態度で受け止めてくれる／アドバイスを聞かない

明石の君・親
気楽にお付き合いができ、相性はとても良い／問題なし

六条御息所・命
お互いが分かり過ぎて激しくバトルすることも／時には距離を取ること

惟光・栄
褒めて伸ばしてくれる／調子に乗りすぎないこと

光源氏・衰
互いの良さを認め合えば夢の架け橋になる／向き合えない時もある

夕霧・安
憧れて近づいてきて支えてくれる／上から目線にならないよう気を付けて

八宮・危
短期間でも仲良くなれる／離れるのが早い可能性もある

匂宮・成
楽しい気持ちに奮い立たせてくれる相手／変わり身が早く相手が引いてしまう

髭黒大将・壊
振り向かせたくなる相手／勝ち負けの気持ちが出るとバトルになる

薫・友
知的好奇心旺盛な二人は意気投合／空回りには注意

頭中将・親
気が合う最高のパートナー／感謝を述べること忘れずに

柏木・業
分かり合える居心地が良い相手／分かるだけに甘えてしまう

冷泉帝・栄
あなたがリードするほうがうまくいく／指摘されたことは聞くこと

桐壺帝・衰
相手を立てることでうまくいく／短所に目をつぶってあげることも大切

朱雀帝・安
互いに人望が厚いからこそ距離感が大切／別々で行動するのがオススメ

明石の入道・危
心の内を話しやすい／痛いところを指摘してくる

玉鬘・成
共に相手を認め合える／争うとあなたが負けてしまう

女三宮・壊
互いに弱点を指摘し合える／本心を見透かされ自分のペースでは進めない

葵上・友
しっかりあなたを受け止めてくれる／お互いの精神を忘れず接する

空蝉・親
自分らしさを出して落ち着ける相手／ウインウインの精神も大切

浮舟・胎
お世話を焼いてくれる／違和感があっても離れられない

花散里・栄
未来が楽しくなりそうな二人／感謝する気持ちを忘れずに

夕顔・衰
腹を割って話せる相手／言葉遣いに気をつけて

惟光

これみつ

藤壺宮・衰
サポートしたくなる相手／与えてばかりで疲れてしまう

紫上・安
互いに穏やかで一目置く相手／共通点がないとなかなか仲良くなれない

末摘花・危
とても好意的に見てくれる相手／一方的な印象もあるが力を貸したくなる

弘徽殿女御・成
成功を一番に望んでくれる／意見が食い違うと面倒くさい相手

朧月夜・壊
共通点があると話が弾む／理詰めで来られると逃げたくなる

明石の君・友
お互い独特の個性で気が合う／傷付きやすい面を察してあげないと溝ができる

六条御息所・親
照らしてくれる存在となる／なあなあになると負担に感じる

惟光・命
同じ世界観を持つお互いが大切な関係／一歩引いて相手を見る

光源氏・栄
似た者同士で相性は良い／思いどおりとはいかないときもある

夕霧・衰
こだわりが似ている／相手の出方を見て妥協することも大切

八宮・安
うまく交流すれば周囲からの評価を上げてくれる／なぜか心がざわつくことがある

匂宮・危
自分にない視点が役に立つ／自分を貫きたいもの同士

髭黒大将・成
距離を取ることでうまくいく／かみ合わなくても柔軟に対応

薫・壊
視点が違うからこそ世界観が広がる／しっかり向き合わないと理解に苦しむ

頭中将・友
歩調を合わせ進むと良い／無理が生じて疲れることもある

柏木・親
学びが多く成長できる関係／優劣を意識しないこと

冷泉帝・業
労を惜しまずサポートできる相手／不器用な一面に好意を寄せる

桐壺帝・栄
目指す方向性を変えると穏やかにいく／張り合わないほうが無難

朱雀帝・衰
夢や希望を語れる相手／無理に実現しようとするともめるかも

明石の入道・安
独特の感性が似ていると感じる／言い争いに注意

玉鬘・危
ご縁が薄いので衝突することはない／考え方の違いを痛切に感じる

女三宮・成
考え方の違いを気付かせてくれる／ハッとさせられることがある

葵上・壊
スケールの大きいことを考える相手に驚かされる／束縛すると逃げてしまう

空蝉・友
無償で支えてくれる／関係性が進展しにくい

浮舟・親
何かと助け合える関係／互いの妥協点を見つけるように話を聞くこと

花散里・胎
継続して同じ夢を追うことで共に頭角を現す／頑張り過ぎないようにする

夕顔・栄
性格は違うが後押ししてくれる／考えていることが分かりにくい

光源氏

ひかるげんじ

藤壺宮・栄
一緒にいても気を遣わない楽な相手／余裕がない時は距離を取る

紫上・衰
時間をかけて関係性を結んでいく／ペースの違いにイライラすることもある

末摘花・安
自分にないものがあり興味津々／強引に関係性を進めると引かれてしまう

弘徽殿女御・危
距離を取りながら気楽に付き合う／分かってもらえず反論したくなる

朧月夜・成
お互いになかなか熱いものを持っている／争うことで痛手を負う

明石の君・壊
性格は違うが共に歩んでいく／自由を好むので理解し難い時もある

六条御息所・友
受け止めてくれる安心感がある／性格が真逆でイライラ、考え過ぎてしまう

惟光・親
落ち着いており安心できる相手／相手の気持ちに応えられない時もある

光源氏・命
鏡のような存在で分かり合える／キャラかぶりになることがある

夕霧・栄
安心して付き合える相性の良い相手／お互い認め合う余裕を持つこと

八宮・衰
気楽な付き合いができる／依存すると嫌がられる

匂宮・安
互いに社交的で楽しい／いろいろと口出ししてしまい煙たがられる

髭黒大将・危
そんな簡単には動いてくれない相手／なかなか分かり合えず手ごわい

薫・成
豪快さから勇気をもらえる／軽く扱うと面倒くさい相手

頭中将・壊
ポジティブな気持ちで打ち解けられる／振り回されることもある

柏木・友
話を合わせてくれるので付き合いやすい／引き立てることを忘れずに

冷泉帝・親
戦友としてお互いを支え合える／ぶつかり合うこともある

桐壺帝・業
似た者同士で気が合う／足りないところを補い合える最強コンビ

朱雀帝・栄
切磋琢磨し合える／相手を立てながら付き合うこと

明石の入道・衰
知識豊富で足りないところを補ってくれる／長くいると息苦しさを感じる

玉鬘・安
感性豊かな者同士、距離感が大切／近過ぎは口論になる

女三宮・危
寛大な気持ちで接する必要がある／何かと違いを感じすれ違う

葵上・成
自信家で一目おく相手／相手の良いところを見習って

空蝉・壊
タイプが違うため興味津々／本音でぶつからないと反撃される

浮舟・友
長くお付き合いすると相手の良さを感じる／良い関係が築ける

花散里・親
素直に聞く耳を持ってくれている相手／気付きを与えてくれる

夕顔・胎
サポートすることで新たな発見がある／似た者同士でぶつかることも

夕霧

ゆうぎり

藤壺宮・胎
今やるべき大切なことを教えてくれる／惹かれ合う二人

紫上・栄
強気なところを受け止め支えてあげる／時々息抜きしたくなる

末摘花・衰
吸収するところが多い／仲が深まるとしんどい時もある

弘徽殿女御・安
お互いに良さを引き出せる／物怖じしない相手に甘えてしまう

朧月夜・危
意見をどんどんぶつけてくる点に共感する／納得できない時もある

明石の君・成
感性が似ていて気が合う／理解しにくい相手なので時間をかけることで関係が整う

六条御息所・壊
お手伝いしてあげたくなる／尽くす一方で嫌になる時もある

惟光・友
似たところがある／こちらのペースに乗ってくれるようにアプローチする

光源氏・親
サポートしてもらい安心できる／振り回される時もある

夕霧・命
頑固で意見の食い違いがある／似た者同士うまく距離を取る

八宮・栄
意気投合、穏やかな関係／見返りを求めないこと

匂宮・衰
楽しそうな様子に惹かれていく／存在感が大きすぎてついていけない時がある

髭黒大将・安
大切なものは何ですかと問いかけてくる／ぶつかっても学ぶことが多い

薫・危
割り切って考える相手から現実を見せてもらえる／価値観の違いに戸惑う

頭中将・成
コミュニケーションの取り方に憧れる／表面的な関わりになりやすい

柏木・壊
距離を置くことで優しさが見えてくる／コントロールされないように注意

冷泉帝・友
まっすぐな相手を理解するよう努める／小さなことで揺らがないようにする

桐壺帝・親
補い、サポートしてくれる成長できる相手／耳が痛いことを言われる

朱雀帝・業
精神性が高く実行力がある／一緒にいると行動力が高まる

明石の入道・栄
ヒントや学びを提供してくれる／意見を軽視してしまうので注意

玉鬘・衰
お互いに夢想家／お互い現実的な問題に向き合うのが苦手

女三宮・安
喜怒哀楽を素直に出す姿に魅力を感じる／長く一緒にいると疲れる

葵上・危
お互いを認め合うことが必要／最終的に目指すゴールが違う

空蝉・成
相手の良いところをしっかり見てあげる／なかなか自分を表に出さない相手

浮舟・壊
実直なだけに嘘が隠せない／ありのままで接しないと距離ができる

花散里・友
一緒にいるとホッとする相手／こまめにコンタクトを取る

夕顔・親
発想力豊かで近づきたくなる／自信がない態度を取る

八宮

はちのみや

藤壺宮・親
異業種でもどんどん繋がれる／素直に認めることができない一面もある

紫上・胎
テンポが違うが補い合う関係性／重荷と感じたら距離を取る

末摘花・栄
手を結ぶことで最強となる／浮舟き足立ってしまうところを抑えてくれる

弘徽殿女御・衰
お互いに好奇心旺盛／刺激的なことを求めすぎてしまう

朧月夜・安
論じ合うことが好きで盛り上がる／ペースを合わせていかないと離れる

明石の君・危
お互いの違いが刺激的で面白い／私利私欲で付き合うとバレてしまう

六条御息所・成
懐の深さを感じる相手／思い通りにされることもある

惟光・壊
好意的にサポートしてくれる／流儀の違いを感じ疲れる

光源氏・友
人と仲良くなりやすいタイプで好感を持てる／ストレスを感じない相手

夕霧・親
魅力や個性を引き出してくれる／つかず離れずの関係が良い

八宮・命
一緒にいるとコミュニティが広がる／広く浅くの関係

匂宮・栄
一緒にいると周りに人が集まってくる／急接近しても離れることもある

髭黒大将・衰
仕切ってくれる強いリーダー／相手の強さに従い過ぎてしまうことがある

薫・安
手の平で踊らされても頑張ってしまう／負けるが勝ち

頭中将・危
目を離すことができない相手／オンリーワンの存在になるのは難しそう

柏木・成
愉快な気持ちでいられる相手／予想外な言動に疲れる時もある

冷泉帝・壊
こちらの気遣いに気がついてくれない／いざこざに巻き込まれてしまうかも

桐壺帝・友
日々一緒にいて頼れる相手／いつまでも受け止めてくれるわけではないと心得て

朱雀帝・親
足りない部分を互いにカバーできる／お互いにメリットがある

明石の入道・業
お互い向上心が生まれ方向性が定められる／過干渉に陥ることも

玉鬘・栄
深いところで心が通う／優しさが分かってもらえない時もある

女三宮・衰
お互いにアピールポイントが分かっている／境界線をしっかり引きたがる

葵上・安
一時は楽しく盛り上がるが長くは続かない／抑圧的に感じ距離を取ることもある

空蝉・危
独自の感性を面白いと感じる／そんな簡単に心を開いてくれない

浮舟・成
神秘的で好感度大／付き合いが長くなると息抜きがしたくなる

花散里・壊
相手の考えていることが分かりやすい／批判されることもある

夕顔・友
先導者タイプで近づきたくなる／そこまで近い存在にはならない

匂宮

におうのみや

藤壺宮・友
心中を明かしてみると意外な進展／じっくりと関わると仲良くなれる

紫上・親
落ち着きがあり癒される相手／感謝の気持ちをしっかり伝えましょう

末摘花・胎
マイペースな匂宮も尽くしたくなる／相手の存在が当たり前になると離れたくなる

弘徽殿女御・栄
情報を共有することで人生が向上する／一緒に舞い上がらないように注意

朧月夜・衰
理論立てて話を進めてくれ興味津々／根拠のない自信を指摘する

明石の君・安
自分にないものを感じ何かと手助けしてくれる／束縛に耐えられず逃げる

六条御息所・危
お互いにもてはやし合う／気をつけないとおいしいところを持っていかれる

惟光・成
足りないところをサポートしてくれる／お互いの違いはよく感じる

光源氏・壊
華やかな面に接近したくなる／巻き込まれて気持ちが乱れる

夕霧・友
寄り添い大事にしてくれる／相手を大事にするがゆえに身動きが取れなくなるかも

八宮・親
どんどんコミュニティを広げる最強コンビ／リードすることを忘れずに

匂宮・命
楽しさを倍増させる遊び仲間的関係／お互いの足りないところが分かってしまう

髭黒大将・栄
協力体制を組むと達成率上がる／シビアな面もある

薫・衰
違った面で自由人同士なので干渉しないのが吉／どこかすれ違いを感じる

頭中将・安
快く受け入れてくれる／存在に慣れて感謝を忘れると破綻する

柏木・危
互いに印象が良くて穏やかさに安らぐ／気を抜くことができない相手

冷泉帝・成
揺るぎない面を学ぶつもりで接する／のんきに構えていられない相手

桐壺帝・壊
あれやこれやと協力してくれる／ズバズバ本音を言われ深く傷を負う事もある

朱雀帝・友
たくさんのことを学ばせてくれるお互いにハッピー／縁をしっかり結ぶこと

明石の入道・親
考え方・感じ方の方向性が合う／共にいると「きちんとしよう」と自省心が働く

玉鬘・業
心を開いてくれるので安心感を覚える／決断の際の良い刺激剤

女三宮・栄
意気投合して楽しめる／お互いに現実逃避してしまうので注意が必要

葵上・衰
ここぞという時に助けたくなる／空回りをしてしまう

空蝉・安
感情や情熱に火をつけられる／大きな痛手を負わないよう注意深く行動を

浮舟・危
大きな変化を起こすきっかけをくれる／意見の食い違いから無視される時も

花散里・成
欠点には目をつぶって割り切って付き合ってくれる／奥が深くてよく分からない

夕顔・壊
ズバズバと欠点を指摘してくれる／気づけば何かと巻き込まれている

髭黒大将

ひげくろのたいしょう

藤壺宮・壊
大事なことは何かを教えてくれる／一方的に関係を終わらせられるかも

紫上・友
頑固な面が似ている二人。相手のペースを掴むと◎／敵に回すと怖い

末摘花・親
調整役になってくれる／弱点を指摘してくれる

弘徽殿女御・胎
実行力がある相手なので大きな変化が起きる／なぜか力を貸しすぎてしまう傾向

朧月夜・栄
お互いのセオリーが似ていて仲良くなる／論戦すると負けてしまう

明石の君・衰
空想家の面が面白く興味を持つ／弱音が吐けず苦しくなる

六条御息所・安
自分にはない柔軟な対応を学ばせてもらえる／争いが長期戦にならぬよう歩み寄る

惟光・危
お互い独自の世界観があり認め合う／不動の相手でこちらの思うようにはいかない

光源氏・成
損得考えず付き合うと良好な関係に／常に自己中心的な面が気になってしまう

夕霧・壊
グレーゾーンを作らぶつかることが少ない／行動範囲が広くてついていけない

八宮・友
人間関係の輪を広げ運気をアップしてくれる相手／刺激的で良いが時に疲れる

匂宮・親
手を組むと行動範囲が広がり開運に繋がる／期間限定にならないように大事にする

髭黒大将・命
お互いがリーダーになる強さを持っている／強いだけに距離感を大切にする

薫・栄
話し合いを大事にすることで親密になる／自分にない強さがあり鍛えられる

頭中将・衰
心に安らぎを与えてくれる／優しさに素直になれない時もある

柏木・安
心変わりしないうちに大事なことは話す／長く付き合うためには努力が必要

冷泉帝・危
自分を抑えて歩み寄ることがポイント／無関心さに嫌になる時もある

桐壺帝・成
快くバックアップしてくれる時もある／プライドのぶつかり合いには注意が必要

朱雀帝・壊
自分にはない魅力に惹かれる／言い争いも少なくない

明石の入道・友
目的のためには努力を惜しまない二人／目的は違っても認め合える

玉鬘・親
補佐役になってくれる／意地の張り合いになりやすい

女三宮・業
身勝手なところを受け止めてくれる／自信がなくなると頼りすぎてしまう

葵上・栄
月日を重ねるごとに大事な存在になる／短期間では分かりあいにくい

空蝉・衰
先導することがうまくいく秘訣／個性を理解してもらえない

浮舟・安
尽くしてくれるありがたい存在／お礼を言うのを忘れずに

花散里・危
感情に流されず頼れる相手　／そりが合わず近づきにくい

夕顔・成
自分を客観的に見せてくれる相手／正反対な考え方をする

薫

かおる

藤壺宮・成
違うタイプの相手でも話が弾み楽しい／期待どおりにはいかない

紫上・壊
共感力をお互いが持てると良い関係になる／歯車が狂うと衝突する

末摘花・友
洞察力に優れているので助けられる／実は臆病な面をほうっておけない

弘徽殿女御・親
信頼が置けて一緒にいると怖いものなし／相手と比べて不完全さを感じてしまう

朧月夜・胎
夢を形にしてくれる心強い相手／知恵やアドバイスはピカイチ

明石の君・栄
自由な発想が面白く新たな力が湧く／あなたが支えてあげる間柄

六条御息所・衰
気を遣わない落ち着ける相手／互いに自分の思いを通したいのでぶつかることもある

惟光・安
実はお互いに反骨精神が旺盛／あくが強くてついていけない

光源氏・危
自分のうまい見せ方を学ばせてもらえる／しつこくされがちなので気をつけて

夕霧・成
明るく気さくなところが好印象／理想を追い求める相手を一歩引いて見る

八宮・壊
相手を自分が誘導していると優越感／嫉妬や束縛をしたくなる

匂宮・友
えり好みしがちな似た者同士／相手の気持ちも考えて行動する

髭黒大将・親
お互いにプラスに働く相手／頑固な相手だが頼りになる

薫・命
底力があり柔軟に対応できる／意気投合して助け合える関係

頭中将・栄
深く結びつくことで諸々の運が上がる／自分の願望ばかりを押し通さないように注意

柏木・衰
お互いに刺激し合える／相手の劣等感も分かってあげて

冷泉帝・安
気になる相手だが距離が大切／プライドだけは傷付けないで

桐壺帝・危
相手を思いやり理解することで楽しくなる／救いの手を差し伸べて

朱雀帝・成
似ているだけに敵対心を持ってしまう／相容れないこともある

明石の入道・壊
色眼鏡で相手を見ないでお付き合いを／「目には目を歯には歯を」の関係

玉鬘・友
お互いの個性を認め合ってうまくいく／自尊心を傷付けないで

女三宮・親
楽しい関係で公私ともに仲良くなれる／遊び心に火をつけてしまう

葵上・業
お世話好きで手を差し伸べてしまう相手／望まれなくても感謝は必要

空蝉・栄
常に将来を見据えた動きができる／しっかり受け止めてあげる心づもりを

浮舟・衰
喜怒哀楽に共感してくれる／気位が高くて踏み込めない

花散里・安
何かとうまくコントロールできる相手／トラブルになると周りも巻き込む

夕顔・危
努力が実ると大接近／ぶつからないように手を差し伸べること

頭中将

かしらのちゅうじょう

藤壺宮・危
知的で気高さを感じさせ、気になるタイプ／相手の気持ちが掴みにくい

紫上・成
動じない強さに惹かれる／押し切られてしまうこともある

末摘花・壊
前向きに学ばせてもらうとよい流れになる／金銭トラブル注意

弘徽殿女御・友
興味深く惹きつけられる／足りないところを補い合うことを忘れずに

朧月夜・親
補い合う事で発展する／理論的な部分を認めてあげて

明石の君・胎
必要なものを与え合える／束縛はしないように注意

六条御息所・栄
一番安心して付き合える／自分からは動いてくれない

惟光・衰
引き立ててくれて尊敬できる相手／ペースを崩さないようにすることも大切

光源氏・安
お互いに恵まれていて苦労が少ない／揃って井の中の蛙にならないように

夕霧・危
自分の世界観を大事にする二人／積極的に関われない

八宮・成
ノリの良さに刺激を受ける／冷ややかになってしまう時もある

匂宮・壊
接し方がよく惹かれる／番狂わせが起きる関係

髭黒大将・友
頑固な面も許せてしまう／一途さに苦しくなる時もある

薫・親
ビジネスにはベストパートナー／相手を助けてあげる気持ちを持って

頭中将・命
人生を一緒に考えると新たな気付きをくれる／消耗気味になることもある

柏木・栄
細かなところまで気配りをしてくれる相手／競争心を向ける相手ではない

冷泉帝・衰
遠くから眺める相手と割り切る／いい加減なところを嫌いになる相手

桐壺帝・安
本音を見せてくれるのでホッとする／問題に巻き込まれないよう注意

朱雀帝・危
競争相手にならないよう刺激はしない／密接な関係だと疲れてしまうかも

明石の入道・成
物静かで労ってあげたくなる／したたかな面も見えてくる

玉鬘・壊
自分にはないものを持っていて刺激的／理解不能な時もある

危・友
神秘的な二人は楽しく語れる友人になる／知的探求心旺盛で理解しがたい時も

葵上・親
自己中心的だが素直で何でもやってあげたくなる／相手を立ててあげることが大切

空蝉・業
受け止めてあげると絆がより深くなる／共倒れになることもある

浮舟・栄
感受性が高い者同士すぐに仲良くなる／腹を割って話すこと

花散里・衰
物事の捉え方が似ていて仲良くできる／安易な発言には気をつけて

夕顔・安
なぜか何でもしてあげたくなる／都合良く使われることもある

柏木

かしわぎ

藤壺宮・安
人生に多大な影響を与える人／共に行動することに不安を感じる時も

紫上・危
自分とのあまりの違いに面白くなる／宇宙人のように感じてしまう

末摘花・成
「念には念を入れよ」の注意深い二人／考え過ぎて動けないことも

弘徽殿女御・壊
本当の自分を見せることができる／気がつけば引き立て役になっている

朧月夜・友
冷静沈着な態度に心休まる／痛いところを突かれる時も

明石の君・親
モノより心を大事にする面がほっとさせてくれる／お世話役になってしまうかも

六条御息所・胎
サポートしてくれる相手／何かとコロコロ変化して気持ちが安定しない

惟光・栄
方正質直なところにホッとする／気持ちに余裕がないと受け取れない

光源氏・衰
コンビを組むと良い結果になる／腹の探り合いになりやすい

夕霧・安
相手の意思関係なく意のままにしたくなる／逆に翻弄される場合も

八宮・危
協力体制を取ると良い／不本意ながら利用してしまうかも

匂宮・成
性格の陰陽がうまく作用する／戦うと最終的にあなたが痛い目に遭う

髭黒大将・壊
互いに干渉しなければうまくいく／あなたの本音を見抜き脅威となる相手

薫・友
正直で頑張り屋さんなので手を組むとプラス／欲はかかないように

頭中将・親
似た者同士で好感度は高い／お互いを伸ばそうと努力する

柏木・命
お互いの心を読み合う間柄／疑心暗鬼を生じ居心地悪く感じることがある

冷泉帝・栄
裏切らないという安心感が持てる／冷泉帝のペースに合わせることも大切

桐壺帝・衰
肝が据わっている桐壺帝に学ばせてもらえる／がさつに見えることもある

朱雀帝・安
無我夢中であなたを追いかけてくる／窮屈に感じ、もめると長期戦になる

明石の入道・危
慕ってくれると力を貸してくれる／本心はお互いにライバル視している

玉鬘・成
謎めいていて惹きつけられる／期待しすぎないこと

女三宮・壊
本音と建前でうまく付き合う／やられたらやり返す関係

葵上・友
大らかな態度に安らぎを覚える／理解しているのか気が付かないふりか分からない

空蝉・親
自然体で付き合うことができる／どこまでもやってくれようとする

浮舟・業
気を遣い細やかなサポートをしてくれる／繊細さに戸惑うこともある

花散里・栄
人生のカギとなる人物／小手先で動かそうとしても動かない

夕顔・衰
岐路に立った時の強い味方／影響を受けにくい夕顔が影響を受ける

冷泉帝

れいぜんてい

藤壺宮・衰
強く心惹かれる憧れの人／期待されると心が重くなる

紫上・安
粘り強さは似た者同士／テンポが違うのでズレを感じる

末摘花・危
好意的に力を貸してくれる相手／ライバルになる時もある

弘徽殿女御・成
共通の目標を持つと良い／真逆の二人はなかなか面白い

朧月夜・壊
言葉の巧みさに憧れる／なぜかあなたのほうが悪者になる

明石の君・友
ひたむきで一途なところをサポートしたくなる／余裕がない時は距離を取る

六条御息所・親
交流の場を広げてくれる／たまに裏切り行為がある

惟光・胎
尽くしてくれるので気分が良くなる／地道に努力するところに甘えてしまう

光源氏・栄
裏切らず信頼できる相手／何か共通の目標を持つことが大切

夕霧・衰
気楽に話せる友人タイプ／視野を広げたい時にはもってこい

八宮・安
カリスマ性に憧れる。力を貸してくれる相手／考え方にズレがあることを理解する

匂宮・危
話しやすく一緒にいたくなる／信用し過ぎないように注意

髭黒大将・成
譲り合うことで得るものが大きい／リーダーシップを取りたい二人

薫・壊
衝突もするが興味深い相手／どうにも混じり合わない水と油の関係

頭中将・友
目的を持って進むところが似ている／キャパオーバーにならないように

心・親
不安になる心宿に力を貸すと最強コンビ／迫力に圧倒されてしまうかも

冷泉帝・命
お互い向上心旺盛で同じ方向を向いて頑張れる／相手を勝ち負けの対象に見てしまう

桐壺帝・栄
お互いに闘争心が強いので発展していく／心強いがぶつかると痛い相手

朱雀帝・衰
相手の世界観から学ばされることが多い／相手にされないこともある

明石の入道・安
なかなか難しい相手だが聞く耳は持ってくれる／苦手意識を出さないように接する

玉鬘・危
お互いの世界をしっかりと持っている／プライドを傷つけると大変

女三宮・成
驚くほど刺激的な相手／融通が利かないところが目についてしまう

葵上・壊
自分にはないものを持っている／自分の欠点が目について落ち込むこともある

空蝉・友
マンネリ化した考えに新たな視点をくれる／無意識に振り回してしまう

浮舟・親
二人一緒にいることで問題回避ができる／実はお互いにこだわりが強い

花散里・業
抜かりのない花散里がサポートしてくれる／上から目線で溝ができないよう注意

夕顔・栄
互いにパワーのある最強コンビ／出会うチャンスが少ない、出会ったら大切に

桐壺帝

きりつぼてい

藤壺宮・栄
親分肌の桐壺帝でも甘えられる相手／正反対な性格で出会いも少ない

紫上・衰
辛抱強い姿に共感できる／しつこくて逃げ出したくなる

末摘花・安
痛いところを突いてくるが励まし合う関係／気がつけばリズムを狂わされる

弘徽殿女御・危
思いやりの心を持って接して／お互いが辛口発言ですがあっけらかんとしている

朧月夜・成
願いを叶えてくれる大事な存在／度を越えた時に歯止めをかけてくれる人

明石の君・壊
気になって意見したくなる相手／威圧的でプレッシャーを感じる時もある

六条御息所・友
ほとばしる熱意に魅力を感じる／うまくタッグを組めるように努力が必要

惟光・親
自己表現の仕方を教えたくなる／共通点を見出だせない

光源氏・胎
何でもしてあげたくなってしまう／過保護になり相手が甘えてしまう

夕霧・栄
肝が据わったコンビとなりステップアップする／仕切り方に気をつけて

八宮・衰
親分肌で頼りにされ近づいてくる／息切れする相手と感じてしまう

匂宮・安
お互いの違いを分かって付き合う／お互いのペースが違いすぎて困惑

髭黒大将・危
距離を取って冷静に付き合う／トップ争いをしないよう穏便に

薫・成
良さを引き出してくれる相手／歯車が合わなくなると敵視する

頭中将・壊
惹かれ合い共に支え合う／問題に巻き込んで困惑させてしまう

柏木・友
誠実に対応すると良いコンビになる／ナイーブな心宿の心を傷つけると大変

冷泉帝・親
良くも悪くも一緒にいると目立つ／強力過ぎて周りがついてこられない

桐壺帝・命
以心伝心、言動が似ていて楽しく付き合える／余裕がないとぶつかり合う

朱雀帝・栄
気配り上手で付き合いやすい／おいしいところを持っていかれやすい

明石の入道・衰
信頼してタッグを組むのにオススメ／心が弾む存在になるよう明るく接して

玉鬘・安
おおらかそうですが実はプライドが高い／指示の出し方には気をつけて

女三宮・危
明るさと自由さが気になる存在／反撃を受けることもあるので見くびらないように

葵上・成
知的で落ち着いていて関わりたくなる相手／淡白なお付き合いのほうが良い

空蝉・壊
本心は分からないが慕ってくれる／一緒にいると気持ちが乱れる時もある

浮舟・友
きちんとした対応に気分が良くなる／物事に動じない様にアドバイスするとよい

花散里・親
冷静沈着な相手に心惹かれる／利害が絡むと相手のほうが上に立つ

夕顔・業
お互いに必要としている存在。助け合い邁進するが夕顔の方が良い思いをする

朱雀帝

すざくてい

藤壺宮・業
輝いて見える存在で影響力があり一緒にいると吸収することが多い

紫上・栄
似た者同士実は負けず嫌い／ライバル視しやすい

末摘花・衰
サポートしてあげることで強固な関係になる／なぜか縁が薄い

弘徽殿女御・安
指示を出されるのが嫌いなもの同士／相手の話に耳を傾けて

朧月夜・危
言葉巧みは負けていない／なかなか密接になりにくい

明石の君・成
無いものを持っているので憧れる／お互いの良さを認め合うこと

六条御息所・壊
運を持っている二人／目下にいると脅威を感じる相手

惟光・友
親近感を感じる相手／隠れライバルになる

光源氏・親
二人でいると大胆な行動が取れる　／争わないように発言には気をつけて

夕霧・胎
夢や目標のお手伝いをしてくれる／やり過ぎて相手が重荷に感じることもある

八宮・栄
カリスマ性に憧れる／別の方向を見つけてしまうと疎遠になる

匂宮・衰
学ばせてもらえる相手／人心掌握に長けた匂宮にお手上げ

髭黒大将・安
ぶつかっても近づいてしまう／永遠のライバル

薫・危
意見の食い違いによる対立は少ない／軽くあしらわれる

頭中将・成
素直に歩みよれる関係／心を読み解くのは難しいと感じる

柏木・壊
共に社交的で好感を持つ／深い因果関係があるみたい

冷泉帝・友
お互いが完璧を求めてしまう／頑固な一面が玉鬘に瑕

桐壺帝・親
頑張りを認めてくれる／甘えすぎる傾向がある

朱雀帝・命
良くも悪くも闘争心が強い／喧嘩すると大やけどを負う

明石の入道・栄
お互いの良さ、センスを認め合える／すれ違うとサポートする気が失せる

玉鬘・衰
共感することが多い良きパートナー／浮気心は出さないように

女三宮・安
二人一緒だと可能性を広げられる／熱しやすく冷めやすい関係

葵上・危
手ごわい相手になりやすい／当たり障りのない対応を心掛ける

空蝉・成
本音が分からず意思疎通が難しい／お互いに緊張する

浮舟・壊
強く惹かれてしまう／魅力的だが歩調が合わず手ごわい相手

花散里・友
強烈な魅力を感じる／相手のケアをしてあげることが大切

夕顔・親
認め合い協力すると良い関係になる／恋愛成就には時間がかかる

明石の入道

あかしのにゅうどう

藤壺宮・親
物事の本質を見極める力があり憧れる／刺激的な相手

紫上・業
影ながらいつも助けてくれる大事な存在／思考が甘くなる

末摘花・栄
互いに常に高めていきたい向上心がある／感情を表に出すのが苦手な点も似ている

弘徽殿女御・衰
リードしてもらうほうがうまくいく／表現方法が自分と違うため分かりにくい

朧月夜・安
地位&名誉を意識する二人／聞く耳を持ってみること

明石の君・危
あまりこちらに近付いてこない／自由でいることを好むので束縛しない

六条御息所・成
認めてもらいたくなる相手／変わり身のギャップに驚かされる

惟光・壊
自分の世界を大切にする者同士／時には歩み寄りが大切

光源氏・友
一緒にいて安心できる相手／広く浅くのお付き合いがちょうど良い

夕霧・親
我慢強い同士だからこそ穏やかな関係／サポートすると高め合える

八宮・胎
アドバイスを与えることで喜ばれる関係性／詮索しすぎると避けられる

匂宮・栄
楽しい気分にしてくれる相手／陰陽の関係で惹かれ合う関係

髭黒大将・衰
我が道を行くところが気になる／思いどおりに行かない相手

薫・安
実は似た者同士／相手に合わせることを忘れないように

頭中将・危
こちらに従ってくれるので気が楽／気を遣ってくれていることを忘れずに

柏木・成
心を掴むのが上手なので乗せられる／協力を求めると疲れることもある

冷泉帝・壊
何かと圧倒されて受け入れてしまう／ぶつかると壮絶になるかも

桐壺帝・友
一緒にいると前向きになれる／興味を引くような話題を提供してあげて

朱雀帝・親
目標に向かって頑張る者同士／力を貸してあげて

明石の入道・命
自尊心が強く目標に向けて頑張れる二人／以心伝心で分かり合える関係

玉鬘・栄
なくてはならない関係になりやすい／感性を認めてあげないと避けられる

女三宮・衰
価値観が違うが助け合える／長くいると疲れる時もある

葵上・安
自分にないところに惹かれる／正反対だけにイライラすることがある

空蝉・危
困った時に助けてくれる／淡々として付き合いになりやすい

浮舟・成
心に秘めた強さが似ている／相違点が気になりだすとずれが生じる

花散里・壊
天分豊かな二人／些細な事で険悪になるので注意

夕顔・友
頼りになる存在／行動的な相手についていけない時もある

玉鬘

たまかずら

藤壺宮・友
精神的に繋がれる安心できる相手／相手を理解する努力をしないと物事が進展しない

紫上・親
粘り強い相手に惹かれる／反発されてもやっぱり気になる

末摘花・業
近くにいてくれるだけで癒される、励まし合える／賢い者同士距離感が大切

弘徽殿女御・栄
意気投合して盛り上がる／振り回されて疲れることもある

朧月夜・衰
コミュニケーションを取ることで良き理解者になる／なかなか関係が進展しない

明石の君・安
気持ちが通じ合い癒される相手／依存しすぎないように

六条御息所・危
心が通い合い親密になる関係／自分の世界を大事にすることも忘れない

惟光・成
個性派同士で似ている／分かり合えているようで実はそうでもないかも

光源氏・壊
心に秘めた葛藤がある似た者同士／相手に期待し過ぎない

夕霧・友
夢や未来を語る姿に憧れる／親密になるのに時間がかかる

八宮・親
良い出会いを運んでくれる／ピンチの時に手を差し伸べてくれる

匂宮・胎
人生のキーパーソンになり、お互い感謝し合う関係性／デメリットが見当たらない

髭黒大将・栄
安心して自分を出すことができる／耳が痛いこともあるが強さを教えてくれる

薫・衰
良い影響を与えてくれる／恐れる時もあるが怖いもの見たさで近付きたくなる

頭中将・安
心を開くと急接近してくる／追ってくる相手

柏木・危
変化変容を起こしたくなった時に支えてくれる／自分本位と感じてしまう

冷泉帝・成
お互いに謎めいて見える／こだわりについていけない時もある

桐壺帝・壊
桐壺帝任せになりやすい／自分のペースを乱される

朱雀帝・友
徹底的にやりたい姿勢に通じ合うものがある／合わせてくれない面がある

明石の入道・親
何でも理解して受け入れ、夢を与えてくれる／お返しを忘れないで

玉鬘・命
自己肯定感が低くなりがちな点が似ている／キャラがかぶると相手に嫉妬してしまう

女三宮・栄
理屈より感覚を大事にする者同士／自由でユニークな関係

葵上・衰
自分よりちょっと先を行く相手／アバウトな面が玉鬘には気になる

空蝉・安
信頼関係を築けると面倒見が良く頼れる／一方通行の関係になりやすい

浮舟・危
テンポの違いを受け止めることが大切／感覚で動くあなたに相手が不安になる

花散里・成
相手に「確実性はないが刺激的」と思われる／あなたの不安定さを批判してくる

夕顔・壊
堂々としているところに魅力を感じる／感性の違いを理解しないと心が乱れる

女三宮

おんなさんのみや

藤壺宮・壊
気高い藤壺宮には敵わないが参考にはなる／警戒心が拭い去れない

紫上・友
学びが多く鍛えられる／コツコツ努力する面がきつく感じる

末摘花・親
惜しみなく必要なものを与えてくれる／面白さに欠けると思いがち

弘徽殿女御・業
お互い新しいことにどんどんチャレンジする／一緒にいると破天荒になりやすい

朧月夜・栄
刺激を受ける相手／長く付き合うほど良さが分かる

明石の君・衰
心地良く感じ発想が似ている／つい余計なお世話を焼いてしまう

六条御息所・安
オアシスのように感じる相手／いろいろ見えてくるとあなたのほうから距離を取る

惟光・危
人との付き合い方に学びが多い／平行線をたどることが多い

光源氏・成
粋な光源氏に憧れる／厳しい態度を取られ緊張することもある

夕霧・壊
自分の生き方を大切にする点が似ていて意気投合／ついていけなくなると疲れる

八宮・友
コミュニケーション能力が高い者同士／相手を受け止めることも大切

匂宮・親
楽しいことが大好きな二人／夢物語で終わらないように努力も必要

髭黒大将・胎
言いたいことを言えるからこそ助け合える／お互いライバル心を持ちやすい

薫・栄
底力がある薫宿に安心感を覚える／言動にはけじめも大切

頭中将・衰
威厳と人格に心惹かれる／相手からはそこまでの関係を求めてこない

柏木・安
表面上は楽しくお付き合いできる／心からは信頼して付き合ってくれない相手

冷泉帝・危
目標に向かって邁進する姿を尊敬する／頑固で付き合いにくいと思うこともある

桐壺帝・成
表面的には合わせてくれるので楽しい／桐壺帝の発言が急所に刺さることがある

朱雀帝・壊
協力体制を作ると学びがありうまくいく／思いやりの気持ちをなくすと相手が離れる

明石の入道・友
面白おかしく付き合える／けじめがなくなあなあになると嫌がられる

玉鬘・親
お互い自分の直感を信じるタイプ／まめにコミュニケーション取ると分かり合える

女三宮・命
遊び仲間としては最高の相手／キャラがかぶってライバル心を持つ

葵上・栄
計画的で頼りになる存在／お互いに我慢もあるが基本的に仲良し

空蝉・衰
趣味で意気投合すると良い関係になる／自由奔放さを認めてもらえると喧嘩しない

浮舟・安
分かり合うには時間がかかる／余裕がなくなると浮舟を息苦しくさせる

花散里・危
表面的な付き合いになりやすい／あなたの表面的な言動が相手の気に障ることも

夕顔・成
ドラマチックな夕顔宿と歩めることがうれしい／振り幅が大きすぎると付き合えない

葵上

あおいのうえ

藤壺宮・成
お互いに知性派で向上し合える／プライドも高い者同士

紫上・壊
大物感をかもし出すパワーがある者同士／スピード感の違いに気をつけて

末摘花・友
背中を押してあげられる相手／自分の殻に閉じこもりやすいので丁寧に対応して

弘徽殿女御・親
つかず離れずだが向上し合う関係／変化したい時に現れてアドバイスをくれる

朧月夜・業
手を組むことでとても良い方向に発展／わがままは節度を持ってほどほどに

明石の君・栄
お互い思いやりを持って付き合える／長く付き合わないと思いやりに気付けない

六条御息所・衰
干渉しないのでぶつかることも少ない／お互いが我が道を行く

惟光・安
協力体制を取ると発展していく／密かにトップを目指したい面がぶつかることも

光源氏・危
タイプは違うが絆は生まれる／お互いの価値観を見つけることが大事

夕霧・成
空気を和ませるのが仲良くなる秘訣／あなたの強い力で押さえ込んでしまう

八宮・壊
優しくサポートしてくれる／追い詰めると離れていってしまう

匂宮・友
大らかでいられる相手／付き合い方が流動的になりやすい

髭黒大将・親
離れたくない関係になる可能性大／あなたがフォローに回りやすい

薫・胎
引き立ててあげたくなる／一面的な関わりになりやすい

頭中将・栄
穏やかで平和な関係／気がつけば良いように使われていることもある

柏木・衰
足りないところを補ってくれる／お互いが利用し合う

冷泉帝・安
相手の話に耳を傾けてあげる／なぜかライバル視してしまう

桐壺帝・危
大胆不敵なところが共通点／トップ争いをしないように注意

朱雀帝・成
お互いに実力がある／意思の疎通をはからないと反発し合う

明石の入道・壊
じっくり付き合うと良いコンビになる／実権は相手に握られやすい

玉鬘・友
お互いが楽に感じられる関係／掴み切れない相手でもある

女三宮・親
楽しいことを共有できる間柄／大事な決断は葵上が決めたほうがまとまる

葵上・命
お互い切磋琢磨して刺激し合える良い関係／相手を意識し過ぎてしまう

空蝉・栄
楽しいことを共有ができる／無茶ぶりには気をつけて

浮舟・衰
こちらを気遣って補ってくれる相手／鼻につくことを言われる場合もある

花散里・安
お役に立ちたいと思う／言い争いは自ら運気を下げる

夕顔・危
力のある二人なだけに対立もある／言い争っても負けてしまうかも

空蝉

うつせみ

藤壺宮・危
頼りたくなる唯一の相手／接点は少ないが意外なことで意気投合

紫上・成
ひたむきさに惹かれる／必要とされるより必要と思って頼ってしまう

末摘花・壊
心を開いて話をするのに時間がかかる／距離がなかなか縮まらないジレンマ

弘徽殿女御・友
コンビを組むと良い評価を得る／協力して助けてあげる役割になりやすい

朧月夜・親
今までと違う世界観を共有することで絆が深まる／二人より多数の方が盛り上がる

明石の君・業
こだわり、個性がお互いの魅力を高める／望みを叶え合うことができる

六条御息所・栄
安らぎを与えてくれる／陰陽のバランスを取り合えるとうまくいく

惟光・衰
お互いに個性的で楽な存在／気ままさについていけない時もある

光源氏・安
表面的な付き合いになりやすい／お互いに詮索し合わないように

夕・危
共通点を見つける努力が必要／軽やかさに嫉妬しそう

八宮・成
コミュニケーション力を学べる相手／人を選んで付き合う面を理解してほしい

匂宮・壊
遊び仲間としては意気投合／守りに入ってしまい発展性がない

髭黒大将・友
お互いの感性を認め合える／その場限りになりやすい

薫・親
同じ方向性を持って楽しく活動できる／感謝の言葉を忘れないで

頭中将・胎
デリケートな面を持つので守ってあげたくなる／付かず離れずの距離感を忘れずに

柏木・栄
一緒に人生を楽しめる相性の良い相手／依存するとうまくいかなくなる

冷泉帝・衰
実直なので支えてあげたくなる／相手に気持ちを伝えないと分かり合えない

桐壺帝・安
相手のやる気を引き出せる／ライバル関係になりやすい相手

朱雀帝・危
ストイックに努力する朱雀帝に世界観を引き出してもらう／正論を振りかざさない

明石の入道・成
困っていたら手を差し伸べてあげて／自分から接点を持つように

玉鬘・壊
放っておけなくなる相手／精神面、物質面の両方で支えると良い

女三宮・友
お互いに気を遣わず自由に行動できる／離れると気になり追ってしまう

葵上・親
能力を引き出し合う良い関係／思い入れが強くなり過ぎないように

空蝉・命
相手が喜ぶことをしてあげると絆が強くなる／お互いの凝り性な部分を認め合うと◎

浮舟・栄
能力を高め合えるので仕事の関係がベスト／節度をわきまえて

花散里・衰
弱みを見せずペースを乱すことがない間柄／長く一緒にいると疲れる

夕顔・安
自分にない魅力に好感を抱く／深入りすると思いもよらぬ方向に行きやすい

浮舟

うきふね

藤壺宮・安
表立ってはうまくいっているように感じる／近くなりすぎると逃げたくなる

紫上・危
神秘的なあなたに相手は興味津々／心を開かないと近寄りがたいと思われる

末摘花・成
お互いが割り切って付き合うほうがうまくいく／こじれないように距離が大切

弘徽殿女御・壊
補い合える関係／目指しているものが違い過ぎるので疲れることもある

朧月夜・友
物事をよく検討する姿勢に憧れる／私的な関係は深まらない

明石の君・親
夢を共有することが楽しい／型にはまらないところが羨ましい

六条御息所・業
仲が良いほどぶつかり合う／つかず離れずを心掛けるとうまくいく

惟光・栄
大事な時に力を貸してくれる／頑張る様子に触発される

光源氏・衰
困った時の救世主／周りの目を気にする光源氏の相談役になりやすい

夕霧・安
二人でいるとどんどん視野が広がる／「まあいいか」のなまけグセに注意

八宮・危
人付き合いの良さを見習うと新たな可能性が広がる／お調子者に見える

匂宮・成
奔放過ぎて理解に苦しむ／見返りを求めなければ安定した付き合いになる

髭黒大将・壊
一緒にいると秘めた一面が表面化しやすい／期待されると重く感じる相手

薫・友
多くを学ばせてくれる相手／よく話し合わないと関係が深まらない

頭中将・親
身近な人間を大切にする二人は気が合う／一対一は息苦しい

柏木・胎
感性で判断できるようになる／浮舟舟が仕切り役になるとうまくいく

冷泉帝・栄
この人がいるとパワーアップできる／思い込み過ぎない・考え過ぎないように注意

桐壺帝・衰
頼もしい味方になる／大胆で難なくこなす桐壺帝に嫉妬する時もある

朱雀帝・安
信じてくれるし裏切らない自信がある／合理的なところが気になることもある

明石の入道・危
礼儀、常識を持ち合わせている二人／トラブルは少ない

玉鬘・成
接近するが謎の存在／プライドがぶつかり合う

女三宮・壊
刺激的で面白い相手／深入りしても理解に苦しむ

葵上・友
自分にはない行動力が魅力／一緒にいると落ち込んでしまうこともある

空蝉・親
いつも浮舟舟が支えて守ってくれる／自分と比べないことが大事

浮舟・命
同じ目標を持つと良いも悪いも見えてくる／欠点にフォーカスし過ぎないこと

花散里・栄
計画的でキッチリしている二人／チャンスは相手に頼らず自分で作っていく

夕顔・衰
チャレンジする心強いパートナー／豪快な夕顔宿に慌てることもある

花散里

はなちるさと

藤壺宮・衰
お互いに楽しみ尊重し合える関係／追いかけてしまいがち

紫上・安
大きな学びを与え合える関係／批判し合ってしまうこともある

末摘花・危
なぜか気になる関係／一定の条件を決めてお付き合いするのが良い

弘徽殿女御・成
人見知りの一面があるが弘徽殿女御には心許す／支援者に回りやすい

朧月夜・壊
互いに理論的で説明が要らないので楽／一度口論になると大変

明石の君・友
サポート役に回るとうまくいく／口論になることもあるが長引かない

六条御息所・親
しなやかな対応に心地良さを感じる／相手を立てることも忘れずに

惟光・業
理念がある惟光とは息が合う／支える形を取ればうまくいく

光源氏・栄
細かいことも安心して任せられる／光源氏を目立たせてあげるほうがうまくいく

夕霧・衰
いつも本音を見せないが和む相手に素直になる／距離ができることもある

八宮・安
アドバイスは聞く耳を持って／楽しく話が弾む相手ではない

匂宮・危
気になる相手だが思いどおりにはいかない／深入りはしないように

髭黒大将・成
ベストな関係になる／お互いのテリトリーを荒らさないように

薫・壊
まったく接点がないようでも面白さを感じる／ペースを崩される

頭中将・友
程よく力を抜く頭中将の真似をしてみるのも良い／お気楽さを受け入れられない

柏木・親
気持ちを明るくしてくれる／心を開いて相手を見てみると新たな発見がある

冷泉帝・胎
揺るがない思いを持つ似た者同士／力を合わせて頑張れる関係

桐壺帝・栄
気がつけばフォローしてくれる頼もしい存在／相手に任せることも大切

朱雀帝・衰
精神的なサポートをしてくれる／一方通行にならないよう花散里も支えてあげる

明石の入道・安
緻密さが似た者同士／主導権争いにならないように注意が必要

玉鬘・危
水と油のようで刺激的であり面白みを感じる／長く一緒にいると疲れる

女三宮・成
不思議な感覚、目からうろこの体験ができる／気持ちの面では相容れない

葵上・壊
ダイナミックな行動に刺激を受ける／振り回されることもある

空蝉・友
頼れば助けてくれる／出会いから進展するまでに時間がかかる

浮舟・親
お互いに規則礼儀を重んじる／プライドを低くしてみると距離が縮まる

花散里・命
お互いに分かり合えて物事が簡単に進む／細かい点が気になり厳しくし過ぎることも

夕顔・栄
毒消しになってあげることができる／良い意味でのライバルになる

夕顔

ゆうがお

藤壺宮・栄
話し合うことで親密になれる／上辺だけの付き合いにならないよう心を開いて

紫上・衰
お互いが違った意味で頑張り屋／一緒に行動するには思考が違いすぎる

末摘花・安
目的が同じだと共に頑張れる／両者とも欲が出てしまいぶつかることも

弘徽殿女御・危
パワフルな者同士お互い惹かれ合う／干渉してしまうと破局しやすい

朧月夜・成
知恵の宝庫となる相手／飛躍のヒントを探し合えるとうまくいく

明石の君・壊
何につけてもパワフルな二人／スケールが大きいので取り残されないよう努力を

六条御息所・友
忙しいのが好きな二人はテンポが合う／表に出すか出さないかの違いを理解して

惟光・親
尊敬し合いながら共に歩める／話がかみ合わない時もある

光源氏・業
自己主張が強い者同士意気投合する／お互いに相手の話に耳を傾けて

夕霧・栄
補い合いながら楽しく付き合える／頑固でついてきてくれないこともある

八宮・衰
頼りにして甘えてくれる相手／誠実に付き合わないと離れていく

匂宮・安
救いの神となってくれるが期間限定／コントロールできる相手

髭黒大将・危
意見のすり合わせは大切にする／軽視すると痛い目に遭う相手

薫・成
大事な時に現れる救世主／争うとダメージを負う

頭中将・壊
気持ちを分かってくれる相手になる／深入りすると傷つく可能性大

柏木・友
神秘的な面が魅力的で気になる相手／腹の探り合いにならないように

冷泉帝・親
有言実行の二人は良いコンビ／じっくり話し合うことが大切

桐壺帝・胎
お互いに頑張り屋さんで良きライバル／桐壺帝をうるさく感じることもある

朱雀帝・栄
尊重しあえる関係／知恵を出し合うことが大切

明石の入道・衰
困った時に相談に乗ってくれる／さして魅力は感じないが嫌いでもない

玉鬘・安
相手に乗り越えるべき課題を提示する関係／振り回されがちな相手

女三宮・危
発想力は良い学びになる／話し合ってもなかなか噛み合わない

葵上・成
力を与えてくれる存在／どちらもパワフルで喧嘩になると長引く

空蝉・壊
自分にはないものがあり魅力を感じる／もっぱら心理戦になりやすい

浮舟・友
気負わず仲良く付き合える／予想外の一面に驚かされることもある

花散里・親
的確な分析で夕顔の相談役になってくれる／お互いの立場をわきまえたお付き合いを

夕顔・命
本音を見せそうで全ては見せてくれない／自我を出し過ぎないことがうまくいく秘訣

第四帖 人生を変えるソウルメイト

第三帖で、関係を表す漢字が「命・業・胎」に当たるキャラクターがソウルメイトであるとご説明しました。本章では、その3人を1グループとして、各グループの特徴や各キャラクターの才気、性質についてお話ししています。

宿曜占星術の経典の正式名称は『文殊師利菩薩及諸仙所説吉凶時日善悪宿曜経』です。この「文殊師利菩薩」というのは智慧を司る仏様で、「三人よれば文殊の知恵」の文殊でもあります。ソウルメイトも、3人の行動や意識が集結することで、計り知れない知恵を授かることができるのではないでしょうか。そして、3人揃うことで、それぞれが人生の幸運を得る手掛かりになるのではないかと私は思っています。

3人それぞれの役割とソウルメイトが集まる時については以下のようになります。

前世に当たる人　あなたが前世でやり残していることや才能に関して示唆してくれる相手です。目的を叶えられるようあなたに尽くしてくれます。

来世に当たる人　未来のヒント、今後の方向性について教えてもらえる相手です。耳障りなことを言われる可能性もありますが、それは今のあなたに必要なメッセージかもしれません。あなたが尽くす相手です。

自分と同じキャラクターの人　出会う確率が最も低く、出会えば運命的なことを感じます。何かお互いに使命があると思ってお付き合いしてください。

ソウルメイトが集まる時　自分が今よりステップアップした時です。ステップアップすると必然的に今まで親しかった人から離れ、新たな出会いの時を迎えます。

宿曜占星術では、前世の宿→今生の宿→来世の宿→前世の宿……と輪廻転生を繰り返しているとされます。前世の宿から来世の宿にエネルギーが流れ、3倍返しとなって自分に戻ってくるのです。来世に当たる人にあなたが尽くすことになるのは、自分のためでもあるのですね。ソウルメイトは、今もあなたのすぐ近くにいるかもしれません。ぜひ早見表で周囲の人のキャラクターを調べてみて下さい。

キラキラ幸運グループ

藤壺宮

夕霧

朱雀帝

強運に甘んじず謙虚になれば怖いものなし！

強い運を持つ、何をやってもうまくいくグループです。海外で成功する運を持つのも特徴です。

このメンバーが集まって一つの目標に向かう場合、目上の人から引き立てられることが多く、そこから人脈が広がりやすいです。

ラッキーが次々に訪れますが、調子に乗ってそこにあぐらをかいていると足下を掬われます。努力と、周囲への感謝の気持ちを忘れないようにしましょう。

また、このグループはみな意思が強くプライドが高いので、譲り合うことを心がけて。みんなのお陰、という謙虚な姿勢を忘れないことが大切です。

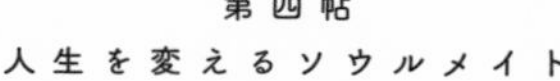

藤壺宮

常に引き立てられる人。知的で気品があり、リーダーになれる天賦の才があります。だからこそ、聞く耳を持つことが大切。小さなコミュニティでもいいので、リーダーになることを目指して。人を導くことでどんどん運が開けます。

前世　夕霧
来世　朱雀帝

夕霧

フットワークが軽いため、チャンスをどんどん掴んでいく才能がありま す。穏やかに見えますが信念を曲げない強さもある人。一箇所にとどまらず、翼を広げ、思い切って海外へ目を向けてみるのも吉！

前世　朱雀帝
来世　藤壺宮

朱雀帝

他人からの援助を受けやすく、自分の努力次第でどんどん夢を叶えていける人。自らを輝かせ成功していくカリスマタイプです。なんとなくの夢ではなく、明確に目標を掲げて進んでいくことが大切。

前世　藤壺宮
来世　夕霧

コツコツ大器晩成グループ

紫上

八宮

明石の入道

タフ＆堅実！　柔軟さを身につけて

３人それぞれがタフな精神力を備えて地道に努力を積み重ねながら、堅実に夢を叶えていける関係性です。

しかし、タフさは一度決めたらなかなか自分の考えを変えない頑固さの裏返しでもあり、頑固対決になってしまうとなかなか物事が進まなくなるので、柔軟さも大切です。そうしたバランス調整ができればサポートしてくれる実力者と出会える可能性も高く、着実に計画を前進させることができるでしょう。

目的地に到達するまでに回り道も多く、最初のうちは苦労もしますが、諦めなければその分大きな成果が期待できます。

紫上

上品で、何に対しても溢れるほどの愛を注ぐ人。情の厚さと冷静沈着の両面を持ち合わせます。目標に対しては最後まで手を抜かずじっくり取り組みながら、気付けば名誉を得ている人。思い詰め過ぎるので、少し力を抜くことを覚えましょう。

前世　八宮
来世　明石の入道

八宮

社交的で気配り上手。人と人を繋げることで喜ばれる人です。妬みや反感を買いにくい人徳の持ち主。穏やかな物腰で、異性からもモテます。自分の心身のバランスを取ることも意識し、楽なスタンスを見つけましょう。

前世　明石の入道
来世　紫上

明石の入道

真面目で理想を追い求める人。頭の回転が速く、周りから一目置かれます。人に指示されても腑に落ちなければ動きません。陰の実力者タイプで、自分は動かず、人をうまく動かす能力に長けた人。聞く耳を持つ柔軟さも大切です。

前世　紫上
来世　八宮

個性派エンターテイナーグループ

末摘花

匂宮

玉鬘

「楽しい！」を大事にする個性派集団

個性的な集団で、イマジネーション豊かでありながらコミュニケーション能力が高く、現実的な計画遂行能力も併せ持ちます。３人揃った時に出来上がるものは、他の人には真似のできないオンリーワンの輝きを放ちます。楽しむことが好きな人たちばかりのグループです。

一方で、波乱万丈な一面も。個性的であるがゆえの予想もつかない失敗や普通ならないようなトラブルが起きる可能性もありますが、失敗してもめげずに笑い飛ばすような打たれ強さがあります。スマートに成功するというよりは、自分たちで泥臭くゼロから何かを作って発信し、主体的に行動する必要があります。

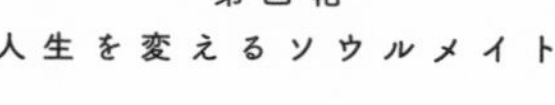

末摘花

日頃からアンテナを張り、いろいろなものに興味を示す好奇心旺盛な人。知的で落ち着いた印象を与えますが、童心を持ち続け、ワクワクして何でもやりたがります。カッコつけず、そうした強みを生かせれば大きなものを得られるでしょう。

前世　匂宮
来世　玉鬘

匂宮

楽しいことが大好き。不思議な魅力を放ち、周りが放っておきません。人気運はダントツです。手先も器用でなんでもこなせてしまうからこそ迷いが生じます。そんな時は「楽しい」と感じるほうを選びましょう。

前世　玉鬘
来世　末摘花

玉鬘

風を読む力のある、これからの時代の人。掴みどころがないのは自分の世界観があり自由に動き回りたいから。ひらめきがあった時はそれに従って。独特の感性の持ち主で、この人にしかできないことをやり遂げるカリスマ性があります。

前世　末摘花
来世　匂宮

アクティブな改革派グループ

弘徽殿女御 髭黒大将 女三宮

情報収集力に長け、未来を見据える

3人それぞれに弁が立ち、人付き合いを大切にするため交友関係が広がります。3人揃うと、情報収集も得意で時代の流れを読むことに長けている面が強化され、よりやりたいことを実現できるようになるでしょう。

ただ、話をしているうちに自分たちだけで盛り上がり、極端な行動に走りやすい面もあるのでそこは注意が必要です。

10年先のことを見据え、未来を先取りする視野の広さと柔軟さがあります。これまでは地に足がついていない、落ち着きがないなどと言われたかもしれませんが、今後活躍の場が広がるでしょう。

弘徽殿女御

好奇心旺盛で情報収集力には目を見張るものがあります。SNSが花盛りの今の時代に輝ける人です。毒舌な一面もありますが、どこか憎めないので愛されます。「今この時」を大事にして行動しましょう。

前世 髭黒大将
来世 女三宮

髭黒大将

正義感があり頭が良い人。統率力もあり、良いリーダーとなります。反骨精神旺盛で、長いものに巻かれない負けん気の持ち主。嘘はすぐにばれてしまう正直者。周囲に自分の考えを押し付け過ぎないよう注意。

前世 女三宮
来世 弘徽殿女御

女三宮

幅広い交友関係を持っています。人の輪の中ではムードメーカーで、場を和ませてくれます。人を引き付けて離さない魔力めいたオーラの持ち主。臆せず行動し、人生をどんどん切り開く力があります。

前世 弘徽殿女御
来世 髭黒大将

妥協知らずのエネルギッシュグループ

朧月夜

薫

葵上

こうと決めたら必ずやり遂げる、底力No.1

知的で理論的、コミュニケーション能力も高い人たちのグループなのですが、意外と感情的な側面もあり、思いがけずもめたりトラブルになったりする不安定さも見え隠れします。感情を上手にコントロールすることができれば、より結束力が強まり、スムーズに目標を達成することができるでしょう。また、妥協を許さず、大胆に物事を進める力がある点が3人に共通しています。

底力があり、エネルギッシュに困難を乗り越えていきます。やると決めたらやる、口にしたことはやり遂げる有言実行派。一度頓挫しても、また手に手を取って立ち上がれる強さを持つグループです。

朧月夜

困難にぶち当たってもいずれ必ず良い状態になっていく幸運な人。穏やかな口調で相手を虜にし、話上手で営業も上手なので人と関わる仕事に向きます。頭脳明晰で、言葉でいろんな人を虜にできます。

前世 薫
来世 葵上

薫

有言実行の人。必ず大成するまでやりぬく強い力を持っています。先見の明があり、ピンチをチャンスに変えることができる人。人情味があり可愛い一面もあります。どん底まで落ちても這い上がる底力があります。

前世 葵上
来世 朧月夜

葵上

自分を信じて曲げない強さがあります。活発で存在感があり、現実を大きく変えるエネルギーの持ち主。自意識が強く、サポートをしてくれる人がいて当然と思っているお姫様気質。上からの物言いに注意。

前世 朧月夜
来世 薫

穏やかな感性派グループ

明石の君

頭中将

空蝉

軽やかでありつつブレない芯の強さが必要

面倒見が良く感受性豊かで、情緒や感性を重んじる人たちのグループです。

3人が揃うことで、より直感力や観察眼が研ぎ澄まされ、判断を見誤ることがなくなるでしょう。

一つのやり方や場所にこだわらない軽やかさを備え、つまずくことがあってもそこにグズグズ留まらず、新しい場所を開拓していける強さがあります。

反面、その場の雰囲気や人の言葉に流されやすいので、自分たちの考えをブレさせない慎重さ、思慮深さも必要になってきます。感情のコントロールができると、人間関係もスムーズになり順調にステップアップできるでしょう。

明石の君

独特の感性の持ち主で、人との違いを尊ぶタイプです。教え方や伝え方が一風変わっていてうまい上に面白い。母のような優しさ、包容力があり、ボランティア活動が好きな慈悲の精神の人。

前世 頭中将
来世 空蝉

頭中将

一つのことに夢中になれる才能の持ち主。それをどんどん膨らませ、独自のものにします。気がつけばファンが増えているという得な人。理想の自分を演じてしまうこともありますが、弱い部分を認めることも大切です。

前世 空蝉
来世 明石の君

空蝉

ガードが固く本心をなかなか見せません。その壁を乗り越えてきた人とは密接になり長く続きます。信頼した相手には、自分が盾になって守ってあげようという優しさがあります。迷った時こそ原点回帰を。

前世 明石の君
来世 頭中将

ミステリアスな不思議ちゃんグループ

六条御息所 柏木 浮舟

芸術センスがあり神秘的

繊細で優しく、気配り上手な人たちのグループです。思慮深く、包容力があります。アーティスティックな能力にも長けており、ミステリアスな印象を与える一方で、独特な世界観が他の人には伝わりにくく、考えや思想がなかなか理解してもらえないことも……。

3人集まることでそれぞれの表現したいことがより鮮明になり、具体的な目標に向かうことができるようになるでしょう。

相手の欲しているものを察知するセンスがあり、それに合わせてぶりっ子をすることも得意です。

六条御息所

凛としたしなやかさが魅力。頭の回転が速い交渉上手です。頑張りを人に見せないことを美徳としています。我が道を進むのも良いですが、周りともっとコミュニケーションを取ることで新たな面が見えてきます。

前世　柏木
来世　浮舟

柏木

人を引き寄せる神秘的で美しいタイプ。内面と見せる顔が違う場合も。確たる軸がなく、気分次第で言うことが変わる一面を持ちます。理屈よりも感性を大事にすることで、魅力がより輝き出します。

前世　浮舟
来世　六条御息所

浮舟

ミステリアスな雰囲気が魅力で、異性からも同性からもモテモテです。好きになった相手には夢中になり、依存しやすいタイプ。人に「何かしてあげなきゃ」と思わせる魔性のオーラの持ち主です。

前世　六条御息所
来世　柏木

陰のボスグループ

惟光

冷泉帝

花散里

縁の下の力持ち。抜け駆けはご法度

トップに立つよりも補佐・サポート役として輝くグループです。表向きには目立たないものの、陰のボスとして組織を動かす人たち。3人がタッグを組むことで、お互いがお互いを支え、目標に向かって効率的に行動できるようになるでしょう。

それぞれが自分の世界を大切にしながらも、闘争心が生まれてパワフルなエネルギーとなります。その熱さは外からは分かりにくく、一見するとクールなのに、内面はジワジワと燃え盛っているようなイメージです。

独りよがりな考え、抜け駆けや自分勝手な行動はＮＧ。歩調を合わせることを第一に、協調性を忘れないことが成功への近道です。

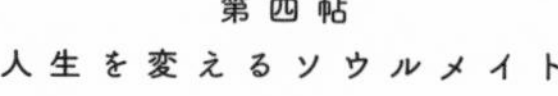

惟光

気力&体力がみなぎり、パワーがある人。人をあれこれとサポートすることが得意です。周りの目を気にして消極的にならないように注意。自分の軸を持ち、理想の未来を追い求めていくことを忘れずに。

前世　冷泉帝
来世　花散里

冷泉帝

猪突猛進、目的を達成するまで突っ走ります。要領は良くないかもしれませんが、最後まできちんとやり抜く熱血タイプ。自分自身を承認してあげる、もしくは承認してくれる仲間をつくることが大切です。

前世　花散里
来世　惟光

花散里

意思が強く、自分を貫き通す力があります。緻密な思考力を備え、数字にとても強いのが特徴。物事を明確にしないと気が済まない一面を持ちますが、一方で自分のことは隠したがり、どちらかというと人見知りです。

前世　惟光
来世　冷泉帝

目立ちたがりグループ

光源氏 桐壺帝 夕顔

主役になりたくても時には一歩引いて

どこにいても目立つ、存在感のある人が揃い踏みしたグループです。キャンプファイヤーの炎のように、燃え盛り、自分たちの目的しか見えなくなるようなパワーに満ちています。

主役になりたいタイプの3人が集まると、競争心や闘争心も顕著になりがちなので要注意。目標達成のためには脇役に回ることも必要です。

一丸となれれば、頭脳プレーも行動力も存分に活かすことができます。いつもポジティブであまり迷わず、決断も早いですが、その分自分勝手な行動に走らないよう報・連・相を忘れないようにしましょう。

光源氏

華があり、「目立つことは嫌」と口では言いながら本心では自分の話を聞いてほしい欲求も強く、目立ちたくてたまらないタイプ。せっかくの輝きが曇らないよう、目立つこと、自分らしさを出すことを恐れないでください。

前世 桐壺帝
来世 夕顔

桐壺帝

怖いもの知らずで、細かいことにこだわらないさっぱりした性格。人からどう思われてもあまり気にならないので何でも正直に口にし、人の上に立つことができる親分タイプ。飾り気のない実直さが長所です。

前世 夕顔
来世 光源氏

夕顔

努力家で我慢強いので頼りにされます。頭脳明晰で発言に説得力があり、困難を乗り越えるパワーの持ち主。プロジェクトの途中であっても、駄目だと思えば大胆に方向転換することも厭いません。

前世 光源氏
来世 桐壺帝

第五帖　お悩み解消！紫式部占い式風水

宿曜のカウンセラーとしてカウンセリングを行う中で、日頃から気になっていたことがあります。

それは、宿曜占星術によって自分への理解を深めても、そこからより良い人生のために実際に行動を変化させるとなるとハードルが高いということ。

そこで、今回の本を作るにあたり、風水心理学の第一人者である谷口令先生監修のもと、宿曜占星術に九星気学のエッセンスを加え、より生きやすくなる・ツキを呼び寄せる風水をご教授いただきました。

本章では、紫式部占いの27キャラクターを8グループに分け、それぞれのグループの弱点、不得手なものと、そうしたお悩みを解消してくれる風水を解説しています。

宿曜占星術ではそれぞれの宿に、ヨーロッパから伝わった火、地、風・水という4つのエレメントが関わっていますが、一方風水は、中国伝来の陰陽五行説――木・火・土・金・水の5つのエレメントのエネルギーをベースにしており、それを生活に取り込むことで運気が上がると考えられています。

私たちは自然と共存しています。ご先祖さまが後世に生きる人々のために残してくれた謎を解くための教科書、それが全ての占術です。人間を大自然の一部としてとらえ、この世の森羅万象に想いをはせることで悩みが小さく思えたり気持ちが楽になったりします。

私は、天体の動きを利用した宿曜占星術や植物から抽出するアロマと同様に、風水もまた人が自然とともに生きる知恵であると考えています。

だからこそ、自然体でハッピーな気持ちで取り組むことが肝心。

ここで紹介しているのは、どれも気軽に実践できるものばかりです。

生きにくさや周囲の人たちとの間にギクシャクしたものを感じた時には、ぜひ風水を利用してみて下さい。

本当は単独行動が好き

気疲れの㊌グループ

葵上

空蝉

浮舟

水の影響を受ける、流れる水のグループです。ここに属する人は、人と距離を詰めるのも上手なはずなのですが、実はそれは表向き。本質的には一人で行動するのが好きなため、時として人と長く一緒にいると疲れてしまいます。

人に頼らず、コツコツと人生を切り開く力があるという一面を持ち、親との縁が薄い人が多いのも、一人で生きる宿命の人だからです。

葵上は、肩ひじを張って一人で頑張ろうとしてしまい苦しみ、空蝉は老父とこのまま連れ添うと決め、てこでも動きません。浮舟は薫と匂宮から愛されていることに悩み一人で思い詰め、身投げを決意します。芯の強さが裏目に出てしまうタイプといえるでしょう。

お悩み解消風水

バスタイム・眠り・飲み物にこだわって体をリフレッシュ

入浴剤、ボディソープ、シャンプーなどを自分好みのもので揃え、バスタイムを心身ともにリラックスできるものにしてみて下さい。普段口にする飲み物も「なんとなく」で選ばずに本当に美味しいと思うもの、体に合うものを厳選して。

夜型になってしまいやすいタイプですが、夜ふかしし過ぎず、丁寧にベッドメイクをして寝心地の良い環境で眠ることを心がけましょう。

寝具も自分にフィットしたものを選ぶことを忘れずに！　また、一人で寛げる時間を意識的に作ることも大事。温泉めぐりや海、水族館へ出かけたり、ゆっくり読書や映画鑑賞したりすることもツキを呼び込みます。

ツキ呼びカラー　グレイッシュブルー

ツキ呼びアイテム　レース、イルカ、ドット柄、日本酒

マイペースでタイミングを逃す

優柔不断な㊏グループ

髭黒大将  薫  頭中将  柏木

愛情豊かで面倒見が良く、みんなから信頼されるグループですが、優柔不断で大事なことの決断が遅れる傾向があります。

玉鬘に夢中でありながら妻のことも断ち切れない髭黒大将、女性に対してどこか腰が引けて煮え切らない薫、理屈っぽいがいざという時決断できない柏木、実の娘・玉鬘を源氏にかっさらわれ、養女にされてしまう頭中将……。

聞き上手で包容力もあるのですが、人に振り回されることも多く、優先順位が分からなくなりがち。

その結果、迷いに迷って、取り越し苦労をして悩みが深まるタイプといえます。

お悩み解消風水

幸運を運ぶのはアットホームな時間

自分のことより人を優先しがちで、面倒を見ているうちにタイミングやチャンスを逃してしまう……これらの理由として考えられるのは、目的を見失いがちなこと、スロースターターなこと。まずは、自分の目標や夢をブレさせず、「思い立ったら即行動！」を心に刻みましょう。

開運のためには、地に足のついた安らぎが大切です。リビングで団らんの時間を持つこと、家庭菜園、ガーデニングなどアットホームな時間が運気を上げてくれます。ゆったりするオフの時とキビキビ動くオンの時のメリハリをつけることで、大事な運を逃さずしっかり掴むことができるようになるでしょう。見栄を張ること、身の丈に合わないものはＮＧ。家庭的、庶民的なものが幸運を運んできます。

ツキ呼びカラー　マンダリンオレンジ

ツキ呼びアイテム　家庭料理、和菓子、ギンガムチェック、ファミリーレストラン

後先考えず突き進む

猪突猛進の㊍グループ

末摘花　弘徽殿女御　朧月夜

正直で屈託のない人柄のグループです。元気ハツラツで、難しいことは考えずにどんどん前進できる楽天家。女性であっても長男の役目を果たしたり、向上心が強くテキパキと仕事をこなせるタイプでもありますが、我が強くワガママなところが目立つと周囲と軋轢が生まれてしまいます。

実家を守る長男的な立場にある末摘花、周囲から駄目と言われても恋に一直線な朧月夜、源氏を憎み、源氏と朧月夜の結婚に猛反対する頑固な弘徽殿女御がここに当たります。

「これが良い！」と思い込むと、どんどん突き進むものの、周りがついてこず結果失敗ということになりがちです。

お悩み解消風水

陽の光と音楽で生活のリズムを整えて

太陽がのぼってくる場所に吉があります。起きたらまずはカーテンを開けて陽の光を浴びることを意識して下さい。温かな陽の光があなたの強過ぎる自我や周囲が見えなくなってしまう気性の激しさを和らげてくれます。

不規則な生活はイライラのもと。可能であれば太陽とともに起きて日が沈んだら仕事を切り上げるくらいのイメージで生活リズムを整えましょう。また、音楽も運気アップに一役買ってくれます。好きな音楽で快適に目覚めるところから生活を改めましょう。

また、優秀な人なので仕事でも趣味でも根を詰めてしまいがちですが、きちんと休息を取ることを意識すると心に余裕が生まれます。

ツキ呼びカラー　フレッシュグリーン

ツキ呼びアイテム　フルーツ、イヤホン、楽器、窓

満たされない思いが爆発しそう

我慢の限界！風グループ

明石の君　六条御息所　惟光　光源氏

感じが良くみんなと仲良し、基本的には平和主義者の人に好かれやすいグループです。しかし、実はその穏やかさの裏には、多くの我慢が隠れています。

例えば、親の愛を受けられなかった光源氏、愛する人に自分を見てもらえない六条御息所、家柄に恵まれず紫上に泣く泣く子供を預けなければいけなくなった明石の君、光源氏のサポート役に甘んじなければいけない惟光のように……。

優しい笑顔の裏に押し込められた我慢はあなたも気付かないうちにストレスを与えて心身の不調にも繋がりがち。

忍耐袋の緒が切れてしまうと、自分の立場も周囲との関係も壊してしまうかもしれません。そうなる前に、風水で上手なストレス解消方法を見つけておきましょう。

お悩み解消風水

爽やかな風を感じてストレスを吹き飛ばす

一箇所に留まらず、フットワークを軽くして新鮮な風に当たることが何よりのストレス解消になります。なんだかうまく行かない、イライラしていると感じたら、知らない場所に出かけるのがオススメです。

人、街、仕事、趣味、どれでもいいので新しい出会いを求めてみましょう。「この人とは合わなさそう」「これは失敗するかも」などと慎重になり過ぎるのは運の流れを止めてしまいます。考え込まず、気軽に最初の一歩を踏み出すこと。「今」を敏感にキャッチアップできるよう、時事ネタや流行にもアンテナを張り巡らせて下さい。立ち止まらず、新しいものを求めることで、これまで我慢していたモノがスーッとほどけていくでしょう。

ツキ呼びカラー　**ディープグリーン**

ツキ呼びアイテム　**クローバー、ドラゴン、風船、飛行機**

自分を曲げられず損をする

協調性が低い㊎のグループ

明石の入道　玉鬘　女三宮

裏表のないまっすぐな性格で、なんでも徹底的にやる努力家タイプですが、あまり周りのことを考えず、協調性に欠ける傾向があります。ともすれば、自分の世界に閉じこもってしまう偏屈な人という印象を与えることも。

周囲との折り合いが悪く、自ら高い地位を捨ててしまう明石の入道。源氏を裏切り柏木と密通し、最終的に出家した女三宮も、人付き合いがうまいタイプとはいえません。苦しい状況でもプライドを持ち続けた玉鬘もまた、自分を曲げない性格です。このグループの人は、見た目が良かったり能力が高かったりすることもあり、プライドが高くなりがちですが、それによって人を遠ざけ、さまざまなご縁を自ら断ち切ってしまうことにもなりやすいので要注意です。

お悩み解消風水

お金をかけて自分を磨き、贅沢することで運気アップ

人付き合いの運気を上げるために大切なのは、ズバリお金をかけること。ケチケチしているとテンションが下がり、ますます自分の殻に閉じこもってしまいます。自分磨きのためにどんどんお金を使いましょう。高級レストランやホテルのスパなどの贅沢時間が良い運を呼びます。ちょっと高いかな、と思うくらいの授業料の習い事をしてみるのも吉。新しいものを吸収し、世界を広げて柔軟性を養いましょう。自分がより輝くことで、人付き合いのスタンスも変わってきます。

また、なんだかんだ言いながら最終的に出世した髭黒大将のお陰で良い暮らしができるようになった玉鬘のように、このグループの人は金運も良いです。投資にも向いているので思い切ってチャレンジしてみるのもオススメ。

ツキ呼びカラー　ゴールド&シルバー

ツキ呼びアイテム　ダイヤモンド、ハイブランドの小物、シャンデリア、経済誌

息苦しさを感じるとヤル気ダウン

自由を求める㊎グループ

冷泉帝　桐壺帝　朱雀帝

帝のキャラクター3人がそろったこのグループの人は基本的に物質面に恵まれ、モノに執着しない傾向にあります。エンターテイナーな一面があり、人心掌握にも長けています。その一方で、ここの3人の帝のように、立場上不自由なことが多かったり、行動を制限されたりするとストレスを感じ、生来の気まぐれや子供っぽさが出てトラブルの種になることもあります。

ここのグループの人は社会的に高いポジションにつくことも多く、異性のあしらいも抜群にうまいのでモテます。トラブルに巻き込まれることもありますが、あまり窮屈に考えすぎず人生を楽しみ、愛を振りまくことで運気が上がります。

お悩み解消風水

大事なのは遊び心。料理で人を喜ばせてみて

あれをしちゃ駄目、ここに行ったら駄目、と行動に制限をかけられる環境だとモチベーションも運気も下がります。

このグループの人にとっては、自由に遊ぶことが一番大切。ストレスが溜まっている、なんとなくうまくいかないと感じることが増えたら、楽しく遊ぶ計画を立てて下さい。高いコミュニケーションスキルを活かして、多くの人を誘うとベター。

キッチンが幸運をもたらすスポットなので、人を招いて料理を振る舞うのがオススメです。食材にもキッチングッズにもこだわって。美味しいものと楽しい人たちが最高の運気を連れてきてくれます。

キッチンを常にキレイに保つことも忘れずに！

ツキ呼びカラー　オータムレッド

ツキ呼びアイテム　テーマパークのアトラクション、美食家、美味しいもの、花柄

融通が利かずがんじがらめ

頑固者の㊏グループ

藤壺宮

紫上

花散里

夕顔

しっかり者で、他人に振り回されることのないキャラクターを持つグループです。藤壺宮、紫上、花散里、夕顔といずれもブレない自分を持った女性たちです。特に、花散里は物語中で唯一、源氏にオチなかった女性。

一方で、このグループの人はガードが固く気位も高いため、周囲から扱いにくいと思われがちです。社交下手で、どちらかというと保守的なため、新しいことや大人数のプロジェクトは苦手。一人でコツコツと進められることをやりたいタイプですが、それだけでは運気が閉ざされてしまいます。

時には自分を解放して、人からのアドバイスを素直に受け取るようになればもっとツキが舞い込むようになりますよ。

お悩み解消風水

心も体も芯からほぐすリラクゼーションが吉

自分の価値観、考え方だけで凝り固まっているメンタルをほぐすことを一番に考えましょう。本書でも紹介しているアロマを取り入れて、香りの力で心身をほぐすのも良し、より自分を見つめ直すならマインドフルネスを試してみるのも◎。

体と心は繋がっているものなので、ストレッチやスポーツで体をほぐすことも効果的です。ヨガのように、自分の内面と向き合いながら体を使うものを試してみるのもオススメ。

うまくいかない時こそ、なるべく一人ではなく誰かと過ごして刺激をもらいましょう。パートナーがいない人は気軽な気持ちで探してみると良いでしょう。仕事仲間や友人とも密にコミュニケーションを取るようにしてみて下さい。

ツキ呼びカラー ショコラブラウン

ツキ呼びアイテム マッサージグッズ、タータンチェック、テディベア、アロマ

鋭い感受性に振り回される

神経過敏な㊋グループ

夕霧
八宮

匂宮

ひとつのことに抜きん出た才能があるキャラクターの持ち主です。直感力がとても鋭く、感性で動く芸術的センスに溢れています。地頭が良く、華やかで容姿の良い人が多いのも特徴。源氏と葵上の間に生まれ、華のある夕霧、風流なものが好きな遊び人の匂宮、鷹揚な性格で音楽を嗜む八宮がここに属します。

このグループの人は、自己肯定感の高さから、目標設定を高くし過ぎて自らプレッシャーを感じることも。感性の鋭さが裏目に出て、神経過敏になりがちでストレスを溜めやすいタイプでもあります。ちょっとしたことでイライラしてしまい、余計な摩擦を生むことも……。自分の感受性をポジティブな方向に活かせるようなオシャレでアーティスティックな風水をオススメします。

お悩み解消風水

テンションが上がる美しいモノで周りを満たす

イライラしたり気分がふさぎ込んだりする時は、美しいモノの力を借りましょう。このグループの人は、飾り気のない場所で長く過ごすと運気を下げてしまいます。自宅や職場でも、可能な限り壁やデスクの上などにアートを飾ると◎。また、これまでと違う新しいメイクやファッションを試してみると気持ちがウキウキし、それと共に運気も上昇します。

自分で絵を描いたり写真を撮ったりするのも良いですね。自分自身も空間も、飾る・彩ることでどんどんツキを呼び込みやすくなります。また、湿気はＮＧ！ できるだけ日光に当たり、ジメジメしない空間づくりを心がけましょう。

ツキ呼びカラー ラベンダー

ツキ呼びアイテム アクセサリー、除湿機、シャンパン、金魚

COLUMN

三大美女とアロマの関係

日本において世界三大美女と称されるクレオパトラ、楊貴妃、小野小町は、それぞれお気に入りの香りがあったとされています。

古代エジプトの女王・クレオパトラは特にローズの香りを好み、花びらを湯に浮かべて入浴したなどと伝えられています。ローズは、紫式部占いでは、源氏が生涯忘れることができない無条件の愛を注いだ葵上の香り。花の女王といわれるローズ、そして葵上は源氏にとっては永遠の女王です。また、ローズは愛の象徴や聖母マリアの象徴ともいわれてきました。ペルシャの戦士の盾を飾ったり、紋章に描かれていたり……バラはエネルギーがとても高い花であるということを男女問わず知っていたのでしょうか？

一方、唐代の中国の皇妃であった楊貴妃は、ジャスミンが好きと紹介されることが多いようですが、これはジャスミンティーをよく飲んでいただけで、体に纏う香りとしてはムスクを好んだという説があります。ムスクは植物由来のアロマではなく、麝香鹿の臭腺からの分泌物で独特の濃厚な香りがあります。性的な興奮を催す作用があるとされ、楊貴妃はムスクと自分の体臭が混じり合った妖艶な香りで男性を虜にしたなどともいわれています。

また、平安時代の日本の歌人・小野小町は、サンダルウッド（白檀）を好んだといわれています。こちらは鎮静効果があり、寺院や神社など神聖な場所でよく出会う香り。『源氏物語』の中では、尼になった藤壺の宮がサンダルウッドを中心とした黒方(くろぼう)という薫物(たきもの)を焚いていた描写があります。

彼女たちはそれぞれ異なる時代や文化に生きた女性たちですが、好んでいた香りは今の時代でもなお愛され続けています。香りの文化というのは人間の歴史に長く深く根付いており、それだけ人生を豊かにするものといえるでしょう。ぜひ本書で紹介しているアロマを参考に、自分にとっての心地よい香りを知り、生活に取り込んでみて下さいね。

生年月日だけですぐ分かる!

紫式部占い
27キャラクター
早見表

※『一般社団法人宿曜秘宝®協会』資料転載

早見表の使い方

①184~219ページの早見表から生年を探します。
②生まれた月と生まれた日が交差するところの漢字を見ます。
③左の一覧でその漢字と対応しているのがあなたのキャラクターになります。
例：1979年8月1日生まれの場合→漢字は「氐」→キャラクターは「薫」

【昴(ぼう)】……藤壺宮
【畢(ひつ)】……紫上
【觜(し)】……末摘花
【参(さん)】……弘徽殿女御
【井(せい)】……朧月夜

【鬼(き)】……明石の君
【柳(りゅう)】……六条御息所
【星(せい)】……惟光
【張(ちょう)】……光源氏
【翼(よく)】……夕霧

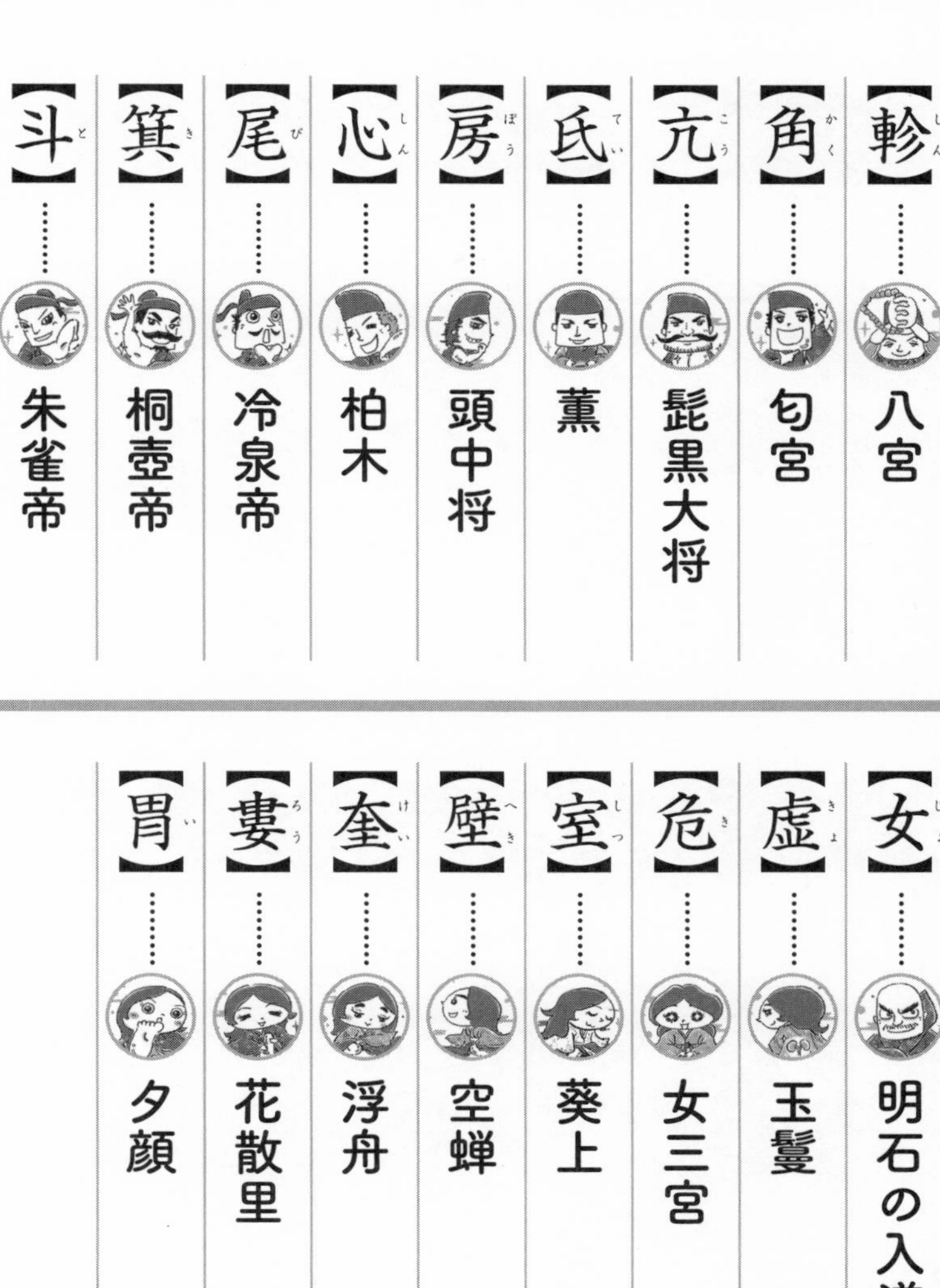

【軫（しん）】……八宮

【角（かく）】……匂宮

【亢（こう）】……髭黒大将

【氐（てい）】……薫

【房（ぼう）】……頭中将

【心（しん）】……柏木

【尾（び）】……冷泉帝

【箕（き）】……桐壺帝

【斗（と）】……朱雀帝

【女（じょ）】……明石の入道

【虚（きょ）】……玉鬘

【危（き）】……女三宮

【室（しつ）】……葵上

【壁（へき）】……空蝉

【奎（けい）】……浮舟

【婁（ろう）】……花散里

【胃（い）】……夕顔

1930年

	1	2	3	4	5	6	7	8	9	10	11	12	13	14	15	16	17	18	19	20	21	22	23	24	25	26	27	28	29	30	31
1月	危	室	壁	奎	婁	胃	昴	畢	觜	参	井	鬼	柳	星	張	翼	軫	角	亢	氐	房	心	尾	箕	斗	女	虚	危	室	室	壁
2月	奎	婁	胃	昴	畢	觜	参	井	鬼	柳	星	張	翼	軫	角	亢	氐	房	心	尾	箕	斗	女	虚	危	室	壁	奎			
3月	婁	胃	昴	畢	觜	参	井	鬼	柳	星	張	翼	軫	角	亢	氐	房	心	尾	箕	斗	女	虚	危	室	壁	奎	婁	胃	胃	昴
4月	畢	觜	参	井	鬼	柳	星	張	翼	軫	角	亢	氐	房	心	尾	箕	斗	女	虚	危	室	壁	奎	婁	胃	昴	畢	畢	觜	
5月	参	井	鬼	柳	星	張	翼	軫	角	亢	氐	房	心	尾	箕	斗	女	虚	危	室	壁	奎	婁	胃	昴	畢	觜	参	井	鬼	柳
6月	星	張	翼	軫	角	亢	氐	房	心	尾	箕	斗	女	虚	危	室	壁	奎	婁	胃	昴	畢	觜	参	井	鬼	柳	星	張	翼	
7月	軫	角	亢	氐	房	心	尾	箕	斗	女	虚	危	室	壁	奎	婁	胃	昴	畢	觜	参	井	鬼	柳	星	鬼	柳	星	張	翼	軫
8月	角	亢	氐	房	心	尾	箕	斗	女	虚	危	室	壁	奎	婁	胃	昴	畢	觜	参	井	鬼	柳	張	翼	軫	角	亢	氐	房	心
9月	尾	箕	斗	女	虚	危	室	壁	奎	婁	胃	昴	畢	觜	参	井	鬼	柳	星	張	翼	角	亢	氐	房	心	尾	箕	斗	女	
10月	虚	危	室	壁	奎	婁	胃	昴	畢	觜	参	井	鬼	柳	星	張	翼	軫	角	亢	氐	氐	房	心	尾	箕	斗	女	虚	危	室
11月	壁	奎	婁	胃	昴	畢	觜	参	井	鬼	柳	星	張	翼	軫	角	亢	氐	房	心	尾	箕	斗	女	虚	危	室	壁	奎	婁	
12月	胃	昴	畢	觜	参	井	鬼	柳	星	張	翼	軫	角	亢	氐	房	心	尾	箕	斗	女	虚	危	室	壁	奎	婁	胃	昴	畢	觜

1931年

	1	2	3	4	5	6	7	8	9	10	11	12	13	14	15	16	17	18	19	20	21	22	23	24	25	26	27	28	29	30	31
1月	参	井	鬼	柳	星	張	翼	軫	角	亢	氐	房	心	尾	箕	斗	女	虚	虚	危	室	壁	奎	婁	胃	昴	畢	觜	参	井	鬼
2月	柳	星	張	翼	軫	角	亢	氐	房	心	尾	箕	斗	女	虚	危	室	壁	奎	婁	胃	昴	畢	觜	参	井	鬼	柳			
3月	星	張	翼	軫	角	亢	氐	房	心	尾	箕	斗	女	虚	危	室	壁	奎	奎	婁	胃	昴	畢	觜	参	井	鬼	柳	星	張	翼
4月	軫	角	亢	氐	房	心	尾	箕	斗	女	虚	危	室	壁	奎	婁	胃	胃	昴	畢	觜	参	井	鬼	柳	星	張	翼	軫	角	
5月	亢	氐	房	心	尾	箕	斗	女	虚	危	室	壁	奎	婁	胃	昴	畢	畢	觜	参	井	鬼	柳	星	張	翼	軫	角	亢	氐	房
6月	心	尾	箕	斗	女	虚	危	室	壁	奎	婁	胃	昴	畢	觜	参	井	鬼	柳	星	張	翼	軫	角	亢	氐	房	心	尾	箕	
7月	斗	女	虚	危	室	壁	奎	婁	胃	昴	畢	觜	参	井	鬼	柳	星	張	翼	軫	角	亢	氐	房	心	尾	箕	斗	女	虚	危
8月	室	壁	奎	婁	胃	昴	畢	觜	参	井	鬼	柳	星	張	翼	軫	角	亢	氐	房	心	尾	箕	斗	女	虚	危	室	壁	奎	婁
9月	胃	昴	畢	觜	参	井	鬼	柳	星	張	翼	角	亢	氐	房	心	尾	箕	斗	女	虚	危	室	壁	奎	婁	胃	昴	畢	觜	
10月	参	井	鬼	柳	星	張	翼	軫	角	亢	氐	房	心	尾	箕	斗	女	虚	危	室	壁	奎	婁	胃	昴	畢	觜	参	井	鬼	柳
11月	星	張	翼	軫	角	亢	氐	房	心	心	尾	箕	斗	女	虚	危	室	壁	奎	婁	胃	昴	畢	觜	参	井	鬼	柳	星	張	
12月	翼	軫	角	亢	氐	房	心	尾	斗	女	虚	危	室	壁	奎	婁	胃	昴	畢	觜	参	井	鬼	柳	星	張	翼	軫	角	亢	氐

1932年

	1	2	3	4	5	6	7	8	9	10	11	12	13	14	15	16	17	18	19	20	21	22	23	24	25	26	27	28	29	30	31
1月	房	心	尾	箕	斗	女	虚	虚	危	室	壁	奎	婁	胃	昴	畢	觜	参	井	鬼	柳	星	張	翼	軫	角	亢	氐	房	心	尾
2月	箕	斗	女	虚	危	室	壁	奎	婁	胃	昴	畢	觜	参	井	鬼	柳	星	張	翼	軫	角	亢	氐	房	心	尾	箕	斗		
3月	女	虚	危	室	壁	奎	奎	婁	胃	昴	畢	觜	参	井	鬼	柳	星	張	翼	軫	角	亢	氐	房	心	尾	箕	斗	女	虚	危
4月	室	壁	奎	婁	胃	胃	昴	畢	觜	参	井	鬼	柳	星	張	翼	軫	角	亢	氐	房	心	尾	箕	斗	女	虚	危	室	壁	
5月	奎	婁	胃	昴	畢	畢	觜	参	井	鬼	柳	星	張	翼	軫	角	亢	氐	房	心	尾	箕	斗	女	虚	危	室	壁	奎	婁	胃
6月	昴	畢	觜	参	井	鬼	柳	星	張	翼	軫	角	亢	氐	房	心	尾	箕	斗	女	虚	危	室	壁	奎	婁	胃	昴	畢	觜	
7月	参	井	鬼	鬼	柳	星	張	翼	軫	角	亢	氐	房	心	尾	箕	斗	女	虚	危	室	壁	奎	婁	胃	昴	畢	觜	参	井	鬼
8月	柳	張	翼	軫	角	亢	氐	房	心	尾	箕	斗	女	虚	危	室	壁	奎	婁	胃	昴	畢	觜	参	井	鬼	柳	星	張	翼	軫
9月	角	亢	氐	房	心	尾	箕	斗	女	虚	危	室	壁	奎	婁	胃	昴	畢	觜	参	井	鬼	柳	星	張	翼	軫	角	亢	氐	
10月	房	心	尾	箕	斗	女	虚	危	室	壁	奎	婁	胃	昴	畢	觜	参	井	鬼	柳	星	張	翼	軫	角	亢	氐	房	心	尾	箕
11月	斗	女	虚	危	室	壁	奎	婁	胃	昴	畢	觜	参	井	鬼	柳	星	張	翼	軫	角	亢	氐	房	心	尾	箕	斗	女	虚	
12月	危	室	壁	奎	婁	胃	昴	畢	觜	参	井	鬼	柳	星	張	翼	軫	角	亢	氐	房	心	尾	箕	斗	女	虚	危	室	壁	奎

1933年

	1	2	3	4	5	6	7	8	9	10	11	12	13	14	15	16	17	18	19	20	21	22	23	24	25	26	27	28	29	30	31
1月	婁	胃	昴	畢	觜	参	井	鬼	柳	星	張	翼	軫	角	亢	氐	房	心	尾	箕	斗	女	虚	危	室	室	壁	奎	婁	胃	昴
2月	畢	觜	参	井	鬼	柳	星	張	翼	軫	角	亢	氐	房	心	尾	箕	斗	女	虚	危	室	壁	奎	婁	胃	昴	畢			
3月	觜	参	井	鬼	柳	星	張	翼	軫	角	亢	氐	房	心	尾	箕	斗	女	虚	危	室	壁	奎	婁	胃	胃	昴	畢	觜	参	井
4月	鬼	柳	星	張	翼	軫	角	亢	氐	房	心	尾	箕	斗	女	虚	危	室	壁	奎	婁	胃	昴	畢	畢	觜	参	井	鬼	柳	
5月	星	張	翼	軫	角	亢	氐	房	心	尾	箕	斗	女	虚	危	室	壁	奎	婁	胃	昴	畢	觜	参	井	鬼	柳	星	張	翼	軫
6月	角	亢	氐	房	心	尾	箕	斗	女	虚	危	室	壁	奎	婁	胃	昴	畢	觜	参	井	鬼	参	井	鬼	柳	星	張	翼	軫	
7月	角	亢	氐	房	心	尾	箕	斗	女	虚	危	室	壁	奎	婁	胃	昴	畢	觜	参	井	鬼	鬼	柳	星	張	翼	軫	角	亢	氐
8月	房	心	尾	箕	斗	女	虚	危	室	壁	奎	婁	胃	昴	畢	觜	参	井	鬼	柳	張	翼	軫	角	亢	氐	房	心	尾	箕	斗
9月	女	虚	危	室	壁	奎	婁	胃	昴	畢	觜	参	井	鬼	柳	星	張	翼	軫	角	亢	氐	房	心	尾	箕	斗	女	虚	危	
10月	室	壁	奎	婁	胃	昴	畢	觜	参	井	鬼	柳	星	張	翼	軫	角	亢	氐	房	心	尾	箕	斗	女	虚	危	室	壁	奎	婁
11月	胃	昴	畢	觜	参	井	鬼	柳	星	張	翼	軫	角	亢	氐	房	心	心	尾	箕	斗	女	虚	危	室	壁	奎	婁	胃	昴	
12月	畢	觜	参	井	鬼	柳	星	張	翼	軫	角	亢	氐	房	心	尾	斗	女	虚	危	室	壁	奎	婁	胃	昴	畢	觜	参	井	鬼

1934年

	1	2	3	4	5	6	7	8	9	10	11	12	13	14	15	16	17	18	19	20	21	22	23	24	25	26	27	28	29	30	31
1月	柳	星	張	翼	軫	角	亢	氐	房	心	尾	箕	斗	女	虚	危	室	壁	奎	婁	胃	昴	畢	觜	参	井	鬼	柳	星	張	翼
2月	軫	角	亢	氐	房	心	尾	箕	斗	女	虚	危	室	室	壁	奎	婁	胃	昴	畢	觜	参	井	鬼	柳	星	張	翼			
3月	軫	角	亢	氐	房	心	尾	箕	斗	女	虚	危	室	壁	奎	婁	胃	昴	畢	觜	参	井	鬼	柳	星	張	翼	軫	角	亢	氐
4月	房	心	尾	箕	斗	女	虚	危	室	壁	奎	婁	胃	胃	昴	畢	觜	参	井	鬼	柳	星	張	翼	軫	角	亢	氐	房	心	
5月	尾	箕	斗	女	虚	危	室	壁	奎	婁	胃	昴	畢	觜	参	井	鬼	柳	星	張	翼	軫	角	亢	氐	房	心	尾	箕	斗	女
6月	虚	危	室	壁	奎	婁	胃	昴	畢	觜	参	参	井	鬼	柳	星	張	翼	軫	角	亢	氐	房	心	尾	箕	斗	女	虚	危	
7月	室	壁	奎	婁	胃	昴	畢	觜	参	井	鬼	鬼	柳	星	張	翼	軫	角	亢	氐	房	心	尾	箕	斗	女	虚	危	室	壁	奎
8月	婁	胃	昴	畢	觜	参	井	鬼	柳	張	翼	軫	角	亢	氐	房	心	尾	箕	斗	女	虚	危	室	壁	奎	婁	胃	昴	畢	觜
9月	参	井	鬼	柳	星	張	翼	軫	角	亢	氐	房	心	尾	箕	斗	女	虚	危	室	壁	奎	婁	胃	昴	畢	觜	参	井	鬼	
10月	柳	星	張	翼	軫	角	亢	氐	氐	房	心	尾	箕	斗	女	虚	危	室	壁	奎	婁	胃	昴	畢	觜	参	井	鬼	柳	星	張
11月	翼	軫	角	亢	氐	房	心	尾	箕	斗	女	虚	危	室	壁	奎	婁	胃	昴	畢	觜	参	井	鬼	柳	星	張	翼	軫	角	
12月	亢	氐	房	心	尾	箕	斗	女	虚	危	室	壁	奎	婁	胃	昴	畢	觜	参	井	鬼	柳	星	張	翼	軫	角	亢	氐	房	心

1935年

	1	2	3	4	5	6	7	8	9	10	11	12	13	14	15	16	17	18	19	20	21	22	23	24	25	26	27	28	29	30	31
1月	尾	箕	斗	女	虚	危	室	壁	奎	婁	胃	昴	畢	觜	参	井	鬼	柳	星	張	翼	軫	角	亢	氐	房	心	尾	箕	斗	女
2月	虚	危	室	室	壁	奎	婁	胃	昴	畢	觜	参	井	鬼	柳	星	張	翼	軫	角	亢	氐	房	心	尾	箕	斗	女			
3月	虚	危	室	壁	奎	婁	胃	昴	畢	觜	参	井	鬼	柳	星	張	翼	軫	角	亢	氐	房	心	尾	箕	斗	女	虚	危	室	壁
4月	奎	婁	胃	昴	畢	觜	参	井	鬼	柳	星	張	翼	軫	角	亢	氐	房	心	尾	箕	斗	女	虚	危	室	壁	奎	婁	胃	
5月	昴	畢	畢	觜	参	井	鬼	柳	星	張	翼	軫	角	亢	氐	房	心	尾	箕	斗	女	虚	危	室	壁	奎	婁	胃	昴	畢	觜
6月	参	井	鬼	柳	星	張	翼	軫	角	亢	氐	房	心	尾	箕	斗	女	虚	危	室	壁	奎	婁	胃	昴	畢	觜	参	井	鬼	
7月	鬼	柳	星	張	翼	軫	角	亢	氐	房	心	尾	箕	斗	女	虚	危	室	壁	奎	婁	胃	昴	畢	觜	参	井	鬼	柳	張	翼
8月	軫	角	亢	氐	房	心	尾	箕	斗	女	虚	危	室	壁	奎	婁	胃	昴	畢	觜	参	井	鬼	柳	星	張	翼	軫	角	亢	氐
9月	房	心	尾	箕	斗	女	虚	危	室	壁	奎	婁	胃	昴	畢	觜	参	井	鬼	柳	星	張	翼	軫	角	亢	氐	氐	房	心	
10月	尾	箕	斗	女	虚	危	室	壁	奎	婁	胃	昴	畢	觜	参	井	鬼	柳	星	張	翼	軫	角	亢	氐	房	心	尾	箕	斗	女
11月	虚	危	室	壁	奎	婁	胃	昴	畢	觜	参	井	鬼	柳	星	張	翼	軫	角	亢	氐	房	心	尾	箕	斗	女	虚	危	室	
12月	壁	奎	婁	胃	昴	畢	觜	参	井	鬼	柳	星	張	翼	軫	角	亢	氐	房	心	尾	箕	斗	女	虚	虚	危	室	壁	奎	婁

1936年

	1	2	3	4	5	6	7	8	9	10	11	12	13	14	15	16	17	18	19	20	21	22	23	24	25	26	27	28	29	30	31
1月	胃	昴	畢	觜	参	井	鬼	柳	星	張	翼	軫	角	亢	氐	房	心	尾	箕	斗	女	虚	危	室	壁	奎	婁	胃	昴	畢	觜
2月	参	井	鬼	柳	星	張	翼	軫	角	亢	氐	房	心	尾	箕	斗	女	虚	危	室	壁	奎	奎	婁	胃	昴	畢	觜	参		
3月	井	鬼	柳	星	張	翼	軫	角	亢	氐	房	心	尾	箕	斗	女	虚	危	室	壁	奎	婁	胃	昴	畢	觜	参	井	鬼	柳	星
4月	張	翼	軫	角	亢	氐	房	心	尾	箕	斗	女	虚	危	室	壁	奎	婁	胃	昴	胃	昴	畢	觜	参	井	鬼	柳	星	張	
5月	翼	軫	角	亢	氐	房	心	尾	箕	斗	女	虚	危	室	壁	奎	婁	胃	昴	畢	畢	觜	参	井	鬼	柳	星	張	翼	軫	角
6月	亢	氐	房	心	尾	箕	斗	女	虚	危	室	壁	奎	婁	胃	昴	畢	觜	参	井	鬼	柳	星	張	翼	軫	角	亢	氐	房	
7月	心	尾	箕	斗	女	虚	危	室	壁	奎	婁	胃	昴	畢	觜	参	井	鬼	鬼	柳	星	張	翼	軫	角	亢	氐	房	心	尾	箕
8月	斗	女	虚	危	室	壁	奎	婁	胃	昴	畢	觜	参	井	鬼	柳	張	翼	軫	角	亢	氐	房	心	尾	箕	斗	女	虚	危	室
9月	壁	奎	婁	胃	昴	畢	觜	参	井	鬼	柳	星	張	翼	軫	角	亢	氐	房	心	尾	箕	斗	女	虚	危	室	壁	奎	婁	
10月	胃	昴	畢	觜	参	井	鬼	柳	星	張	翼	軫	角	亢	氐	房	心	尾	箕	斗	女	虚	危	室	壁	奎	婁	胃	昴	畢	觜
11月	参	井	鬼	柳	星	張	翼	軫	角	亢	氐	房	心	心	尾	箕	斗	女	虚	危	室	壁	奎	婁	胃	昴	畢	觜	参	井	
12月	鬼	柳	星	張	翼	軫	角	亢	氐	房	心	尾	箕	斗	女	虚	危	室	壁	奎	婁	胃	昴	畢	觜	参	井	鬼	柳	星	張

1937年

	1	2	3	4	5	6	7	8	9	10	11	12	13	14	15	16	17	18	19	20	21	22	23	24	25	26	27	28	29	30	31
1月	翼	軫	角	亢	氐	房	心	尾	箕	斗	女	虚	虚	危	室	壁	奎	婁	胃	昴	畢	觜	参	井	鬼	柳	星	張	翼	軫	角
2月	亢	氐	房	心	尾	箕	斗	女	虚	危	室	壁	奎	婁	胃	昴	畢	觜	参	井	鬼	柳	星	張	翼	軫	角	亢			
3月	氐	房	心	尾	箕	斗	女	虚	危	室	壁	奎	奎	婁	胃	昴	畢	觜	参	井	鬼	柳	星	張	翼	軫	角	亢	氐	房	心
4月	尾	箕	斗	女	虚	危	室	壁	奎	婁	胃	昴	畢	觜	参	井	鬼	柳	星	張	翼	軫	角	亢	氐	房	心	尾	箕	斗	
5月	女	虚	危	室	壁	奎	婁	胃	昴	畢	觜	参	井	鬼	柳	星	張	翼	軫	角	亢	氐	房	心	尾	箕	斗	女	虚	危	室
6月	壁	奎	婁	胃	昴	畢	觜	参	参	井	鬼	柳	星	張	翼	軫	角	亢	氐	房	心	尾	箕	斗	女	虚	危	室	壁	奎	
7月	婁	胃	昴	畢	觜	参	井	鬼	柳	星	張	翼	軫	角	亢	氐	房	心	尾	箕	斗	女	虚	危	室	壁	奎	婁	胃	昴	畢
8月	觜	参	井	鬼	柳	張	翼	軫	角	亢	氐	房	心	尾	箕	斗	女	虚	危	室	壁	奎	婁	胃	昴	畢	觜	参	井	鬼	柳
9月	星	張	翼	軫	角	亢	氐	房	心	尾	箕	斗	女	虚	危	室	壁	奎	婁	胃	昴	畢	觜	参	井	鬼	柳	星	張	翼	
10月	軫	角	亢	氐	房	心	尾	箕	斗	女	虚	危	室	壁	奎	婁	胃	昴	畢	觜	参	井	鬼	柳	星	張	翼	軫	角	亢	氐
11月	房	心	心	尾	箕	斗	女	虚	危	室	壁	奎	婁	胃	昴	畢	觜	参	井	鬼	柳	星	張	翼	軫	角	亢	氐	房	心	
12月	尾	箕	斗	女	虚	危	室	壁	奎	婁	胃	昴	畢	觜	参	井	鬼	柳	星	張	翼	軫	角	亢	氐	房	心	尾	箕	斗	女

1938年

	1	2	3	4	5	6	7	8	9	10	11	12	13	14	15	16	17	18	19	20	21	22	23	24	25	26	27	28	29	30	31
1月	虚	虚	危	室	壁	奎	婁	胃	昴	畢	觜	参	井	鬼	柳	星	張	翼	軫	角	亢	氐	房	心	尾	箕	斗	女	虚	危	室
2月	壁	奎	婁	胃	昴	畢	觜	参	井	鬼	柳	星	張	翼	軫	角	亢	氐	房	心	尾	箕	斗	女	虚	危	室	壁			
3月	奎	奎	婁	胃	昴	畢	觜	参	井	鬼	柳	星	張	翼	軫	角	亢	氐	房	心	尾	箕	斗	女	虚	危	室	壁	奎	婁	胃
4月	胃	昴	畢	觜	参	井	鬼	柳	星	張	翼	軫	角	亢	氐	房	心	尾	箕	斗	女	虚	危	室	壁	奎	婁	胃	昴	畢	
5月	觜	参	井	鬼	柳	星	張	翼	軫	角	亢	氐	房	心	尾	箕	斗	女	虚	危	室	壁	奎	婁	胃	昴	畢	觜	参	井	鬼
6月	柳	星	張	翼	軫	角	亢	氐	房	心	尾	箕	斗	女	虚	危	室	壁	奎	婁	胃	昴	畢	觜	参	井	鬼	鬼	柳	星	
7月	張	翼	軫	角	亢	氐	房	心	尾	箕	斗	女	虚	危	室	壁	奎	婁	胃	昴	畢	觜	参	井	鬼	柳	張	翼	軫	角	亢
8月	氐	房	心	尾	箕	斗	女	虚	危	室	壁	奎	婁	胃	昴	畢	觜	参	井	鬼	柳	星	張	翼	張	翼	軫	角	亢	氐	房
9月	心	尾	箕	斗	女	虚	危	室	壁	奎	婁	胃	昴	畢	觜	参	井	鬼	柳	星	張	翼	軫	角	亢	氐	房	心	尾	箕	
10月	斗	女	虚	危	室	壁	奎	婁	胃	昴	畢	觜	参	井	鬼	柳	星	張	翼	軫	角	亢	氐	房	心	尾	箕	斗	女	虚	危
11月	室	壁	奎	婁	胃	昴	畢	觜	参	井	鬼	柳	星	張	翼	軫	角	亢	氐	房	心	心	尾	箕	斗	女	虚	危	室	壁	
12月	奎	婁	胃	昴	畢	觜	参	井	鬼	柳	星	張	翼	軫	角	亢	氐	房	心	尾	箕	斗	女	虚	危	室	壁	奎	婁	胃	昴

紫式部占い　27キャラクター早見表

1939年

	1	2	3	4	5	6	7	8	9	10	11	12	13	14	15	16	17	18	19	20	21	22	23	24	25	26	27	28	29	30	31
1月	畢	觜	参	井	鬼	柳	星	張	翼	軫	角	亢	氐	房	心	尾	箕	斗	女	虚	危	室	壁	奎	婁	胃	昴	畢	觜	参	井
2月	鬼	柳	星	張	翼	軫	角	亢	氐	房	心	尾	箕	斗	女	虚	危	室	室	壁	奎	婁	胃	昴	畢	觜	参	井			
3月	鬼	柳	星	張	翼	軫	角	亢	氐	房	心	尾	箕	斗	女	虚	危	室	壁	奎	奎	婁	胃	昴	畢	觜	参	井	鬼	柳	星
4月	張	翼	軫	角	亢	氐	房	心	尾	箕	斗	女	虚	危	室	壁	奎	婁	胃	胃	昴	畢	觜	参	井	鬼	柳	星	張	翼	
5月	軫	角	亢	氐	房	心	尾	箕	斗	女	虚	危	室	壁	奎	婁	胃	昴	畢	觜	参	井	鬼	柳	星	張	翼	軫	角	亢	氐
6月	房	心	尾	箕	斗	女	虚	危	室	壁	奎	婁	胃	昴	畢	觜	参	井	鬼	柳	星	張	翼	軫	角	亢	氐	房	心	尾	
7月	箕	斗	女	虚	危	室	壁	奎	婁	胃	昴	畢	觜	参	井	鬼	鬼	柳	星	張	翼	軫	角	亢	氐	房	心	尾	箕	斗	女
8月	虚	危	室	壁	奎	婁	胃	昴	畢	觜	参	井	鬼	柳	張	翼	軫	角	亢	氐	房	心	尾	箕	斗	女	虚	危	室	壁	奎
9月	婁	胃	昴	畢	觜	参	井	鬼	柳	星	張	翼	角	亢	氐	房	心	尾	箕	斗	女	虚	危	室	壁	奎	婁	胃	昴	畢	
10月	觜	参	井	鬼	柳	星	張	翼	軫	角	亢	氐	氐	房	心	尾	箕	斗	女	虚	危	室	壁	奎	婁	胃	昴	畢	觜	参	井
11月	鬼	柳	星	張	翼	軫	角	亢	氐	房	心	尾	箕	斗	女	虚	危	室	壁	奎	婁	胃	昴	畢	觜	参	井	鬼	柳	星	
12月	張	翼	軫	角	亢	氐	房	心	尾	箕	斗	女	虚	危	室	壁	奎	婁	胃	昴	畢	觜	参	井	鬼	柳	星	張	翼	軫	角

1940年

	1	2	3	4	5	6	7	8	9	10	11	12	13	14	15	16	17	18	19	20	21	22	23	24	25	26	27	28	29	30	31
1月	亢	氐	房	心	尾	箕	斗	女	虚	危	室	壁	奎	婁	胃	昴	畢	觜	参	井	鬼	柳	星	張	翼	軫	角	亢	氐	房	心
2月	尾	箕	斗	女	虚	危	室	室	壁	奎	婁	胃	昴	畢	觜	参	井	鬼	柳	星	張	翼	軫	角	亢	氐	房	心	尾		
3月	箕	斗	女	虚	危	室	壁	奎	奎	婁	胃	昴	畢	觜	参	井	鬼	柳	星	張	翼	軫	角	亢	氐	房	心	尾	箕	斗	女
4月	虚	危	室	壁	奎	婁	胃	胃	昴	畢	觜	参	井	鬼	柳	星	張	翼	軫	角	亢	氐	房	心	尾	箕	斗	女	虚	危	
5月	室	壁	奎	婁	胃	昴	畢	觜	参	井	鬼	柳	星	張	翼	軫	角	亢	氐	房	心	尾	箕	斗	女	虚	危	室	壁	奎	婁
6月	胃	昴	畢	觜	参	参	井	鬼	柳	星	張	翼	軫	角	亢	氐	房	心	尾	箕	斗	女	虚	危	室	壁	奎	婁	胃	昴	
7月	畢	觜	参	井	鬼	柳	星	張	翼	軫	角	亢	氐	房	心	尾	箕	斗	女	虚	危	室	壁	奎	婁	胃	昴	畢	觜	参	井
8月	鬼	柳	星	張	翼	軫	角	亢	氐	房	心	尾	箕	斗	女	虚	危	室	壁	奎	婁	胃	昴	畢	觜	参	井	鬼	柳	星	張
9月	翼	角	亢	氐	房	心	尾	箕	斗	女	虚	危	室	壁	奎	婁	胃	昴	畢	觜	参	井	鬼	柳	星	張	翼	軫	角	亢	
10月	氐	房	心	尾	箕	斗	女	虚	危	室	壁	奎	婁	胃	昴	畢	觜	参	井	鬼	柳	星	張	翼	軫	角	亢	氐	房	心	心
11月	尾	箕	斗	女	虚	危	室	壁	奎	婁	胃	昴	畢	觜	参	井	鬼	柳	星	張	翼	軫	角	亢	氐	房	心	尾	斗	女	
12月	虚	危	室	壁	奎	婁	胃	昴	畢	觜	参	井	鬼	柳	星	張	翼	軫	角	亢	氐	房	心	尾	箕	斗	女	虚	虚	危	室

1941年

	1	2	3	4	5	6	7	8	9	10	11	12	13	14	15	16	17	18	19	20	21	22	23	24	25	26	27	28	29	30	31
1月	壁	奎	婁	胃	昴	畢	觜	参	井	鬼	柳	星	張	翼	軫	角	亢	氐	房	心	尾	箕	斗	女	虚	危	室	壁	奎	婁	胃
2月	昴	畢	觜	参	井	鬼	柳	星	張	翼	軫	角	亢	氐	房	心	尾	箕	斗	女	虚	危	室	壁	奎	奎	婁	胃			
3月	昴	畢	觜	参	井	鬼	柳	星	張	翼	軫	角	亢	氐	房	心	尾	箕	斗	女	虚	危	室	壁	奎	婁	胃	胃	昴	畢	觜
4月	参	井	鬼	柳	星	張	翼	軫	角	亢	氐	房	心	尾	箕	斗	女	虚	危	室	壁	奎	婁	胃	昴	畢	觜	参	井	鬼	
5月	柳	星	張	翼	軫	角	亢	氐	房	心	尾	箕	斗	女	虚	危	室	壁	奎	婁	胃	昴	畢	觜	参	参	井	鬼	柳	星	張
6月	翼	軫	角	亢	氐	房	心	尾	箕	斗	女	虚	危	室	壁	奎	婁	胃	昴	畢	觜	参	井	鬼	鬼	柳	星	張	翼	軫	
7月	角	亢	氐	房	心	尾	箕	斗	女	虚	危	室	壁	奎	婁	胃	昴	畢	觜	参	井	鬼	柳	鬼	柳	星	張	翼	軫	角	亢
8月	氐	房	心	尾	箕	斗	女	虚	危	室	壁	奎	婁	胃	昴	畢	觜	参	井	鬼	柳	星	張	翼	軫	角	亢	氐	房	心	尾
9月	箕	斗	女	虚	危	室	壁	奎	婁	胃	昴	畢	觜	参	井	鬼	柳	星	張	翼	角	亢	氐	房	心	尾	箕	斗	女	虚	
10月	危	室	壁	奎	婁	胃	昴	畢	觜	参	井	鬼	柳	星	張	翼	軫	角	亢	氐	房	心	尾	箕	斗	女	虚	危	室	壁	奎
11月	婁	胃	昴	畢	觜	参	井	鬼	柳	星	張	翼	軫	角	亢	氐	房	心	心	尾	箕	斗	女	虚	危	室	壁	奎	婁	胃	
12月	昴	畢	觜	参	井	鬼	柳	星	張	翼	軫	角	亢	氐	房	心	尾	斗	女	虚	危	室	壁	奎	婁	胃	昴	畢	觜	参	井

1942年

	1	2	3	4	5	6	7	8	9	10	11	12	13	14	15	16	17	18	19	20	21	22	23	24	25	26	27	28	29	30	31
1月	鬼	柳	星	張	翼	軫	角	亢	氐	房	心	尾	箕	斗	女	虚	虚	危	室	壁	奎	婁	胃	昴	畢	觜	参	井	鬼	柳	星
2月	張	翼	軫	角	亢	氐	房	心	尾	箕	斗	女	虚	危	室	壁	奎	婁	胃	昴	畢	觜	参	井	鬼	柳	星	張			
3月	翼	軫	角	亢	氐	房	心	尾	箕	斗	女	虚	危	室	壁	奎	奎	婁	胃	昴	畢	觜	参	井	鬼	柳	星	張	翼	軫	角
4月	亢	氐	房	心	尾	箕	斗	女	虚	危	室	壁	奎	婁	胃	昴	畢	觜	参	井	鬼	柳	星	張	翼	軫	角	亢	氐	房	
5月	心	尾	箕	斗	女	虚	危	室	壁	奎	婁	胃	昴	畢	畢	觜	参	井	鬼	柳	星	張	翼	軫	角	亢	氐	房	心	尾	箕
6月	斗	女	虚	危	室	壁	奎	婁	胃	昴	畢	觜	参	参	井	鬼	柳	星	張	翼	軫	角	亢	氐	房	心	尾	箕	斗	女	
7月	虚	危	室	壁	奎	婁	胃	昴	畢	觜	参	井	鬼	柳	星	張	翼	軫	角	亢	氐	房	心	尾	箕	斗	女	虚	危	室	壁
8月	奎	婁	胃	昴	畢	觜	参	井	鬼	柳	星	張	翼	軫	角	亢	氐	房	心	尾	箕	斗	女	虚	危	室	壁	奎	婁	胃	昴
9月	畢	觜	参	井	鬼	柳	星	張	翼	軫	角	亢	氐	房	心	尾	箕	斗	女	虚	危	室	壁	奎	婁	胃	昴	畢	觜	参	
10月	井	鬼	柳	星	張	翼	軫	角	亢	氐	房	心	尾	箕	斗	女	虚	危	室	壁	奎	婁	胃	昴	畢	觜	参	井	鬼	柳	星
11月	張	翼	軫	角	亢	氐	房	心	心	尾	箕	斗	女	虚	危	室	壁	奎	婁	胃	昴	畢	觜	参	井	鬼	柳	星	張	翼	
12月	軫	角	亢	氐	房	心	尾	斗	女	虚	危	室	壁	奎	婁	胃	昴	畢	觜	参	井	鬼	柳	星	張	翼	軫	角	亢	氐	房

1943年

	1	2	3	4	5	6	7	8	9	10	11	12	13	14	15	16	17	18	19	20	21	22	23	24	25	26	27	28	29	30	31
1月	心	尾	箕	斗	女	虚	危	室	壁	奎	婁	胃	昴	畢	觜	参	井	鬼	柳	星	張	翼	軫	角	亢	氐	房	心	尾	箕	斗
2月	女	虚	危	室	室	壁	奎	婁	胃	昴	畢	觜	参	井	鬼	柳	星	張	翼	軫	角	亢	氐	房	心	尾	箕	斗			
3月	女	虚	危	室	壁	奎	婁	胃	昴	畢	觜	参	井	鬼	柳	星	張	翼	軫	角	亢	氐	房	心	尾	箕	斗	女	虚	危	室
4月	壁	奎	婁	胃	胃	昴	畢	觜	参	井	鬼	柳	星	張	翼	軫	角	亢	氐	房	心	尾	箕	斗	女	虚	危	室	壁	奎	
5月	婁	胃	昴	畢	觜	参	井	鬼	柳	星	張	翼	軫	角	亢	氐	房	心	尾	箕	斗	女	虚	危	室	壁	奎	婁	胃	昴	畢
6月	觜	参	参	井	鬼	柳	星	張	翼	軫	角	亢	氐	房	心	尾	箕	斗	女	虚	危	室	壁	奎	婁	胃	昴	畢	觜	参	
7月	井	鬼	柳	星	張	翼	軫	角	亢	氐	房	心	尾	箕	斗	女	虚	危	室	壁	奎	婁	胃	昴	畢	觜	参	井	鬼	柳	星
8月	張	翼	軫	角	亢	氐	房	心	尾	箕	斗	女	虚	危	室	壁	奎	婁	胃	昴	畢	觜	参	井	鬼	柳	星	張	翼	軫	角
9月	亢	氐	房	心	尾	箕	斗	女	虚	危	室	壁	奎	婁	胃	昴	畢	觜	参	井	鬼	柳	星	張	翼	軫	角	亢	氐	房	
10月	心	尾	箕	斗	女	虚	危	室	壁	奎	婁	胃	昴	畢	觜	参	井	鬼	柳	星	張	翼	軫	角	亢	氐	房	心	心	尾	箕
11月	斗	女	虚	危	室	壁	奎	婁	胃	昴	畢	觜	参	井	鬼	柳	星	張	翼	軫	角	亢	氐	房	心	尾	箕	斗	女	虚	
12月	危	室	壁	奎	婁	胃	昴	畢	觜	参	井	鬼	柳	星	張	翼	軫	角	亢	氐	房	心	尾	箕	斗	女	虚	危	室	壁	奎

1944年

	1	2	3	4	5	6	7	8	9	10	11	12	13	14	15	16	17	18	19	20	21	22	23	24	25	26	27	28	29	30	31
1月	婁	胃	昴	畢	觜	参	井	鬼	柳	星	張	翼	軫	角	亢	氐	房	心	尾	箕	斗	女	虚	危	室	室	壁	奎	婁	胃	昴
2月	畢	觜	参	井	鬼	柳	星	張	翼	軫	角	亢	氐	房	心	尾	箕	斗	女	虚	危	室	壁	奎	婁	胃	昴	畢	觜		
3月	参	井	鬼	柳	星	張	翼	軫	角	亢	氐	房	心	尾	箕	斗	女	虚	危	室	壁	奎	婁	胃	昴	畢	觜	参	井	鬼	柳
4月	星	張	翼	軫	角	亢	氐	房	心	尾	箕	斗	女	虚	危	室	壁	奎	婁	胃	昴	畢	畢	觜	参	井	鬼	柳	星	張	
5月	翼	軫	角	亢	氐	房	心	尾	箕	斗	女	虚	危	室	壁	奎	婁	胃	昴	畢	觜	畢	觜	参	井	鬼	柳	星	張	翼	軫
6月	角	亢	氐	房	心	尾	箕	斗	女	虚	危	室	壁	奎	婁	胃	昴	畢	觜	参	参	井	鬼	柳	星	張	翼	軫	角	亢	
7月	氐	房	心	尾	箕	斗	女	虚	危	室	壁	奎	婁	胃	昴	畢	觜	参	井	鬼	柳	星	張	翼	軫	角	亢	氐	房	心	尾
8月	箕	斗	女	虚	危	室	壁	奎	婁	胃	昴	畢	觜	参	井	鬼	柳	星	張	翼	軫	角	亢	氐	房	心	尾	箕	斗	女	虚
9月	危	室	壁	奎	婁	胃	昴	畢	觜	参	井	鬼	柳	星	張	翼	角	亢	氐	房	心	尾	箕	斗	女	虚	危	室	壁	奎	
10月	婁	胃	昴	畢	觜	参	井	鬼	柳	星	張	翼	軫	角	亢	氐	氐	房	心	尾	箕	斗	女	虚	危	室	壁	奎	婁	胃	昴
11月	畢	觜	参	井	鬼	柳	星	張	翼	軫	角	亢	氐	房	心	心	尾	箕	斗	女	虚	危	室	壁	奎	婁	胃	昴	畢	觜	
12月	参	井	鬼	柳	星	張	翼	軫	角	亢	氐	房	心	尾	斗	女	虚	危	室	壁	奎	婁	胃	昴	畢	觜	参	井	鬼	柳	星

1945年

	1	2	3	4	5	6	7	8	9	10	11	12	13	14	15	16	17	18	19	20	21	22	23	24	25	26	27	28	29	30	31
1月	張	翼	軫	角	亢	氐	房	心	尾	箕	斗	女	虚	虚	危	室	壁	奎	婁	胃	昴	畢	觜	参	井	鬼	柳	星	張	翼	軫
2月	角	亢	氐	房	心	尾	箕	斗	女	虚	危	室	室	壁	奎	婁	胃	昴	畢	觜	参	井	鬼	柳	星	張	翼	軫			
3月	角	亢	氐	房	心	尾	箕	斗	女	虚	危	室	壁	奎	婁	胃	昴	畢	觜	参	井	鬼	柳	星	張	翼	軫	角	亢	氐	房
4月	心	尾	箕	斗	女	虚	危	室	壁	奎	婁	胃	昴	畢	觜	参	井	鬼	柳	星	張	翼	軫	角	亢	氐	房	心	尾	箕	
5月	斗	女	虚	危	室	壁	奎	婁	胃	昴	畢	畢	觜	参	井	鬼	柳	星	張	翼	軫	角	亢	氐	房	心	尾	箕	斗	女	虚
6月	危	室	壁	奎	婁	胃	昴	畢	觜	参	井	鬼	柳	星	張	翼	軫	角	亢	氐	房	心	尾	箕	斗	女	虚	危	室	壁	
7月	奎	婁	胃	昴	畢	觜	参	井	鬼	柳	星	張	翼	軫	角	亢	氐	房	心	尾	箕	斗	女	虚	危	室	壁	奎	婁	胃	昴
8月	畢	觜	参	井	鬼	柳	星	張	翼	軫	角	亢	氐	房	心	尾	箕	斗	女	虚	危	室	壁	奎	婁	胃	昴	畢	觜	参	井
9月	鬼	柳	星	張	翼	角	亢	氐	房	心	尾	箕	斗	女	虚	危	室	壁	奎	婁	胃	昴	畢	觜	参	井	鬼	柳	星	張	
10月	翼	軫	角	亢	氐	氐	房	心	尾	箕	斗	女	虚	危	室	壁	奎	婁	胃	昴	畢	觜	参	井	鬼	柳	星	張	翼	軫	角
11月	亢	氐	房	心	心	尾	箕	斗	女	虚	危	室	壁	奎	婁	胃	昴	畢	觜	参	井	鬼	柳	星	張	翼	軫	角	亢	氐	
12月	房	心	尾	箕	斗	女	虚	危	室	壁	奎	婁	胃	昴	畢	觜	参	井	鬼	柳	星	張	翼	軫	角	亢	氐	房	心	尾	箕

1946年

	1	2	3	4	5	6	7	8	9	10	11	12	13	14	15	16	17	18	19	20	21	22	23	24	25	26	27	28	29	30	31
1月	斗	女	虚	危	室	壁	奎	婁	胃	昴	畢	觜	参	井	鬼	柳	星	張	翼	軫	角	亢	氐	房	心	尾	箕	斗	女	虚	危
2月	室	室	壁	奎	婁	胃	昴	畢	觜	参	井	鬼	柳	星	張	翼	軫	角	亢	氐	房	心	尾	箕	斗	女	虚	危			
3月	室	壁	奎	奎	婁	胃	昴	畢	觜	参	井	鬼	柳	星	張	翼	軫	角	亢	氐	房	心	尾	箕	斗	女	虚	危	室	壁	奎
4月	婁	胃	昴	畢	觜	参	井	鬼	柳	星	張	翼	軫	角	亢	氐	房	心	尾	箕	斗	女	虚	危	室	壁	奎	婁	胃	昴	
5月	畢	觜	参	井	鬼	柳	星	張	翼	軫	角	亢	氐	房	心	尾	箕	斗	女	虚	危	室	壁	奎	婁	胃	昴	畢	觜	参	参
6月	井	鬼	柳	星	張	翼	軫	角	亢	氐	房	心	尾	箕	斗	女	虚	危	室	壁	奎	婁	胃	昴	畢	觜	参	井	鬼	柳	
7月	星	張	翼	軫	角	亢	氐	房	心	尾	箕	斗	女	虚	危	室	壁	奎	婁	胃	昴	畢	觜	参	井	鬼	柳	張	翼	軫	角
8月	亢	氐	房	心	尾	箕	斗	女	虚	危	室	壁	奎	婁	胃	昴	畢	觜	参	井	鬼	柳	星	張	翼	軫	角	亢	氐	房	心
9月	尾	箕	斗	女	虚	危	室	壁	奎	婁	胃	昴	畢	觜	参	井	鬼	柳	星	張	翼	軫	角	亢	氐	房	心	尾	箕	斗	
10月	女	虚	危	室	壁	奎	婁	胃	昴	畢	觜	参	井	鬼	柳	星	張	翼	軫	角	亢	氐	房	心	心	尾	箕	斗	女	虚	危
11月	室	壁	奎	婁	胃	昴	畢	觜	参	井	鬼	柳	星	張	翼	軫	角	亢	氐	房	心	尾	箕	斗	女	虚	危	室	壁	奎	
12月	婁	胃	昴	畢	觜	参	井	鬼	柳	星	張	翼	軫	角	亢	氐	房	心	尾	箕	斗	女	虚	危	室	壁	奎	婁	胃	昴	畢

1947年

	1	2	3	4	5	6	7	8	9	10	11	12	13	14	15	16	17	18	19	20	21	22	23	24	25	26	27	28	29	30	31
1月	觜	参	井	鬼	柳	星	張	翼	軫	角	亢	氐	房	心	尾	箕	斗	女	虚	危	室	室	壁	奎	婁	胃	昴	畢	觜	参	井
2月	鬼	柳	星	張	翼	軫	角	亢	氐	房	心	尾	箕	斗	女	虚	危	室	壁	奎	奎	婁	胃	昴	畢	觜	参	井			
3月	鬼	柳	星	張	翼	軫	角	亢	氐	房	心	尾	箕	斗	女	虚	危	室	壁	奎	婁	胃	奎	婁	胃	昴	畢	觜	参	井	鬼
4月	柳	星	張	翼	軫	角	亢	氐	房	心	尾	箕	斗	女	虚	危	室	壁	奎	婁	胃	昴	畢	觜	参	井	鬼	柳	星	張	
5月	翼	軫	角	亢	氐	房	心	尾	箕	斗	女	虚	危	室	壁	奎	婁	胃	昴	畢	觜	参	井	鬼	柳	星	張	翼	軫	角	亢
6月	氐	房	心	尾	箕	斗	女	虚	危	室	壁	奎	婁	胃	昴	畢	觜	参	参	井	鬼	柳	星	張	翼	軫	角	亢	氐	房	
7月	心	尾	箕	斗	女	虚	危	室	壁	奎	婁	胃	昴	畢	觜	参	井	鬼	柳	星	張	翼	軫	角	亢	氐	房	心	尾	箕	斗
8月	女	虚	危	室	壁	奎	婁	胃	昴	畢	觜	参	井	鬼	柳	張	翼	軫	角	亢	氐	房	心	尾	箕	斗	女	虚	危	室	壁
9月	奎	婁	胃	昴	畢	觜	参	井	鬼	柳	星	張	翼	軫	角	亢	氐	房	心	尾	箕	斗	女	虚	危	室	壁	奎	婁	胃	
10月	昴	畢	觜	参	井	鬼	柳	星	張	翼	軫	角	亢	氐	房	心	尾	箕	斗	女	虚	危	室	壁	奎	婁	胃	昴	畢	觜	参
11月	井	鬼	柳	星	張	翼	軫	角	亢	氐	房	心	心	尾	箕	斗	女	虚	危	室	壁	奎	婁	胃	昴	畢	觜	参	井	鬼	
12月	柳	星	張	翼	軫	角	亢	氐	房	心	尾	斗	女	虚	危	室	壁	奎	婁	胃	昴	畢	觜	参	井	鬼	柳	星	張	翼	軫

1948年

	1	2	3	4	5	6	7	8	9	10	11	12	13	14	15	16	17	18	19	20	21	22	23	24	25	26	27	28	29	30	31
1月	角	亢	氐	房	心	尾	箕	斗	女	虚	虚	危	室	壁	奎	婁	胃	昴	畢	觜	参	井	鬼	柳	星	張	翼	軫	角	亢	氐
2月	房	心	尾	箕	斗	女	虚	危	室	室	壁	奎	婁	胃	昴	畢	觜	参	井	鬼	柳	星	張	翼	軫	角	亢	氐	房		
3月	心	尾	箕	斗	女	虚	危	室	壁	奎	奎	婁	胃	昴	畢	觜	参	井	鬼	柳	星	張	翼	軫	角	亢	氐	房	心	尾	箕
4月	斗	女	虚	危	室	壁	奎	婁	胃	昴	畢	觜	参	井	鬼	柳	星	張	翼	軫	角	亢	氐	房	心	尾	箕	斗	女	虚	
5月	危	室	壁	奎	婁	胃	昴	畢	畢	觜	参	井	鬼	柳	星	張	翼	軫	角	亢	氐	房	心	尾	箕	斗	女	虚	危	室	壁
6月	奎	婁	胃	昴	畢	觜	参	井	鬼	柳	星	張	翼	軫	角	亢	氐	房	心	尾	箕	斗	女	虚	危	室	壁	奎	婁	胃	
7月	昴	畢	觜	参	井	鬼	鬼	柳	星	張	翼	軫	角	亢	氐	房	心	尾	箕	斗	女	虚	危	室	壁	奎	婁	胃	昴	畢	觜
8月	参	井	鬼	柳	張	翼	軫	角	亢	氐	房	心	尾	箕	斗	女	虚	危	室	壁	奎	婁	胃	昴	畢	觜	参	井	鬼	柳	星
9月	張	翼	角	亢	氐	房	心	尾	箕	斗	女	虚	危	室	壁	奎	婁	胃	昴	畢	觜	参	井	鬼	柳	星	張	翼	軫	角	
10月	亢	氐	氐	房	心	尾	箕	斗	女	虚	危	室	壁	奎	婁	胃	昴	畢	觜	参	井	鬼	柳	星	張	翼	軫	角	亢	氐	房
11月	心	尾	箕	斗	女	虚	危	室	壁	奎	婁	胃	昴	畢	觜	参	井	鬼	柳	星	張	翼	軫	角	亢	氐	房	心	尾	箕	
12月	斗	女	虚	危	室	壁	奎	婁	胃	昴	畢	觜	参	井	鬼	柳	星	張	翼	軫	角	亢	氐	房	心	尾	箕	斗	女	虚	危

1949年

	1	2	3	4	5	6	7	8	9	10	11	12	13	14	15	16	17	18	19	20	21	22	23	24	25	26	27	28	29	30	31
1月	室	壁	奎	婁	胃	昴	畢	觜	参	井	鬼	柳	星	張	翼	軫	角	亢	氐	房	心	尾	箕	斗	女	虚	危	室	室	壁	奎
2月	婁	胃	昴	畢	觜	参	井	鬼	柳	星	張	翼	軫	角	亢	氐	房	心	尾	箕	斗	女	虚	危	室	壁	奎	奎			
3月	婁	胃	昴	畢	觜	参	井	鬼	柳	星	張	翼	軫	角	亢	氐	房	心	尾	箕	斗	女	虚	危	室	壁	奎	婁	胃	胃	昴
4月	畢	觜	参	井	鬼	柳	星	張	翼	軫	角	亢	氐	房	心	尾	箕	斗	女	虚	危	室	壁	奎	婁	胃	昴	畢	觜	参	
5月	井	鬼	柳	星	張	翼	軫	角	亢	氐	房	心	尾	箕	斗	女	虚	危	室	壁	奎	婁	胃	昴	畢	觜	参	参	井	鬼	柳
6月	星	張	翼	軫	角	亢	氐	房	心	尾	箕	斗	女	虚	危	室	壁	奎	婁	胃	昴	畢	觜	参	井	鬼	柳	星	張	翼	
7月	軫	角	亢	氐	房	心	尾	箕	斗	女	虚	危	室	壁	奎	婁	胃	昴	畢	觜	参	井	鬼	柳	星	張	翼	軫	角	亢	氐
8月	房	心	尾	箕	斗	女	虚	危	室	壁	奎	婁	胃	昴	畢	觜	参	井	鬼	柳	星	張	翼	張	翼	軫	角	亢	氐	房	心
9月	尾	箕	斗	女	虚	危	室	壁	奎	婁	胃	昴	畢	觜	参	井	鬼	柳	星	張	翼	角	亢	氐	房	心	尾	箕	斗	女	
10月	虚	危	室	壁	奎	婁	胃	昴	畢	觜	参	井	鬼	柳	星	張	翼	軫	角	亢	氐	氐	房	心	尾	箕	斗	女	虚	危	室
11月	壁	奎	婁	胃	昴	畢	觜	参	井	鬼	柳	星	張	翼	軫	角	亢	氐	房	心	尾	箕	斗	女	虚	危	室	壁	奎	婁	
12月	胃	昴	畢	觜	参	井	鬼	柳	星	張	翼	軫	角	亢	氐	房	心	尾	箕	斗	女	虚	危	室	壁	奎	婁	胃	昴	畢	觜

1950年

	1	2	3	4	5	6	7	8	9	10	11	12	13	14	15	16	17	18	19	20	21	22	23	24	25	26	27	28	29	30	31
1月	参	井	鬼	柳	星	張	翼	軫	角	亢	氐	房	心	尾	箕	斗	女	虚	危	室	壁	奎	婁	胃	昴	畢	觜	参	井	鬼	柳
2月	星	張	翼	軫	角	亢	氐	房	心	尾	箕	斗	女	虚	危	室	室	壁	奎	婁	胃	昴	畢	觜	参	井	鬼	柳			
3月	星	張	翼	軫	角	亢	氐	房	心	尾	箕	斗	女	虚	危	室	壁	奎	奎	婁	胃	昴	畢	觜	参	井	鬼	柳	星	張	翼
4月	軫	角	亢	氐	房	心	尾	箕	斗	女	虚	危	室	壁	奎	婁	胃	昴	畢	觜	参	井	鬼	柳	星	張	翼	軫	角	亢	
5月	氐	房	心	尾	箕	斗	女	虚	危	室	壁	奎	婁	胃	昴	畢	畢	觜	参	井	鬼	柳	星	張	翼	軫	角	亢	氐	房	心
6月	尾	箕	斗	女	虚	危	室	壁	奎	婁	胃	昴	畢	觜	参	参	井	鬼	柳	星	張	翼	軫	角	亢	氐	房	心	尾	箕	
7月	斗	女	虚	危	室	壁	奎	婁	胃	昴	畢	觜	参	井	鬼	柳	星	張	翼	軫	角	亢	氐	房	心	尾	箕	斗	女	虚	危
8月	室	壁	奎	婁	胃	昴	畢	觜	参	井	鬼	柳	星	張	翼	軫	角	亢	氐	房	心	尾	箕	斗	女	虚	危	室	壁	奎	婁
9月	胃	昴	畢	觜	参	井	鬼	柳	星	張	翼	角	亢	氐	房	心	尾	箕	斗	女	虚	危	室	壁	奎	婁	胃	昴	畢	觜	
10月	参	井	鬼	柳	星	張	翼	軫	角	亢	氐	房	心	尾	箕	斗	女	虚	危	室	壁	奎	婁	胃	昴	畢	觜	参	井	鬼	柳
11月	星	張	翼	軫	角	亢	氐	房	心	心	尾	箕	斗	女	虚	危	室	壁	奎	婁	胃	昴	畢	觜	参	井	鬼	柳	星	張	
12月	翼	軫	角	亢	氐	房	心	尾	斗	女	虚	危	室	壁	奎	婁	胃	昴	畢	觜	参	井	鬼	柳	星	張	翼	軫	角	亢	氐

1951年

	1	2	3	4	5	6	7	8	9	10	11	12	13	14	15	16	17	18	19	20	21	22	23	24	25	26	27	28	29	30	31
1月	房	心	尾	箕	斗	女	虚	虚	危	室	壁	奎	婁	胃	昴	畢	觜	参	井	鬼	柳	星	張	翼	軫	角	亢	氐	房	心	尾
2月	箕	斗	女	虚	危	室	壁	奎	婁	胃	昴	畢	觜	参	井	鬼	柳	星	張	翼	軫	角	亢	氐	房	心	尾	箕			
3月	斗	女	虚	危	室	壁	奎	奎	婁	胃	昴	畢	觜	参	井	鬼	柳	星	張	翼	軫	角	亢	氐	房	心	尾	箕	斗	女	虚
4月	危	室	壁	奎	婁	胃	昴	畢	觜	参	井	鬼	柳	星	張	翼	軫	角	亢	氐	房	心	尾	箕	斗	女	虚	危	室	壁	
5月	奎	婁	胃	昴	畢	畢	觜	参	井	鬼	柳	星	張	翼	軫	角	亢	氐	房	心	尾	箕	斗	女	虚	危	室	壁	奎	婁	胃
6月	昴	畢	觜	参	参	井	鬼	柳	星	張	翼	軫	角	亢	氐	房	心	尾	箕	斗	女	虚	危	室	壁	奎	婁	胃	昴	畢	
7月	觜	参	井	鬼	柳	星	張	翼	軫	角	亢	氐	房	心	尾	箕	斗	女	虚	危	室	壁	奎	婁	胃	昴	畢	觜	参	井	鬼
8月	柳	星	張	翼	軫	角	亢	氐	房	心	尾	箕	斗	女	虚	危	室	壁	奎	婁	胃	昴	畢	觜	参	井	鬼	柳	星	張	翼
9月	角	亢	氐	房	心	尾	箕	斗	女	虚	危	室	壁	奎	婁	胃	昴	畢	觜	参	井	鬼	柳	星	張	翼	軫	角	亢	氐	
10月	氐	房	心	尾	箕	斗	女	虚	危	室	壁	奎	婁	胃	昴	畢	觜	参	井	鬼	柳	星	張	翼	軫	角	亢	氐	房	心	尾
11月	箕	斗	女	虚	危	室	壁	奎	婁	胃	昴	畢	觜	参	井	鬼	柳	星	張	翼	軫	角	亢	氐	房	心	尾	箕	斗	女	
12月	虚	危	室	壁	奎	婁	胃	昴	畢	觜	参	井	鬼	柳	星	張	翼	軫	角	亢	氐	房	心	尾	箕	斗	女	虚	危	室	壁

1952年

	1	2	3	4	5	6	7	8	9	10	11	12	13	14	15	16	17	18	19	20	21	22	23	24	25	26	27	28	29	30	31
1月	奎	婁	胃	昴	畢	觜	参	井	鬼	柳	星	張	翼	軫	角	亢	氐	房	心	尾	箕	斗	女	虚	危	室	室	壁	奎	婁	胃
2月	昴	畢	觜	参	井	鬼	柳	星	張	翼	軫	角	亢	氐	房	心	尾	箕	斗	女	虚	危	室	壁	奎	婁	胃	昴	畢		
3月	觜	参	井	鬼	柳	星	張	翼	軫	角	亢	氐	房	心	尾	箕	斗	女	虚	危	室	壁	奎	婁	胃	胃	昴	畢	觜	参	井
4月	鬼	柳	星	張	翼	軫	角	亢	氐	房	心	尾	箕	斗	女	虚	危	室	壁	奎	婁	胃	昴	畢	觜	参	井	鬼	柳	星	
5月	張	翼	軫	角	亢	氐	房	心	尾	箕	斗	女	虚	危	室	壁	奎	婁	胃	昴	畢	觜	参	参	井	鬼	柳	星	張	翼	軫
6月	角	亢	氐	房	心	尾	箕	斗	女	虚	危	室	壁	奎	婁	胃	昴	畢	觜	参	井	参	井	鬼	柳	星	張	翼	軫	角	
7月	亢	氐	房	心	尾	箕	斗	女	虚	危	室	壁	奎	婁	胃	昴	畢	觜	参	井	鬼	鬼	柳	星	張	翼	軫	角	亢	氐	房
8月	心	尾	箕	斗	女	虚	危	室	壁	奎	婁	胃	昴	畢	觜	参	井	鬼	柳	星	張	翼	軫	角	亢	氐	房	心	尾	箕	斗
9月	女	虚	危	室	壁	奎	婁	胃	昴	畢	觜	参	井	鬼	柳	星	張	翼	角	亢	氐	房	心	尾	箕	斗	女	虚	危	室	
10月	壁	奎	婁	胃	昴	畢	觜	参	井	鬼	柳	星	張	翼	軫	角	亢	氐	氐	房	心	尾	箕	斗	女	虚	危	室	壁	奎	婁
11月	胃	昴	畢	觜	参	井	鬼	柳	星	張	翼	軫	角	亢	氐	房	心	尾	箕	斗	女	虚	危	室	壁	奎	婁	胃	昴	畢	
12月	觜	参	井	鬼	柳	星	張	翼	軫	角	亢	氐	房	心	尾	箕	斗	女	虚	危	室	壁	奎	婁	胃	昴	畢	觜	参	井	鬼

1953年

	1	2	3	4	5	6	7	8	9	10	11	12	13	14	15	16	17	18	19	20	21	22	23	24	25	26	27	28	29	30	31
1月	柳	星	張	翼	軫	角	亢	氐	房	心	尾	箕	斗	女	虚	危	室	壁	奎	婁	胃	昴	畢	觜	参	井	鬼	柳	星	張	翼
2月	軫	角	亢	氐	房	心	尾	箕	斗	女	虚	危	室	室	壁	奎	婁	胃	昴	畢	觜	参	井	鬼	柳	星	張	翼			
3月	軫	角	亢	氐	房	心	尾	箕	斗	女	虚	危	室	壁	奎	婁	胃	昴	畢	觜	参	井	鬼	柳	星	張	翼	軫	角	亢	氐
4月	房	心	尾	箕	斗	女	虚	危	室	壁	奎	婁	胃	胃	昴	畢	觜	参	井	鬼	柳	星	張	翼	軫	角	亢	氐	房	心	
5月	尾	箕	斗	女	虚	危	室	壁	奎	婁	胃	昴	畢	觜	参	井	鬼	柳	星	張	翼	軫	角	亢	氐	房	心	尾	箕	斗	女
6月	虚	危	室	壁	奎	婁	胃	昴	畢	觜	参	井	鬼	柳	星	張	翼	軫	角	亢	氐	房	心	尾	箕	斗	女	虚	危	室	
7月	壁	奎	婁	胃	昴	畢	觜	参	井	鬼	鬼	柳	星	張	翼	軫	角	亢	氐	房	心	尾	箕	斗	女	虚	危	室	壁	奎	婁
8月	胃	昴	畢	觜	参	井	鬼	柳	星	張	翼	軫	角	亢	氐	房	心	尾	箕	斗	女	虚	危	室	壁	奎	婁	胃	昴	畢	觜
9月	参	井	鬼	柳	星	張	翼	角	亢	氐	房	心	尾	箕	斗	女	虚	危	室	壁	奎	婁	胃	昴	畢	觜	参	井	鬼	柳	
10月	星	張	翼	軫	角	亢	氐	氐	房	心	尾	箕	斗	女	虚	危	室	壁	奎	婁	胃	昴	畢	觜	参	井	鬼	柳	星	張	翼
11月	軫	角	亢	氐	房	心	心	尾	箕	斗	女	虚	危	室	壁	奎	婁	胃	昴	畢	觜	参	井	鬼	柳	星	張	翼	軫	角	
12月	亢	氐	房	心	尾	斗	女	虚	危	室	壁	奎	婁	胃	昴	畢	觜	参	井	鬼	柳	星	張	翼	軫	角	亢	氐	房	心	尾

1954年

	1	2	3	4	5	6	7	8	9	10	11	12	13	14	15	16	17	18	19	20	21	22	23	24	25	26	27	28	29	30	31
1月	箕	斗	女	虚	虚	危	室	壁	奎	婁	胃	昴	畢	觜	参	井	鬼	柳	星	張	翼	軫	角	亢	氐	房	心	尾	箕	斗	女
2月	虚	危	室	室	壁	奎	婁	胃	昴	畢	觜	参	井	鬼	柳	星	張	翼	軫	角	亢	氐	房	心	尾	箕	斗	女			
3月	虚	危	室	壁	奎	婁	胃	昴	畢	觜	参	井	鬼	柳	星	張	翼	軫	角	亢	氐	房	心	尾	箕	斗	女	虚	危	室	壁
4月	奎	婁	胃	昴	畢	觜	参	井	鬼	柳	星	張	翼	軫	角	亢	氐	房	心	尾	箕	斗	女	虚	危	室	壁	奎	婁	胃	
5月	昴	畢	畢	觜	参	井	鬼	柳	星	張	翼	軫	角	亢	氐	房	心	尾	箕	斗	女	虚	危	室	壁	奎	婁	胃	昴	畢	觜
6月	参	井	鬼	柳	星	張	翼	軫	角	亢	氐	房	心	尾	箕	斗	女	虚	危	室	壁	奎	婁	胃	昴	畢	觜	参	井	鬼	
7月	柳	星	張	翼	軫	角	亢	氐	房	心	尾	箕	斗	女	虚	危	室	壁	奎	婁	胃	昴	畢	觜	参	井	鬼	柳	星	張	翼
8月	軫	角	亢	氐	房	心	尾	箕	斗	女	虚	危	室	壁	奎	婁	胃	昴	畢	觜	参	井	鬼	柳	星	張	翼	角	亢	氐	房
9月	心	尾	箕	斗	女	虚	危	室	壁	奎	婁	胃	昴	畢	觜	参	井	鬼	柳	星	張	翼	軫	角	亢	氐	氐	房	心	尾	
10月	箕	斗	女	虚	危	室	壁	奎	婁	胃	昴	畢	觜	参	井	鬼	柳	星	張	翼	軫	角	亢	氐	房	心	心	尾	箕	斗	女
11月	虚	危	室	壁	奎	婁	胃	昴	畢	觜	参	井	鬼	柳	星	張	翼	軫	角	亢	氐	房	心	尾	斗	女	虚	危	室	壁	
12月	奎	婁	胃	昴	畢	觜	参	井	鬼	柳	星	張	翼	軫	角	亢	氐	房	心	尾	箕	斗	女	虚	虚	危	室	壁	奎	婁	胃

1955年

	1	2	3	4	5	6	7	8	9	10	11	12	13	14	15	16	17	18	19	20	21	22	23	24	25	26	27	28	29	30	31
1月	昴	畢	觜	参	井	鬼	柳	星	張	翼	軫	角	亢	氐	房	心	尾	箕	斗	女	虚	危	室	室	壁	奎	婁	胃	昴	畢	觜
2月	参	井	鬼	柳	星	張	翼	軫	角	亢	氐	房	心	尾	箕	斗	女	虚	危	室	壁	奎	奎	婁	胃	昴	畢	觜			
3月	参	井	鬼	柳	星	張	翼	軫	角	亢	氐	房	心	尾	箕	斗	女	虚	危	室	壁	奎	婁	胃	昴	畢	觜	参	井	鬼	柳
4月	星	張	翼	軫	角	亢	氐	房	心	尾	箕	斗	女	虚	危	室	壁	奎	婁	胃	昴	胃	昴	畢	觜	参	井	鬼	柳	星	
5月	張	翼	軫	角	亢	氐	房	心	尾	箕	斗	女	虚	危	室	壁	奎	婁	胃	昴	畢	畢	觜	参	井	鬼	柳	星	張	翼	軫
6月	角	亢	氐	房	心	尾	箕	斗	女	虚	危	室	壁	奎	婁	胃	昴	畢	觜	参	井	鬼	柳	星	張	翼	軫	角	亢	氐	
7月	房	心	尾	箕	斗	女	虚	危	室	壁	奎	婁	胃	昴	畢	觜	参	井	鬼	柳	星	張	翼	軫	角	亢	氐	房	心	尾	箕
8月	斗	女	虚	危	室	壁	奎	婁	胃	昴	畢	觜	参	井	鬼	柳	星	張	翼	軫	角	亢	氐	房	心	尾	箕	斗	女	虚	危
9月	室	壁	奎	婁	胃	昴	畢	觜	参	井	鬼	柳	星	張	翼	角	亢	氐	房	心	尾	箕	斗	女	虚	危	室	壁	奎	婁	
10月	胃	昴	畢	觜	参	井	鬼	柳	星	張	翼	軫	角	亢	氐	氐	房	心	尾	箕	斗	女	虚	危	室	壁	奎	婁	胃	昴	畢
11月	觜	参	井	鬼	柳	星	張	翼	軫	角	亢	氐	房	心	尾	箕	斗	女	虚	危	室	壁	奎	婁	胃	昴	畢	觜	参	井	
12月	鬼	柳	星	張	翼	軫	角	亢	氐	房	心	尾	箕	斗	女	虚	危	室	壁	奎	婁	胃	昴	畢	觜	参	井	鬼	柳	星	張

1956年

	1	2	3	4	5	6	7	8	9	10	11	12	13	14	15	16	17	18	19	20	21	22	23	24	25	26	27	28	29	30	31
1月	翼	軫	角	亢	氐	房	心	尾	箕	斗	女	虚	虚	危	室	壁	奎	婁	胃	昴	畢	觜	参	井	鬼	柳	星	張	翼	軫	角
2月	亢	氐	房	心	尾	箕	斗	女	虚	危	室	室	壁	奎	婁	胃	昴	畢	觜	参	井	鬼	柳	星	張	翼	軫	角	亢		
3月	氐	房	心	尾	箕	斗	女	虚	危	室	壁	奎	婁	胃	昴	畢	觜	参	井	鬼	柳	星	張	翼	軫	角	亢	氐	房	心	尾
4月	箕	斗	女	虚	危	室	壁	奎	婁	胃	胃	昴	畢	觜	参	井	鬼	柳	星	張	翼	軫	角	亢	氐	房	心	尾	箕	斗	
5月	女	虚	危	室	壁	奎	婁	胃	昴	畢	觜	参	井	鬼	柳	星	張	翼	軫	角	亢	氐	房	心	尾	箕	斗	女	虚	危	室
6月	壁	奎	婁	胃	昴	畢	觜	参	参	井	鬼	柳	星	張	翼	軫	角	亢	氐	房	心	尾	箕	斗	女	虚	危	室	壁	奎	
7月	婁	胃	昴	畢	觜	参	井	鬼	柳	星	張	翼	軫	角	亢	氐	房	心	尾	箕	斗	女	虚	危	室	壁	奎	婁	胃	昴	畢
8月	觜	参	井	鬼	柳	張	翼	軫	角	亢	氐	房	心	尾	箕	斗	女	虚	危	室	壁	奎	婁	胃	昴	畢	觜	参	井	鬼	柳
9月	星	張	翼	軫	角	亢	氐	房	心	尾	箕	斗	女	虚	危	室	壁	奎	婁	胃	昴	畢	觜	参	井	鬼	柳	星	張	翼	
10月	軫	角	亢	氐	房	心	尾	箕	斗	女	虚	危	室	壁	奎	婁	胃	昴	畢	觜	参	井	鬼	柳	星	張	翼	軫	角	亢	氐
11月	房	心	心	尾	箕	斗	女	虚	危	室	壁	奎	婁	胃	昴	畢	觜	参	井	鬼	柳	星	張	翼	軫	角	亢	氐	房	心	
12月	尾	斗	女	虚	危	室	壁	奎	婁	胃	昴	畢	觜	参	井	鬼	柳	星	張	翼	軫	角	亢	氐	房	心	尾	箕	斗	女	虚

1957年

	1	2	3	4	5	6	7	8	9	10	11	12	13	14	15	16	17	18	19	20	21	22	23	24	25	26	27	28	29	30	31
1月	虚	危	室	壁	奎	婁	胃	昴	畢	觜	参	井	鬼	柳	星	張	翼	軫	角	亢	氐	房	心	尾	箕	斗	女	虚	危	室	室
2月	壁	奎	婁	胃	昴	畢	觜	参	井	鬼	柳	星	張	翼	軫	角	亢	氐	房	心	尾	箕	斗	女	虚	危	室	壁			
3月	奎	奎	婁	胃	昴	畢	觜	参	井	鬼	柳	星	張	翼	軫	角	亢	氐	房	心	尾	箕	斗	女	虚	危	室	壁	奎	婁	胃
4月	昴	畢	觜	参	井	鬼	柳	星	張	翼	軫	角	亢	氐	房	心	尾	箕	斗	女	虚	危	室	壁	奎	婁	胃	昴	畢	畢	
5月	觜	参	井	鬼	柳	星	張	翼	軫	角	亢	氐	房	心	尾	箕	斗	女	虚	危	室	壁	奎	婁	胃	昴	畢	觜	参	井	鬼
6月	柳	星	張	翼	軫	角	亢	氐	房	心	尾	箕	斗	女	虚	危	室	壁	奎	婁	胃	昴	畢	觜	参	井	鬼	鬼	柳	星	
7月	張	翼	軫	角	亢	氐	房	心	尾	箕	斗	女	虚	危	室	壁	奎	婁	胃	昴	畢	觜	参	井	鬼	柳	張	翼	軫	角	亢
8月	氐	房	心	尾	箕	斗	女	虚	危	室	壁	奎	婁	胃	昴	畢	觜	参	井	鬼	柳	星	張	翼	角	亢	氐	房	心	尾	箕
9月	斗	女	虚	危	室	壁	奎	婁	胃	昴	畢	觜	参	井	鬼	柳	星	張	翼	軫	角	亢	氐	角	亢	氐	房	心	尾	箕	
10月	斗	女	虚	危	室	壁	奎	婁	胃	昴	畢	觜	参	井	鬼	柳	星	張	翼	軫	角	亢	氐	房	心	尾	箕	斗	女	虚	危
11月	室	壁	奎	婁	胃	昴	畢	觜	参	井	鬼	柳	星	張	翼	軫	角	亢	氐	房	心	心	尾	箕	斗	女	虚	危	室	壁	
12月	奎	婁	胃	昴	畢	觜	参	井	鬼	柳	星	張	翼	軫	角	亢	氐	房	心	尾	斗	女	虚	危	室	壁	奎	婁	胃	昴	畢

1958年

	1	2	3	4	5	6	7	8	9	10	11	12	13	14	15	16	17	18	19	20	21	22	23	24	25	26	27	28	29	30	31
1月	觜	参	井	鬼	柳	星	張	翼	軫	角	亢	氐	房	心	尾	箕	斗	女	虚	虚	危	室	壁	奎	婁	胃	昴	畢	觜	参	井
2月	鬼	柳	星	張	翼	軫	角	亢	氐	房	心	尾	箕	斗	女	虚	危	室	室	壁	奎	婁	胃	昴	畢	觜	参	井			
3月	鬼	柳	星	張	翼	軫	角	亢	氐	房	心	尾	箕	斗	女	虚	危	室	壁	奎	婁	胃	昴	畢	觜	参	井	鬼	柳	星	張
4月	翼	軫	角	亢	氐	房	心	尾	箕	斗	女	虚	危	室	壁	奎	婁	胃	胃	昴	畢	觜	参	井	鬼	柳	星	張	翼	軫	
5月	角	亢	氐	房	心	尾	箕	斗	女	虚	危	室	壁	奎	婁	胃	昴	畢	畢	觜	参	井	鬼	柳	星	張	翼	軫	角	亢	氐
6月	房	心	尾	箕	斗	女	虚	危	室	壁	奎	婁	胃	昴	畢	觜	参	井	鬼	柳	星	張	翼	軫	角	亢	氐	房	心	尾	
7月	箕	斗	女	虚	危	室	壁	奎	婁	胃	昴	畢	觜	参	井	鬼	鬼	柳	星	張	翼	軫	角	亢	氐	房	心	尾	箕	斗	女
8月	虚	危	室	壁	奎	婁	胃	昴	畢	觜	参	井	鬼	柳	張	翼	軫	角	亢	氐	房	心	尾	箕	斗	女	虚	危	室	壁	奎
9月	婁	胃	昴	畢	觜	参	井	鬼	柳	星	張	翼	角	亢	氐	房	心	尾	箕	斗	女	虚	危	室	壁	奎	婁	胃	昴	畢	
10月	觜	参	井	鬼	柳	星	張	翼	軫	角	亢	氐	氐	房	心	尾	箕	斗	女	虚	危	室	壁	奎	婁	胃	昴	畢	觜	参	井
11月	鬼	柳	星	張	翼	軫	角	亢	氐	房	心	尾	箕	斗	女	虚	危	室	壁	奎	婁	胃	昴	畢	觜	参	井	鬼	柳	星	
12月	張	翼	軫	角	亢	氐	房	心	尾	箕	斗	女	虚	危	室	壁	奎	婁	胃	昴	畢	觜	参	井	鬼	柳	星	張	翼	軫	角

1959年

	1	2	3	4	5	6	7	8	9	10	11	12	13	14	15	16	17	18	19	20	21	22	23	24	25	26	27	28	29	30	31
1月	亢	氐	房	心	尾	箕	斗	女	虚	危	室	壁	奎	婁	胃	昴	畢	觜	参	井	鬼	柳	星	張	翼	軫	角	亢	氐	房	心
2月	尾	箕	斗	女	虚	危	室	室	壁	奎	婁	胃	昴	畢	觜	参	井	鬼	柳	星	張	翼	軫	角	亢	氐	房	心			
3月	尾	箕	斗	女	虚	危	室	壁	奎	婁	胃	昴	畢	觜	参	井	鬼	柳	星	張	翼	軫	角	亢	氐	房	心	尾	箕	斗	女
4月	虚	危	室	壁	奎	婁	胃	胃	昴	畢	觜	参	井	鬼	柳	星	張	翼	軫	角	亢	氐	房	心	尾	箕	斗	女	虚	危	
5月	室	壁	奎	婁	胃	昴	畢	畢	觜	参	井	鬼	柳	星	張	翼	軫	角	亢	氐	房	心	尾	箕	斗	女	虚	危	室	壁	奎
6月	婁	胃	昴	畢	觜	参	井	鬼	柳	星	張	翼	軫	角	亢	氐	房	心	尾	箕	斗	女	虚	危	室	壁	奎	婁	胃	昴	
7月	畢	觜	参	井	鬼	鬼	柳	星	張	翼	軫	角	亢	氐	房	心	尾	箕	斗	女	虚	危	室	壁	奎	婁	胃	昴	畢	觜	参
8月	井	鬼	柳	張	翼	軫	角	亢	氐	房	心	尾	箕	斗	女	虚	危	室	壁	奎	婁	胃	昴	畢	觜	参	井	鬼	柳	星	張
9月	翼	軫	角	亢	氐	房	心	尾	箕	斗	女	虚	危	室	壁	奎	婁	胃	昴	畢	觜	参	井	鬼	柳	星	張	翼	軫	角	
10月	亢	氐	房	心	尾	箕	斗	女	虚	危	室	壁	奎	婁	胃	昴	畢	觜	参	井	鬼	柳	星	張	翼	軫	角	亢	氐	房	心
11月	心	尾	箕	斗	女	虚	危	室	壁	奎	婁	胃	昴	畢	觜	参	井	鬼	柳	星	張	翼	軫	角	亢	氐	房	心	尾	斗	
12月	女	虚	危	室	壁	奎	婁	胃	昴	畢	觜	参	井	鬼	柳	星	張	翼	軫	角	亢	氐	房	心	尾	箕	斗	女	虚	虚	危

1960年

	1	2	3	4	5	6	7	8	9	10	11	12	13	14	15	16	17	18	19	20	21	22	23	24	25	26	27	28	29	30	31
1月	室	壁	奎	婁	胃	昴	畢	觜	参	井	鬼	柳	星	張	翼	軫	角	亢	氐	房	心	尾	箕	斗	女	虚	危	室	壁	奎	婁
2月	胃	昴	畢	觜	参	井	鬼	柳	星	張	翼	軫	角	亢	氐	房	心	尾	箕	斗	女	虚	危	室	壁	奎	奎	婁	胃		
3月	昴	畢	觜	参	井	鬼	柳	星	張	翼	軫	角	亢	氐	房	心	尾	箕	斗	女	虚	危	室	壁	奎	婁	胃	昴	畢	觜	参
4月	井	鬼	柳	星	張	翼	軫	角	亢	氐	房	心	尾	箕	斗	女	虚	危	室	壁	奎	婁	胃	昴	畢	畢	觜	参	井	鬼	
5月	柳	星	張	翼	軫	角	亢	氐	房	心	尾	箕	斗	女	虚	危	室	壁	奎	婁	胃	昴	畢	觜	参	井	鬼	柳	星	張	翼
6月	軫	角	亢	氐	房	心	尾	箕	斗	女	虚	危	室	壁	奎	婁	胃	昴	畢	觜	参	井	鬼	鬼	柳	星	張	翼	軫	角	
7月	亢	氐	房	心	尾	箕	斗	女	虚	危	室	壁	奎	婁	胃	昴	畢	觜	参	井	鬼	柳	星	鬼	柳	星	張	翼	軫	角	亢
8月	氐	房	心	尾	箕	斗	女	虚	危	室	壁	奎	婁	胃	昴	畢	觜	参	井	鬼	柳	張	翼	軫	角	亢	氐	房	心	尾	箕
9月	斗	女	虚	危	室	壁	奎	婁	胃	昴	畢	觜	参	井	鬼	柳	星	張	翼	軫	角	亢	氐	房	心	尾	箕	斗	女	虚	
10月	危	室	壁	奎	婁	胃	昴	畢	觜	参	井	鬼	柳	星	張	翼	軫	角	亢	氐	房	心	尾	箕	斗	女	虚	危	室	壁	奎
11月	婁	胃	昴	畢	觜	参	井	鬼	柳	星	張	翼	軫	角	亢	氐	房	心	心	尾	箕	斗	女	虚	危	室	壁	奎	婁	胃	
12月	昴	畢	觜	参	井	鬼	柳	星	張	翼	軫	角	亢	氐	房	心	尾	斗	女	虚	危	室	壁	奎	婁	胃	昴	畢	觜	参	井

1961年

	1	2	3	4	5	6	7	8	9	10	11	12	13	14	15	16	17	18	19	20	21	22	23	24	25	26	27	28	29	30	31
1月	鬼	柳	星	張	翼	軫	角	亢	氐	房	心	尾	箕	斗	女	虚	虚	危	室	壁	奎	婁	胃	昴	畢	觜	参	井	鬼	柳	星
2月	張	翼	軫	角	亢	氐	房	心	尾	箕	斗	女	虚	危	室	壁	奎	婁	胃	昴	畢	觜	参	井	鬼	柳	星	張			
3月	翼	軫	角	亢	氐	房	心	尾	箕	斗	女	虚	危	室	壁	奎	奎	婁	胃	昴	畢	觜	参	井	鬼	柳	星	張	翼	軫	角
4月	亢	氐	房	心	尾	箕	斗	女	虚	危	室	壁	奎	婁	胃	昴	畢	觜	参	井	鬼	柳	星	張	翼	軫	角	亢	氐	房	
5月	心	尾	箕	斗	女	虚	危	室	壁	奎	婁	胃	昴	畢	畢	觜	参	井	鬼	柳	星	張	翼	軫	角	亢	氐	房	心	尾	箕
6月	斗	女	虚	危	室	壁	奎	婁	胃	昴	畢	觜	参	井	鬼	柳	星	張	翼	軫	角	亢	氐	房	心	尾	箕	斗	女	虚	
7月	危	室	壁	奎	婁	胃	昴	畢	觜	参	井	鬼	鬼	柳	星	張	翼	軫	角	亢	氐	房	心	尾	箕	斗	女	虚	危	室	壁
8月	奎	婁	胃	昴	畢	觜	参	井	鬼	柳	張	翼	軫	角	亢	氐	房	心	尾	箕	斗	女	虚	危	室	壁	奎	婁	胃	昴	畢
9月	觜	参	井	鬼	柳	星	張	翼	軫	角	亢	氐	房	心	尾	箕	斗	女	虚	危	室	壁	奎	婁	胃	昴	畢	觜	参	井	
10月	鬼	柳	星	張	翼	軫	角	亢	氐	氐	房	心	尾	箕	斗	女	虚	危	室	壁	奎	婁	胃	昴	畢	觜	参	井	鬼	柳	星
11月	張	翼	軫	角	亢	氐	房	心	尾	箕	斗	女	虚	危	室	壁	奎	婁	胃	昴	畢	觜	参	井	鬼	柳	星	張	翼	軫	
12月	角	亢	氐	房	心	尾	箕	斗	女	虚	危	室	壁	奎	婁	胃	昴	畢	觜	参	井	鬼	柳	星	張	翼	軫	角	亢	氐	房

1962年

	1	2	3	4	5	6	7	8	9	10	11	12	13	14	15	16	17	18	19	20	21	22	23	24	25	26	27	28	29	30	31
1月	心	尾	箕	斗	女	虚	危	室	壁	奎	婁	胃	昴	畢	觜	参	井	鬼	柳	星	張	翼	軫	角	亢	氐	房	心	尾	箕	斗
2月	女	虚	危	室	室	壁	奎	婁	胃	昴	畢	觜	参	井	鬼	柳	星	張	翼	軫	角	亢	氐	房	心	尾	箕	斗			
3月	女	虚	危	室	壁	奎	婁	胃	昴	畢	觜	参	井	鬼	柳	星	張	翼	軫	角	亢	氐	房	心	尾	箕	斗	女	虚	危	室
4月	壁	奎	婁	胃	胃	昴	畢	觜	参	井	鬼	柳	星	張	翼	軫	角	亢	氐	房	心	尾	箕	斗	女	虚	危	室	壁	奎	
5月	婁	胃	昴	畢	觜	参	井	鬼	柳	星	張	翼	軫	角	亢	氐	房	心	尾	箕	斗	女	虚	危	室	壁	奎	婁	胃	昴	畢
6月	觜	参	井	鬼	柳	星	張	翼	軫	角	亢	氐	房	心	尾	箕	斗	女	虚	危	室	壁	奎	婁	胃	昴	畢	觜	参	井	
7月	鬼	鬼	柳	星	張	翼	軫	角	亢	氐	房	心	尾	箕	斗	女	虚	危	室	壁	奎	婁	胃	昴	畢	觜	参	井	鬼	柳	張
8月	翼	軫	角	亢	氐	房	心	尾	箕	斗	女	虚	危	室	壁	奎	婁	胃	昴	畢	觜	参	井	鬼	柳	星	張	翼	軫	角	亢
9月	氐	房	心	尾	箕	斗	女	虚	危	室	壁	奎	婁	胃	昴	畢	觜	参	井	鬼	柳	星	張	翼	軫	角	亢	氐	氐	房	
10月	心	尾	箕	斗	女	虚	危	室	壁	奎	婁	胃	昴	畢	觜	参	井	鬼	柳	星	張	翼	軫	角	亢	氐	房	心	尾	箕	斗
11月	女	虚	危	室	壁	奎	婁	胃	昴	畢	觜	参	井	鬼	柳	星	張	翼	軫	角	亢	氐	房	心	尾	箕	斗	女	虚	危	
12月	室	壁	奎	婁	胃	昴	畢	觜	参	井	鬼	柳	星	張	翼	軫	角	亢	氐	房	心	尾	箕	斗	女	虚	虚	危	室	壁	奎

1963年

	1	2	3	4	5	6	7	8	9	10	11	12	13	14	15	16	17	18	19	20	21	22	23	24	25	26	27	28	29	30	31
1月	婁	胃	昴	畢	觜	参	井	鬼	柳	星	張	翼	軫	角	亢	氐	房	心	尾	箕	斗	女	虚	危	室	壁	奎	婁	胃	昴	畢
2月	觜	参	井	鬼	柳	星	張	翼	軫	角	亢	氐	房	心	尾	箕	斗	女	虚	危	室	壁	奎	奎	婁	胃	昴	畢			
3月	觜	参	井	鬼	柳	星	張	翼	軫	角	亢	氐	房	心	尾	箕	斗	女	虚	危	室	壁	奎	婁	胃	昴	畢	觜	参	井	鬼
4月	柳	星	張	翼	軫	角	亢	氐	房	心	尾	箕	斗	女	虚	危	室	壁	奎	婁	胃	昴	畢	畢	觜	参	井	鬼	柳	星	
5月	張	翼	軫	角	亢	氐	房	心	尾	箕	斗	女	虚	危	室	壁	奎	婁	胃	昴	畢	觜	畢	觜	参	井	鬼	柳	星	張	翼
6月	軫	角	亢	氐	房	心	尾	箕	斗	女	虚	危	室	壁	奎	婁	胃	昴	畢	觜	参	井	鬼	柳	星	張	翼	軫	角	亢	
7月	氐	房	心	尾	箕	斗	女	虚	危	室	壁	奎	婁	胃	昴	畢	觜	参	井	鬼	鬼	柳	星	張	翼	軫	角	亢	氐	房	心
8月	尾	箕	斗	女	虚	危	室	壁	奎	婁	胃	昴	畢	觜	参	井	鬼	柳	張	翼	軫	角	亢	氐	房	心	尾	箕	斗	女	虚
9月	危	室	壁	奎	婁	胃	昴	畢	觜	参	井	鬼	柳	星	張	翼	軫	角	亢	氐	房	心	尾	箕	斗	女	虚	危	室	壁	
10月	奎	婁	胃	昴	畢	觜	参	井	鬼	柳	星	張	翼	軫	角	亢	氐	房	心	尾	箕	斗	女	虚	危	室	壁	奎	婁	胃	昴
11月	畢	觜	参	井	鬼	柳	星	張	翼	軫	角	亢	氐	房	心	心	尾	箕	斗	女	虚	危	室	壁	奎	婁	胃	昴	畢	觜	
12月	参	井	鬼	柳	星	張	翼	軫	角	亢	氐	房	心	尾	箕	斗	女	虚	危	室	壁	奎	婁	胃	昴	畢	觜	参	井	鬼	柳

1964年

	1	2	3	4	5	6	7	8	9	10	11	12	13	14	15	16	17	18	19	20	21	22	23	24	25	26	27	28	29	30	31
1月	星	張	翼	軫	角	亢	氐	房	心	尾	箕	斗	女	虚	虚	危	室	壁	奎	婁	胃	昴	畢	觜	参	井	鬼	柳	星	張	翼
2月	軫	角	亢	氐	房	心	尾	箕	斗	女	虚	危	室	壁	奎	婁	胃	昴	畢	觜	参	井	鬼	柳	星	張	翼	軫	角		
3月	亢	氐	房	心	尾	箕	斗	女	虚	危	室	壁	奎	奎	婁	胃	昴	畢	觜	参	井	鬼	柳	星	張	翼	軫	角	亢	氐	房
4月	心	尾	箕	斗	女	虚	危	室	壁	奎	婁	胃	昴	畢	觜	参	井	鬼	柳	星	張	翼	軫	角	亢	氐	房	心	尾	箕	
5月	斗	女	虚	危	室	壁	奎	婁	胃	昴	畢	畢	觜	参	井	鬼	柳	星	張	翼	軫	角	亢	氐	房	心	尾	箕	斗	女	虚
6月	危	室	壁	奎	婁	胃	昴	畢	觜	参	井	鬼	柳	星	張	翼	軫	角	亢	氐	房	心	尾	箕	斗	女	虚	危	室	壁	
7月	奎	婁	胃	昴	畢	觜	参	井	鬼	柳	星	張	翼	軫	角	亢	氐	房	心	尾	箕	斗	女	虚	危	室	壁	奎	婁	胃	昴
8月	畢	觜	参	井	鬼	柳	星	張	翼	軫	角	亢	氐	房	心	尾	箕	斗	女	虚	危	室	壁	奎	婁	胃	昴	畢	觜	参	井
9月	鬼	柳	星	張	翼	角	亢	氐	房	心	尾	箕	斗	女	虚	危	室	壁	奎	婁	胃	昴	畢	觜	参	井	鬼	柳	星	張	
10月	翼	軫	角	亢	氐	氐	房	心	尾	箕	斗	女	虚	危	室	壁	奎	婁	胃	昴	畢	觜	参	井	鬼	柳	星	張	翼	軫	角
11月	亢	氐	房	心	尾	箕	斗	女	虚	危	室	壁	奎	婁	胃	昴	畢	觜	参	井	鬼	柳	星	張	翼	軫	角	亢	氐	房	
12月	心	尾	箕	斗	女	虚	危	室	壁	奎	婁	胃	昴	畢	觜	参	井	鬼	柳	星	張	翼	軫	角	亢	氐	房	心	尾	箕	斗

1965年

	1	2	3	4	5	6	7	8	9	10	11	12	13	14	15	16	17	18	19	20	21	22	23	24	25	26	27	28	29	30	31
1月	女	虚	虚	危	室	壁	奎	婁	胃	昴	畢	觜	参	井	鬼	柳	星	張	翼	軫	角	亢	氐	房	心	尾	箕	斗	女	虚	危
2月	室	室	壁	奎	婁	胃	昴	畢	觜	参	井	鬼	柳	星	張	翼	軫	角	亢	氐	房	心	尾	箕	斗	女	虚	危			
3月	室	壁	奎	婁	胃	昴	畢	觜	参	井	鬼	柳	星	張	翼	軫	角	亢	氐	房	心	尾	箕	斗	女	虚	危	室	壁	奎	婁
4月	胃	胃	昴	畢	觜	参	井	鬼	柳	星	張	翼	軫	角	亢	氐	房	心	尾	箕	斗	女	虚	危	室	壁	奎	婁	胃	昴	
5月	畢	觜	参	井	鬼	柳	星	張	翼	軫	角	亢	氐	房	心	尾	箕	斗	女	虚	危	室	壁	奎	婁	胃	昴	畢	觜	参	参
6月	井	鬼	柳	星	張	翼	軫	角	亢	氐	房	心	尾	箕	斗	女	虚	危	室	壁	奎	婁	胃	昴	畢	觜	参	井	鬼	柳	
7月	星	張	翼	軫	角	亢	氐	房	心	尾	箕	斗	女	虚	危	室	壁	奎	婁	胃	昴	畢	觜	参	井	鬼	柳	張	翼	軫	角
8月	亢	氐	房	心	尾	箕	斗	女	虚	危	室	壁	奎	婁	胃	昴	畢	觜	参	井	鬼	柳	星	張	翼	軫	角	亢	氐	房	心
9月	尾	箕	斗	女	虚	危	室	壁	奎	婁	胃	昴	畢	觜	参	井	鬼	柳	星	張	翼	軫	角	亢	氐	房	心	尾	箕	斗	
10月	女	虚	危	室	壁	奎	婁	胃	昴	畢	觜	参	井	鬼	柳	星	張	翼	軫	角	亢	氐	房	心	尾	箕	斗	女	虚	危	室
11月	壁	奎	婁	胃	昴	畢	觜	参	井	鬼	柳	星	張	翼	軫	角	亢	氐	房	心	尾	箕	斗	女	虚	危	室	壁	奎	婁	
12月	胃	昴	畢	觜	参	井	鬼	柳	星	張	翼	軫	角	亢	氐	房	心	尾	箕	斗	女	虚	虚	危	室	壁	奎	婁	胃	昴	畢

1966年

	1	2	3	4	5	6	7	8	9	10	11	12	13	14	15	16	17	18	19	20	21	22	23	24	25	26	27	28	29	30	31
1月	觜	参	井	鬼	柳	星	張	翼	軫	角	亢	氐	房	心	尾	箕	斗	女	虚	危	室	室	壁	奎	婁	胃	昴	畢	觜	参	井
2月	鬼	柳	星	張	翼	軫	角	亢	氐	房	心	尾	箕	斗	女	虚	危	室	壁	奎	婁	胃	昴	畢	觜	参	井	鬼			
3月	柳	星	張	翼	軫	角	亢	氐	房	心	尾	箕	斗	女	虚	危	室	壁	奎	婁	胃	胃	昴	畢	觜	参	井	鬼	柳	星	張
4月	翼	軫	角	亢	氐	房	心	尾	箕	斗	女	虚	危	室	壁	奎	婁	胃	昴	畢	胃	昴	畢	觜	参	井	鬼	柳	星	張	
5月	翼	軫	角	亢	氐	房	心	尾	箕	斗	女	虚	危	室	壁	奎	婁	胃	昴	畢	觜	参	井	鬼	柳	星	張	翼	軫	角	亢
6月	氐	房	心	尾	箕	斗	女	虚	危	室	壁	奎	婁	胃	昴	畢	觜	参	参	井	鬼	柳	星	張	翼	軫	角	亢	氐	房	
7月	心	尾	箕	斗	女	虚	危	室	壁	奎	婁	胃	昴	畢	觜	参	井	鬼	柳	星	張	翼	軫	角	亢	氐	房	心	尾	箕	斗
8月	女	虚	危	室	壁	奎	婁	胃	昴	畢	觜	参	井	鬼	柳	張	翼	軫	角	亢	氐	房	心	尾	箕	斗	女	虚	危	室	壁
9月	奎	婁	胃	昴	畢	觜	参	井	鬼	柳	星	張	翼	軫	角	亢	氐	房	心	尾	箕	斗	女	虚	危	室	壁	奎	婁	胃	
10月	昴	畢	觜	参	井	鬼	柳	星	張	翼	軫	角	亢	氐	房	心	尾	箕	斗	女	虚	危	室	壁	奎	婁	胃	昴	畢	觜	参
11月	井	鬼	柳	星	張	翼	軫	角	亢	氐	房	心	尾	箕	斗	女	虚	危	室	壁	奎	婁	胃	昴	畢	觜	参	井	鬼	柳	
12月	星	張	翼	軫	角	亢	氐	房	心	尾	箕	斗	女	虚	危	室	壁	奎	婁	胃	昴	畢	觜	参	井	鬼	柳	星	張	翼	軫

1967年

	1	2	3	4	5	6	7	8	9	10	11	12	13	14	15	16	17	18	19	20	21	22	23	24	25	26	27	28	29	30	31
1月	角	亢	氐	房	心	尾	箕	斗	女	虚	虚	危	室	壁	奎	婁	胃	昴	畢	觜	参	井	鬼	柳	星	張	翼	軫	角	亢	氐
2月	房	心	尾	箕	斗	女	虚	危	室	壁	奎	婁	胃	昴	畢	觜	参	井	鬼	柳	星	張	翼	軫	角	亢	氐	房			
3月	心	尾	箕	斗	女	虚	危	室	壁	奎	奎	婁	胃	昴	畢	觜	参	井	鬼	柳	星	張	翼	軫	角	亢	氐	房	心	尾	箕
4月	斗	女	虚	危	室	壁	奎	婁	胃	胃	昴	畢	觜	参	井	鬼	柳	星	張	翼	軫	角	亢	氐	房	心	尾	箕	斗	女	
5月	虚	危	室	壁	奎	婁	胃	昴	畢	觜	参	井	鬼	柳	星	張	翼	軫	角	亢	氐	房	心	尾	箕	斗	女	虚	危	室	壁
6月	奎	婁	胃	昴	畢	觜	参	参	井	鬼	柳	星	張	翼	軫	角	亢	氐	房	心	尾	箕	斗	女	虚	危	室	壁	奎	婁	
7月	胃	昴	畢	觜	参	井	鬼	鬼	柳	星	張	翼	軫	角	亢	氐	房	心	尾	箕	斗	女	虚	危	室	壁	奎	婁	胃	昴	畢
8月	觜	参	井	鬼	柳	張	翼	軫	角	亢	氐	房	心	尾	箕	斗	女	虚	危	室	壁	奎	婁	胃	昴	畢	觜	参	井	鬼	柳
9月	星	張	翼	角	亢	氐	房	心	尾	箕	斗	女	虚	危	室	壁	奎	婁	胃	昴	畢	觜	参	井	鬼	柳	星	張	翼	軫	
10月	角	亢	氐	氐	房	心	尾	箕	斗	女	虚	危	室	壁	奎	婁	胃	昴	畢	觜	参	井	鬼	柳	星	張	翼	軫	角	亢	氐
11月	房	心	尾	箕	斗	女	虚	危	室	壁	奎	婁	胃	昴	畢	觜	参	井	鬼	柳	星	張	翼	軫	角	亢	氐	房	心	尾	
12月	箕	斗	女	虚	危	室	壁	奎	婁	胃	昴	畢	觜	参	井	鬼	柳	星	張	翼	軫	角	亢	氐	房	心	尾	箕	斗	女	虚

1968年

	1	2	3	4	5	6	7	8	9	10	11	12	13	14	15	16	17	18	19	20	21	22	23	24	25	26	27	28	29	30	31
1月	危	室	壁	奎	婁	胃	昴	畢	觜	参	井	鬼	柳	星	張	翼	軫	角	亢	氐	房	心	尾	箕	斗	女	虚	危	室	室	壁
2月	奎	婁	胃	昴	畢	觜	参	井	鬼	柳	星	張	翼	軫	角	亢	氐	房	心	尾	箕	斗	女	虚	危	室	壁	奎	婁		
3月	胃	昴	畢	觜	参	井	鬼	柳	星	張	翼	軫	角	亢	氐	房	心	尾	箕	斗	女	虚	危	室	壁	奎	婁	胃	胃	昴	畢
4月	觜	参	井	鬼	柳	星	張	翼	軫	角	亢	氐	房	心	尾	箕	斗	女	虚	危	室	壁	奎	婁	胃	昴	畢	畢	觜	参	
5月	井	鬼	柳	星	張	翼	軫	角	亢	氐	房	心	尾	箕	斗	女	虚	危	室	壁	奎	婁	胃	昴	畢	觜	参	井	鬼	柳	星
6月	張	翼	軫	角	亢	氐	房	心	尾	箕	斗	女	虚	危	室	壁	奎	婁	胃	昴	畢	觜	参	井	鬼	鬼	柳	星	張	翼	
7月	軫	角	亢	氐	房	心	尾	箕	斗	女	虚	危	室	壁	奎	婁	胃	昴	畢	觜	参	井	鬼	柳	張	翼	軫	角	亢	氐	房
8月	心	尾	箕	斗	女	虚	危	室	壁	奎	婁	胃	昴	畢	觜	参	井	鬼	柳	星	張	翼	軫	張	翼	軫	角	亢	氐	房	心
9月	尾	箕	斗	女	虚	危	室	壁	奎	婁	胃	昴	畢	觜	参	井	鬼	柳	星	張	翼	角	亢	氐	房	心	尾	箕	斗	女	
10月	虚	危	室	壁	奎	婁	胃	昴	畢	觜	参	井	鬼	柳	星	張	翼	軫	角	亢	氐	氐	房	心	尾	箕	斗	女	虚	危	室
11月	壁	奎	婁	胃	昴	畢	觜	参	井	鬼	柳	星	張	翼	軫	角	亢	氐	房	心	尾	箕	斗	女	虚	危	室	壁	奎	婁	
12月	胃	昴	畢	觜	参	井	鬼	柳	星	張	翼	軫	角	亢	氐	房	心	尾	箕	斗	女	虚	危	室	壁	奎	婁	胃	昴	畢	觜

1969年

	1	2	3	4	5	6	7	8	9	10	11	12	13	14	15	16	17	18	19	20	21	22	23	24	25	26	27	28	29	30	31
1月	参	井	鬼	柳	星	張	翼	軫	角	亢	氐	房	心	尾	箕	斗	女	虚	危	室	壁	奎	婁	胃	昴	畢	觜	参	井	鬼	柳
2月	星	張	翼	軫	角	亢	氐	房	心	尾	箕	斗	女	虚	危	室	室	壁	奎	婁	胃	昴	畢	觜	参	井	鬼	柳			
3月	星	張	翼	軫	角	亢	氐	房	心	尾	箕	斗	女	虚	危	室	壁	奎	婁	胃	昴	畢	觜	参	井	鬼	柳	星	張	翼	軫
4月	角	亢	氐	房	心	尾	箕	斗	女	虚	危	室	壁	奎	婁	胃	胃	昴	畢	觜	参	井	鬼	柳	星	張	翼	軫	角	亢	
5月	氐	房	心	尾	箕	斗	女	虚	危	室	壁	奎	婁	胃	昴	畢	觜	参	井	鬼	柳	星	張	翼	軫	角	亢	氐	房	心	尾
6月	箕	斗	女	虚	危	室	壁	奎	婁	胃	昴	畢	觜	参	参	井	鬼	柳	星	張	翼	軫	角	亢	氐	房	心	尾	箕	斗	
7月	女	虚	危	室	壁	奎	婁	胃	昴	畢	觜	参	井	鬼	柳	星	張	翼	軫	角	亢	氐	房	心	尾	箕	斗	女	虚	危	室
8月	壁	奎	婁	胃	昴	畢	觜	参	井	鬼	柳	星	張	翼	軫	角	亢	氐	房	心	尾	箕	斗	女	虚	危	室	壁	奎	婁	胃
9月	昴	畢	觜	参	井	鬼	柳	星	張	翼	軫	角	亢	氐	房	心	尾	箕	斗	女	虚	危	室	壁	奎	婁	胃	昴	畢	觜	
10月	参	井	鬼	柳	星	張	翼	軫	角	亢	氐	房	心	尾	箕	斗	女	虚	危	室	壁	奎	婁	胃	昴	畢	觜	参	井	鬼	柳
11月	星	張	翼	軫	角	亢	氐	房	心	心	尾	箕	斗	女	虚	危	室	壁	奎	婁	胃	昴	畢	觜	参	井	鬼	柳	星	張	
12月	翼	軫	角	亢	氐	房	心	尾	斗	女	虚	危	室	壁	奎	婁	胃	昴	畢	觜	参	井	鬼	柳	星	張	翼	軫	角	亢	氐

1970年

	1	2	3	4	5	6	7	8	9	10	11	12	13	14	15	16	17	18	19	20	21	22	23	24	25	26	27	28	29	30	31
1月	房	心	尾	箕	斗	女	虚	虚	危	室	壁	奎	婁	胃	昴	畢	觜	参	井	鬼	柳	星	張	翼	軫	角	亢	氐	房	心	尾
2月	箕	斗	女	虚	危	室	壁	奎	婁	胃	昴	畢	觜	参	井	鬼	柳	星	張	翼	軫	角	亢	氐	房	心	尾	箕			
3月	斗	女	虚	危	室	壁	奎	奎	婁	胃	昴	畢	觜	参	井	鬼	柳	星	張	翼	軫	角	亢	氐	房	心	尾	箕	斗	女	虚
4月	危	室	壁	奎	婁	胃	昴	畢	觜	参	井	鬼	柳	星	張	翼	軫	角	亢	氐	房	心	尾	箕	斗	女	虚	危	室	壁	
5月	奎	婁	胃	昴	畢	觜	参	井	鬼	柳	星	張	翼	軫	角	亢	氐	房	心	尾	箕	斗	女	虚	危	室	壁	奎	婁	胃	昴
6月	畢	觜	参	参	井	鬼	柳	星	張	翼	軫	角	亢	氐	房	心	尾	箕	斗	女	虚	危	室	壁	奎	婁	胃	昴	畢	觜	
7月	参	井	鬼	鬼	柳	星	張	翼	軫	角	亢	氐	房	心	尾	箕	斗	女	虚	危	室	壁	奎	婁	胃	昴	畢	觜	参	井	鬼
8月	柳	張	翼	軫	角	亢	氐	房	心	尾	箕	斗	女	虚	危	室	壁	奎	婁	胃	昴	畢	觜	参	井	鬼	柳	星	張	翼	軫
9月	角	亢	氐	房	心	尾	箕	斗	女	虚	危	室	壁	奎	婁	胃	昴	畢	觜	参	井	鬼	柳	星	張	翼	軫	角	亢	氐	
10月	房	心	尾	箕	斗	女	虚	危	室	壁	奎	婁	胃	昴	畢	觜	参	井	鬼	柳	星	張	翼	軫	角	亢	氐	房	心	心	尾
11月	箕	斗	女	虚	危	室	壁	奎	婁	胃	昴	畢	觜	参	井	鬼	柳	星	張	翼	軫	角	亢	氐	房	心	尾	箕	斗	女	
12月	虚	危	室	壁	奎	婁	胃	昴	畢	觜	参	井	鬼	柳	星	張	翼	軫	角	亢	氐	房	心	尾	箕	斗	女	虚	危	室	壁

1971年

	1	2	3	4	5	6	7	8	9	10	11	12	13	14	15	16	17	18	19	20	21	22	23	24	25	26	27	28	29	30	31
1月	奎	婁	胃	昴	畢	觜	参	井	鬼	柳	星	張	翼	軫	角	亢	氐	房	心	尾	箕	斗	女	虚	危	室	室	壁	奎	婁	胃
2月	昴	畢	觜	参	井	鬼	柳	星	張	翼	軫	角	亢	氐	房	心	尾	箕	斗	女	虚	危	室	壁	奎	婁	胃	昴			
3月	畢	觜	参	井	鬼	柳	星	張	翼	軫	角	亢	氐	房	心	尾	箕	斗	女	虚	危	室	壁	奎	婁	胃	胃	昴	畢	觜	参
4月	井	鬼	柳	星	張	翼	軫	角	亢	氐	房	心	尾	箕	斗	女	虚	危	室	壁	奎	婁	胃	昴	畢	觜	参	井	鬼	柳	
5月	星	張	翼	軫	角	亢	氐	房	心	尾	箕	斗	女	虚	危	室	壁	奎	婁	胃	昴	畢	觜	参	井	鬼	柳	星	張	翼	軫
6月	角	亢	氐	房	心	尾	箕	斗	女	虚	危	室	壁	奎	婁	胃	昴	畢	觜	参	井	鬼	参	井	鬼	柳	星	張	翼	軫	
7月	角	亢	氐	房	心	尾	箕	斗	女	虚	危	室	壁	奎	婁	胃	昴	畢	觜	参	井	鬼	柳	星	張	翼	軫	角	亢	氐	房
8月	心	尾	箕	斗	女	虚	危	室	壁	奎	婁	胃	昴	畢	觜	参	井	鬼	柳	星	張	翼	軫	角	亢	氐	房	心	尾	箕	斗
9月	女	虚	危	室	壁	奎	婁	胃	昴	畢	觜	参	井	鬼	柳	星	張	翼	角	亢	氐	房	心	尾	箕	斗	女	虚	危	室	
10月	壁	奎	婁	胃	昴	畢	觜	参	井	鬼	柳	星	張	翼	軫	角	亢	氐	氐	房	心	尾	箕	斗	女	虚	危	室	壁	奎	婁
11月	胃	昴	畢	觜	参	井	鬼	柳	星	張	翼	軫	角	亢	氐	房	心	心	尾	箕	斗	女	虚	危	室	壁	奎	婁	胃	昴	
12月	畢	觜	参	井	鬼	柳	星	張	翼	軫	角	亢	氐	房	心	尾	箕	斗	女	虚	危	室	壁	奎	婁	胃	昴	畢	觜	参	井

1972年

	1	2	3	4	5	6	7	8	9	10	11	12	13	14	15	16	17	18	19	20	21	22	23	24	25	26	27	28	29	30	31
1月	鬼	柳	星	張	翼	軫	角	亢	氐	房	心	尾	箕	斗	女	虚	危	室	壁	奎	婁	胃	昴	畢	觜	参	井	鬼	柳	星	張
2月	翼	軫	角	亢	氐	房	心	尾	箕	斗	女	虚	危	室	室	壁	奎	婁	胃	昴	畢	觜	参	井	鬼	柳	星	張	翼		
3月	軫	角	亢	氐	房	心	尾	箕	斗	女	虚	危	室	壁	奎	婁	胃	昴	畢	觜	参	井	鬼	柳	星	張	翼	軫	角	亢	氐
4月	房	心	尾	箕	斗	女	虚	危	室	壁	奎	婁	胃	胃	昴	畢	觜	参	井	鬼	柳	星	張	翼	軫	角	亢	氐	房	心	
5月	尾	箕	斗	女	虚	危	室	壁	奎	婁	胃	昴	畢	觜	参	井	鬼	柳	星	張	翼	軫	角	亢	氐	房	心	尾	箕	斗	女
6月	虚	危	室	壁	奎	婁	胃	昴	畢	觜	参	井	鬼	柳	星	張	翼	軫	角	亢	氐	房	心	尾	箕	斗	女	虚	危	室	
7月	壁	奎	婁	胃	昴	畢	觜	参	井	鬼	鬼	柳	星	張	翼	軫	角	亢	氐	房	心	尾	箕	斗	女	虚	危	室	壁	奎	婁
8月	胃	昴	畢	觜	参	井	鬼	柳	張	翼	軫	角	亢	氐	房	心	尾	箕	斗	女	虚	危	室	壁	奎	婁	胃	昴	畢	觜	参
9月	井	鬼	柳	星	張	翼	軫	角	亢	氐	房	心	尾	箕	斗	女	虚	危	室	壁	奎	婁	胃	昴	畢	觜	参	井	鬼	柳	
10月	星	張	翼	軫	角	亢	氐	房	心	尾	箕	斗	女	虚	危	室	壁	奎	婁	胃	昴	畢	觜	参	井	鬼	柳	星	張	翼	軫
11月	角	亢	氐	房	心	心	尾	箕	斗	女	虚	危	室	壁	奎	婁	胃	昴	畢	觜	参	井	鬼	柳	星	張	翼	軫	角	亢	
12月	氐	房	心	尾	箕	斗	女	虚	危	室	壁	奎	婁	胃	昴	畢	觜	参	井	鬼	柳	星	張	翼	軫	角	亢	氐	房	心	尾

1973年

	1	2	3	4	5	6	7	8	9	10	11	12	13	14	15	16	17	18	19	20	21	22	23	24	25	26	27	28	29	30	31
1月	箕	斗	女	虚	虚	危	室	壁	奎	婁	胃	昴	畢	觜	参	井	鬼	柳	星	張	翼	軫	角	亢	氐	房	心	尾	箕	斗	女
2月	虚	危	室	壁	奎	婁	胃	昴	畢	觜	参	井	鬼	柳	星	張	翼	軫	角	亢	氐	房	心	尾	箕	斗	女	虚			
3月	危	室	壁	奎	奎	婁	胃	昴	畢	觜	参	井	鬼	柳	星	張	翼	軫	角	亢	氐	房	心	尾	箕	斗	女	虚	危	室	壁
4月	奎	婁	胃	昴	畢	觜	参	井	鬼	柳	星	張	翼	軫	角	亢	氐	房	心	尾	箕	斗	女	虚	危	室	壁	奎	婁	胃	
5月	昴	畢	畢	觜	参	井	鬼	柳	星	張	翼	軫	角	亢	氐	房	心	尾	箕	斗	女	虚	危	室	壁	奎	婁	胃	昴	畢	觜
6月	参	井	鬼	柳	星	張	翼	軫	角	亢	氐	房	心	尾	箕	斗	女	虚	危	室	壁	奎	婁	胃	昴	畢	觜	参	井	鬼	
7月	柳	星	張	翼	軫	角	亢	氐	房	心	尾	箕	斗	女	虚	危	室	壁	奎	婁	胃	昴	畢	觜	参	井	鬼	柳	星	張	翼
8月	軫	角	亢	氐	房	心	尾	箕	斗	女	虚	危	室	壁	奎	婁	胃	昴	畢	觜	参	井	鬼	柳	星	張	翼	角	亢	氐	房
9月	心	尾	箕	斗	女	虚	危	室	壁	奎	婁	胃	昴	畢	觜	参	井	鬼	柳	星	張	翼	軫	角	亢	氐	房	心	尾	箕	
10月	斗	女	虚	危	室	壁	奎	婁	胃	昴	畢	觜	参	井	鬼	柳	星	張	翼	軫	角	亢	氐	房	心	心	尾	箕	斗	女	虚
11月	危	室	壁	奎	婁	胃	昴	畢	觜	参	井	鬼	柳	星	張	翼	軫	角	亢	氐	房	心	尾	箕	斗	女	虚	危	室	壁	
12月	奎	婁	胃	昴	畢	觜	参	井	鬼	柳	星	張	翼	軫	角	亢	氐	房	心	尾	箕	斗	女	虚	虚	危	室	壁	奎	婁	胃

1974年

	1	2	3	4	5	6	7	8	9	10	11	12	13	14	15	16	17	18	19	20	21	22	23	24	25	26	27	28	29	30	31
1月	昴	畢	觜	参	井	鬼	柳	星	張	翼	軫	角	亢	氐	房	心	尾	箕	斗	女	虚	危	室	壁	奎	婁	胃	昴	畢	觜	参
2月	井	鬼	柳	星	張	翼	軫	角	亢	氐	房	心	尾	箕	斗	女	虚	危	室	壁	奎	奎	婁	胃	昴	畢	觜	参			
3月	井	鬼	柳	星	張	翼	軫	角	亢	氐	房	心	尾	箕	斗	女	虚	危	室	壁	奎	婁	胃	胃	昴	畢	觜	参	井	鬼	柳
4月	星	張	翼	軫	角	亢	氐	房	心	尾	箕	斗	女	虚	危	室	壁	奎	婁	胃	昴	畢	觜	参	井	鬼	柳	星	張	翼	
5月	軫	角	亢	氐	房	心	尾	箕	斗	女	虚	危	室	壁	奎	婁	胃	昴	畢	觜	参	畢	觜	参	井	鬼	柳	星	張	翼	軫
6月	角	亢	氐	房	心	尾	箕	斗	女	虚	危	室	壁	奎	婁	胃	昴	畢	觜	参	井	鬼	柳	星	張	翼	軫	角	亢	氐	
7月	房	心	尾	箕	斗	女	虚	危	室	壁	奎	婁	胃	昴	畢	觜	参	井	鬼	柳	星	張	翼	軫	角	亢	氐	房	心	尾	箕
8月	斗	女	虚	危	室	壁	奎	婁	胃	昴	畢	觜	参	井	鬼	柳	星	張	翼	軫	角	亢	氐	房	心	尾	箕	斗	女	虚	危
9月	室	壁	奎	婁	胃	昴	畢	觜	参	井	鬼	柳	星	張	翼	角	亢	氐	房	心	尾	箕	斗	女	虚	危	室	壁	奎	婁	
10月	胃	昴	畢	觜	参	井	鬼	柳	星	張	翼	軫	角	亢	氐	房	心	尾	箕	斗	女	虚	危	室	壁	奎	婁	胃	昴	畢	觜
11月	参	井	鬼	柳	星	張	翼	軫	角	亢	氐	房	心	心	尾	箕	斗	女	虚	危	室	壁	奎	婁	胃	昴	畢	觜	参	井	
12月	鬼	柳	星	張	翼	軫	角	亢	氐	房	心	尾	箕	斗	女	虚	危	室	壁	奎	婁	胃	昴	畢	觜	参	井	鬼	柳	星	張

1975年

	1	2	3	4	5	6	7	8	9	10	11	12	13	14	15	16	17	18	19	20	21	22	23	24	25	26	27	28	29	30	31
1月	翼	軫	角	亢	氐	房	心	尾	箕	斗	女	虚	危	室	壁	奎	婁	胃	昴	畢	觜	参	井	鬼	柳	星	張	翼	軫	角	亢
2月	氐	房	心	尾	箕	斗	女	虚	危	室	室	壁	奎	婁	胃	昴	畢	觜	参	井	鬼	柳	星	張	翼	軫	角	亢			
3月	氐	房	心	尾	箕	斗	女	虚	危	室	壁	奎	奎	婁	胃	昴	畢	觜	参	井	鬼	柳	星	張	翼	軫	角	亢	氐	房	心
4月	尾	箕	斗	女	虚	危	室	壁	奎	婁	胃	胃	昴	畢	觜	参	井	鬼	柳	星	張	翼	軫	角	亢	氐	房	心	尾	箕	
5月	斗	女	虚	危	室	壁	奎	婁	胃	昴	畢	觜	参	井	鬼	柳	星	張	翼	軫	角	亢	氐	房	心	尾	箕	斗	女	虚	危
6月	室	壁	奎	婁	胃	昴	畢	觜	参	参	井	鬼	柳	星	張	翼	軫	角	亢	氐	房	心	尾	箕	斗	女	虚	危	室	壁	
7月	奎	婁	胃	昴	畢	觜	参	井	鬼	柳	星	張	翼	軫	角	亢	氐	房	心	尾	箕	斗	女	虚	危	室	壁	奎	婁	胃	昴
8月	畢	觜	参	井	鬼	柳	張	翼	軫	角	亢	氐	房	心	尾	箕	斗	女	虚	危	室	壁	奎	婁	胃	昴	畢	觜	参	井	鬼
9月	柳	星	張	翼	軫	角	亢	氐	房	心	尾	箕	斗	女	虚	危	室	壁	奎	婁	胃	昴	畢	觜	参	井	鬼	柳	星	張	
10月	翼	軫	角	亢	氐	房	心	尾	箕	斗	女	虚	危	室	壁	奎	婁	胃	昴	畢	觜	参	井	鬼	柳	星	張	翼	軫	角	亢
11月	氐	房	心	尾	箕	斗	女	虚	危	室	壁	奎	婁	胃	昴	畢	觜	参	井	鬼	柳	星	張	翼	軫	角	亢	氐	房	心	
12月	尾	箕	斗	女	虚	危	室	壁	奎	婁	胃	昴	畢	觜	参	井	鬼	柳	星	張	翼	軫	角	亢	氐	房	心	尾	箕	斗	女

1976年

	1	2	3	4	5	6	7	8	9	10	11	12	13	14	15	16	17	18	19	20	21	22	23	24	25	26	27	28	29	30	31
1月	虚	危	室	壁	奎	婁	胃	昴	畢	觜	参	井	鬼	柳	星	張	翼	軫	角	亢	氐	房	心	尾	箕	斗	女	虚	危	室	室
2月	壁	奎	婁	胃	昴	畢	觜	参	井	鬼	柳	星	張	翼	軫	角	亢	氐	房	心	尾	箕	斗	女	虚	危	室	壁	奎		
3月	奎	婁	胃	昴	畢	觜	参	井	鬼	柳	星	張	翼	軫	角	亢	氐	房	心	尾	箕	斗	女	虚	危	室	壁	奎	婁	胃	胃
4月	昴	畢	觜	参	井	鬼	柳	星	張	翼	軫	角	亢	氐	房	心	尾	箕	斗	女	虚	危	室	壁	奎	婁	胃	昴	畢	觜	
5月	参	井	鬼	柳	星	張	翼	軫	角	亢	氐	房	心	尾	箕	斗	女	虚	危	室	壁	奎	婁	胃	昴	畢	觜	参	参	井	鬼
6月	柳	星	張	翼	軫	角	亢	氐	房	心	尾	箕	斗	女	虚	危	室	壁	奎	婁	胃	昴	畢	觜	参	井	鬼	柳	星	張	
7月	翼	軫	角	亢	氐	房	心	尾	箕	斗	女	虚	危	室	壁	奎	婁	胃	昴	畢	觜	参	井	鬼	柳	星	張	翼	軫	角	亢
8月	氐	房	心	尾	箕	斗	女	虚	危	室	壁	奎	婁	胃	昴	畢	觜	参	井	鬼	柳	星	張	翼	角	亢	氐	房	心	尾	箕
9月	斗	女	虚	危	室	壁	奎	婁	胃	昴	畢	觜	参	井	鬼	柳	星	張	翼	軫	角	亢	氐	角	亢	氐	房	心	尾	箕	
10月	斗	女	虚	危	室	壁	奎	婁	胃	昴	畢	觜	参	井	鬼	柳	星	張	翼	軫	角	亢	氐	房	心	尾	箕	斗	女	虚	危
11月	室	壁	奎	婁	胃	昴	畢	觜	参	井	鬼	柳	星	張	翼	軫	角	亢	氐	房	心	心	尾	箕	斗	女	虚	危	室	壁	
12月	奎	婁	胃	昴	畢	觜	参	井	鬼	柳	星	張	翼	軫	角	亢	氐	房	心	尾	斗	女	虚	危	室	壁	奎	婁	胃	昴	畢

1977年

	1	2	3	4	5	6	7	8	9	10	11	12	13	14	15	16	17	18	19	20	21	22	23	24	25	26	27	28	29	30	31
1月	觜	参	井	鬼	柳	星	張	翼	軫	角	亢	氐	房	心	尾	箕	斗	女	虚	危	室	壁	奎	婁	胃	昴	畢	觜	参	井	鬼
2月	柳	星	張	翼	軫	角	亢	氐	房	心	尾	箕	斗	女	虚	危	室	室	壁	奎	婁	胃	昴	畢	觜	参	井	鬼			
3月	柳	星	張	翼	軫	角	亢	氐	房	心	尾	箕	斗	女	虚	危	室	壁	奎	奎	婁	胃	昴	畢	觜	参	井	鬼	柳	星	張
4月	翼	軫	角	亢	氐	房	心	尾	箕	斗	女	虚	危	室	壁	奎	婁	胃	昴	畢	觜	参	井	鬼	柳	星	張	翼	軫	角	
5月	亢	氐	房	心	尾	箕	斗	女	虚	危	室	壁	奎	婁	胃	昴	畢	畢	觜	参	井	鬼	柳	星	張	翼	軫	角	亢	氐	房
6月	心	尾	箕	斗	女	虚	危	室	壁	奎	婁	胃	昴	畢	觜	参	参	井	鬼	柳	星	張	翼	軫	角	亢	氐	房	心	尾	
7月	箕	斗	女	虚	危	室	壁	奎	婁	胃	昴	畢	觜	参	井	鬼	柳	星	張	翼	軫	角	亢	氐	房	心	尾	箕	斗	女	虚
8月	危	室	壁	奎	婁	胃	昴	畢	觜	参	井	鬼	柳	星	張	翼	軫	角	亢	氐	房	心	尾	箕	斗	女	虚	危	室	壁	奎
9月	婁	胃	昴	畢	觜	参	井	鬼	柳	星	張	翼	角	亢	氐	房	心	尾	箕	斗	女	虚	危	室	壁	奎	婁	胃	昴	畢	
10月	觜	参	井	鬼	柳	星	張	翼	軫	角	亢	氐	氐	房	心	尾	箕	斗	女	虚	危	室	壁	奎	婁	胃	昴	畢	觜	参	井
11月	鬼	柳	星	張	翼	軫	角	亢	氐	房	心	尾	箕	斗	女	虚	危	室	壁	奎	婁	胃	昴	畢	觜	参	井	鬼	柳	星	
12月	張	翼	軫	角	亢	氐	房	心	尾	箕	斗	女	虚	危	室	壁	奎	婁	胃	昴	畢	觜	参	井	鬼	柳	星	張	翼	軫	角

1978年

	1	2	3	4	5	6	7	8	9	10	11	12	13	14	15	16	17	18	19	20	21	22	23	24	25	26	27	28	29	30	31
1月	亢	氐	房	心	尾	箕	斗	女	虚	危	室	壁	奎	婁	胃	昴	畢	觜	参	井	鬼	柳	星	張	翼	軫	角	亢	氐	房	心
2月	尾	箕	斗	女	虚	危	室	壁	奎	婁	胃	昴	畢	觜	参	井	鬼	柳	星	張	翼	軫	角	亢	氐	房	心	尾			
3月	箕	斗	女	虚	危	室	壁	奎	奎	婁	胃	昴	畢	觜	参	井	鬼	柳	星	張	翼	軫	角	亢	氐	房	心	尾	箕	斗	女
4月	虚	危	室	壁	奎	婁	胃	胃	昴	畢	觜	参	井	鬼	柳	星	張	翼	軫	角	亢	氐	房	心	尾	箕	斗	女	虚	危	
5月	室	壁	奎	婁	胃	昴	畢	觜	参	井	鬼	柳	星	張	翼	軫	角	亢	氐	房	心	尾	箕	斗	女	虚	危	室	壁	奎	婁
6月	胃	昴	畢	觜	参	参	井	鬼	柳	星	張	翼	軫	角	亢	氐	房	心	尾	箕	斗	女	虚	危	室	壁	奎	婁	胃	昴	
7月	畢	觜	参	井	鬼	柳	星	張	翼	軫	角	亢	氐	房	心	尾	箕	斗	女	虚	危	室	壁	奎	婁	胃	昴	畢	觜	参	井
8月	鬼	柳	星	張	翼	軫	角	亢	氐	房	心	尾	箕	斗	女	虚	危	室	壁	奎	婁	胃	昴	畢	觜	参	井	鬼	柳	星	張
9月	翼	軫	角	亢	氐	房	心	尾	箕	斗	女	虚	危	室	壁	奎	婁	胃	昴	畢	觜	参	井	鬼	柳	星	張	翼	軫	角	
10月	亢	氐	房	心	尾	箕	斗	女	虚	危	室	壁	奎	婁	胃	昴	畢	觜	参	井	鬼	柳	星	張	翼	軫	角	亢	氐	房	心
11月	心	尾	箕	斗	女	虚	危	室	壁	奎	婁	胃	昴	畢	觜	参	井	鬼	柳	星	張	翼	軫	角	亢	氐	房	心	尾	斗	
12月	女	虚	危	室	壁	奎	婁	胃	昴	畢	觜	参	井	鬼	柳	星	張	翼	軫	角	亢	氐	房	心	尾	箕	斗	女	虚	虚	危

1979年

	1	2	3	4	5	6	7	8	9	10	11	12	13	14	15	16	17	18	19	20	21	22	23	24	25	26	27	28	29	30	31
1月	室	壁	奎	婁	胃	昴	畢	觜	参	井	鬼	柳	星	張	翼	軫	角	亢	氐	房	心	尾	箕	斗	女	虚	危	室	壁	奎	婁
2月	胃	昴	畢	觜	参	井	鬼	柳	星	張	翼	軫	角	亢	氐	房	心	尾	箕	斗	女	虚	危	室	壁	奎	奎	婁			
3月	胃	昴	畢	觜	参	井	鬼	柳	星	張	翼	軫	角	亢	氐	房	心	尾	箕	斗	女	虚	危	室	壁	奎	婁	胃	昴	畢	觜
4月	参	井	鬼	柳	星	張	翼	軫	角	亢	氐	房	心	尾	箕	斗	女	虚	危	室	壁	奎	婁	胃	昴	畢	觜	参	井	鬼	
5月	柳	星	張	翼	軫	角	亢	氐	房	心	尾	箕	斗	女	虚	危	室	壁	奎	婁	胃	昴	畢	觜	参	参	井	鬼	柳	星	張
6月	翼	軫	角	亢	氐	房	心	尾	箕	斗	女	虚	危	室	壁	奎	婁	胃	昴	畢	觜	参	井	鬼	柳	星	張	翼	軫	角	
7月	亢	氐	房	心	尾	箕	斗	女	虚	危	室	壁	奎	婁	胃	昴	畢	觜	参	井	鬼	柳	星	鬼	柳	星	張	翼	軫	角	亢
8月	氐	房	心	尾	箕	斗	女	虚	危	室	壁	奎	婁	胃	昴	畢	觜	参	井	鬼	柳	星	張	翼	軫	角	亢	氐	房	心	尾
9月	箕	斗	女	虚	危	室	壁	奎	婁	胃	昴	畢	觜	参	井	鬼	柳	星	張	翼	角	亢	氐	房	心	尾	箕	斗	女	虚	
10月	危	室	壁	奎	婁	胃	昴	畢	觜	参	井	鬼	柳	星	張	翼	軫	角	亢	氐	氐	房	心	尾	箕	斗	女	虚	危	室	壁
11月	奎	婁	胃	昴	畢	觜	参	井	鬼	柳	星	張	翼	軫	角	亢	氐	房	心	心	尾	箕	斗	女	虚	危	室	壁	奎	婁	
12月	胃	昴	畢	觜	参	井	鬼	柳	星	張	翼	軫	角	亢	氐	房	心	尾	斗	女	虚	危	室	壁	奎	婁	胃	昴	畢	觜	参

1980年

	1	2	3	4	5	6	7	8	9	10	11	12	13	14	15	16	17	18	19	20	21	22	23	24	25	26	27	28	29	30	31
1月	井	鬼	柳	星	張	翼	軫	角	亢	氐	房	心	尾	箕	斗	女	虚	虚	危	室	壁	奎	婁	胃	昴	畢	觜	参	井	鬼	柳
2月	星	張	翼	軫	角	亢	氐	房	心	尾	箕	斗	女	虚	危	室	壁	奎	婁	胃	昴	畢	觜	参	井	鬼	柳	星	張		
3月	翼	軫	角	亢	氐	房	心	尾	箕	斗	女	虚	危	室	壁	奎	奎	婁	胃	昴	畢	觜	参	井	鬼	柳	星	張	翼	軫	角
4月	亢	氐	房	心	尾	箕	斗	女	虚	危	室	壁	奎	婁	胃	昴	畢	觜	参	井	鬼	柳	星	張	翼	軫	角	亢	氐	房	
5月	心	尾	箕	斗	女	虚	危	室	壁	奎	婁	胃	昴	畢	觜	参	井	鬼	柳	星	張	翼	軫	角	亢	氐	房	心	尾	箕	斗
6月	女	虚	危	室	壁	奎	婁	胃	昴	畢	觜	参	参	井	鬼	柳	星	張	翼	軫	角	亢	氐	房	心	尾	箕	斗	女	虚	
7月	危	室	壁	奎	婁	胃	昴	畢	觜	参	井	鬼	柳	星	張	翼	軫	角	亢	氐	房	心	尾	箕	斗	女	虚	危	室	壁	奎
8月	婁	胃	昴	畢	觜	参	井	鬼	柳	星	張	翼	軫	角	亢	氐	房	心	尾	箕	斗	女	虚	危	室	壁	奎	婁	胃	昴	畢
9月	觜	参	井	鬼	柳	星	張	翼	角	亢	氐	房	心	尾	箕	斗	女	虚	危	室	壁	奎	婁	胃	昴	畢	觜	参	井	鬼	
10月	柳	星	張	翼	軫	角	亢	氐	氐	房	心	尾	箕	斗	女	虚	危	室	壁	奎	婁	胃	昴	畢	觜	参	井	鬼	柳	星	張
11月	翼	軫	角	亢	氐	房	心	心	尾	箕	斗	女	虚	危	室	壁	奎	婁	胃	昴	畢	觜	参	井	鬼	柳	星	張	翼	軫	
12月	角	亢	氐	房	心	尾	斗	女	虚	危	室	壁	奎	婁	胃	昴	畢	觜	参	井	鬼	柳	星	張	翼	軫	角	亢	氐	房	心

1981年

	1	2	3	4	5	6	7	8	9	10	11	12	13	14	15	16	17	18	19	20	21	22	23	24	25	26	27	28	29	30	31
1月	尾	箕	斗	女	虚	虚	危	室	壁	奎	婁	胃	昴	畢	觜	参	井	鬼	柳	星	張	翼	軫	角	亢	氐	房	心	尾	箕	斗
2月	女	虚	危	室	室	壁	奎	婁	胃	昴	畢	觜	参	井	鬼	柳	星	張	翼	軫	角	亢	氐	房	心	尾	箕	斗			
3月	女	虚	危	室	壁	奎	婁	胃	昴	畢	觜	参	井	鬼	柳	星	張	翼	軫	角	亢	氐	房	心	尾	箕	斗	女	虚	危	室
4月	壁	奎	婁	胃	胃	昴	畢	觜	参	井	鬼	柳	星	張	翼	軫	角	亢	氐	房	心	尾	箕	斗	女	虚	危	室	壁	奎	
5月	婁	胃	昴	畢	觜	参	井	鬼	柳	星	張	翼	軫	角	亢	氐	房	心	尾	箕	斗	女	虚	危	室	壁	奎	婁	胃	昴	畢
6月	觜	参	井	鬼	柳	星	張	翼	軫	角	亢	氐	房	心	尾	箕	斗	女	虚	危	室	壁	奎	婁	胃	昴	畢	觜	参	井	
7月	鬼	鬼	柳	星	張	翼	軫	角	亢	氐	房	心	尾	箕	斗	女	虚	危	室	壁	奎	婁	胃	昴	畢	觜	参	井	鬼	柳	張
8月	翼	軫	角	亢	氐	房	心	尾	箕	斗	女	虚	危	室	壁	奎	婁	胃	昴	畢	觜	参	井	鬼	柳	星	張	翼	角	亢	氐
9月	房	心	尾	箕	斗	女	虚	危	室	壁	奎	婁	胃	昴	畢	觜	参	井	鬼	柳	星	張	翼	軫	角	亢	氐	氐	房	心	
10月	尾	箕	斗	女	虚	危	室	壁	奎	婁	胃	昴	畢	觜	参	井	鬼	柳	星	張	翼	軫	角	亢	氐	房	心	心	尾	箕	斗
11月	女	虚	危	室	壁	奎	婁	胃	昴	畢	觜	参	井	鬼	柳	星	張	翼	軫	角	亢	氐	房	心	尾	斗	女	虚	危	室	
12月	壁	奎	婁	胃	昴	畢	觜	参	井	鬼	柳	星	張	翼	軫	角	亢	氐	房	心	尾	箕	斗	女	虚	虚	危	室	壁	奎	婁

1982年

	1	2	3	4	5	6	7	8	9	10	11	12	13	14	15	16	17	18	19	20	21	22	23	24	25	26	27	28	29	30	31
1月	胃	昴	畢	觜	参	井	鬼	柳	星	張	翼	軫	角	亢	氐	房	心	尾	箕	斗	女	虚	危	室	室	壁	奎	婁	胃	昴	畢
2月	觜	参	井	鬼	柳	星	張	翼	軫	角	亢	氐	房	心	尾	箕	斗	女	虚	危	室	壁	奎	奎	婁	胃	昴	畢			
3月	觜	参	井	鬼	柳	星	張	翼	軫	角	亢	氐	房	心	尾	箕	斗	女	虚	危	室	壁	奎	婁	胃	昴	畢	觜	参	井	鬼
4月	柳	星	張	翼	軫	角	亢	氐	房	心	尾	箕	斗	女	虚	危	室	壁	奎	婁	胃	昴	畢	畢	觜	参	井	鬼	柳	星	
5月	張	翼	軫	角	亢	氐	房	心	尾	箕	斗	女	虚	危	室	壁	奎	婁	胃	昴	畢	觜	畢	觜	参	井	鬼	柳	星	張	翼
6月	軫	角	亢	氐	房	心	尾	箕	斗	女	虚	危	室	壁	奎	婁	胃	昴	畢	觜	参	井	鬼	柳	星	張	翼	軫	角	亢	
7月	氐	房	心	尾	箕	斗	女	虚	危	室	壁	奎	婁	胃	昴	畢	觜	参	井	鬼	鬼	柳	星	張	翼	軫	角	亢	氐	房	心
8月	尾	箕	斗	女	虚	危	室	壁	奎	婁	胃	昴	畢	觜	参	井	鬼	柳	張	翼	軫	角	亢	氐	房	心	尾	箕	斗	女	虚
9月	危	室	壁	奎	婁	胃	昴	畢	觜	参	井	鬼	柳	星	張	翼	角	亢	氐	房	心	尾	箕	斗	女	虚	危	室	壁	奎	
10月	婁	胃	昴	畢	觜	参	井	鬼	柳	星	張	翼	軫	角	亢	氐	氐	房	心	尾	箕	斗	女	虚	危	室	壁	奎	婁	胃	昴
11月	畢	觜	参	井	鬼	柳	星	張	翼	軫	角	亢	氐	房	心	心	尾	箕	斗	女	虚	危	室	壁	奎	婁	胃	昴	畢	觜	
12月	参	井	鬼	柳	星	張	翼	軫	角	亢	氐	房	心	尾	斗	女	虚	危	室	壁	奎	婁	胃	昴	畢	觜	参	井	鬼	柳	星

1983年

	1	2	3	4	5	6	7	8	9	10	11	12	13	14	15	16	17	18	19	20	21	22	23	24	25	26	27	28	29	30	31
1月	張	翼	軫	角	亢	氐	房	心	尾	箕	斗	女	虚	虚	危	室	壁	奎	婁	胃	昴	畢	觜	参	井	鬼	柳	星	張	翼	軫
2月	角	亢	氐	房	心	尾	箕	斗	女	虚	危	室	室	壁	奎	婁	胃	昴	畢	觜	参	井	鬼	柳	星	張	翼	軫			
3月	角	亢	氐	房	心	尾	箕	斗	女	虚	危	室	壁	奎	奎	婁	胃	昴	畢	觜	参	井	鬼	柳	星	張	翼	軫	角	亢	氐
4月	房	心	尾	箕	斗	女	虚	危	室	壁	奎	婁	胃	昴	畢	觜	参	井	鬼	柳	星	張	翼	軫	角	亢	氐	房	心	尾	
5月	箕	斗	女	虚	危	室	壁	奎	婁	胃	昴	畢	畢	觜	参	井	鬼	柳	星	張	翼	軫	角	亢	氐	房	心	尾	箕	斗	女
6月	虚	危	室	壁	奎	婁	胃	昴	畢	觜	参	井	鬼	柳	星	張	翼	軫	角	亢	氐	房	心	尾	箕	斗	女	虚	危	室	
7月	壁	奎	婁	胃	昴	畢	觜	参	井	鬼	柳	星	張	翼	軫	角	亢	氐	房	心	尾	箕	斗	女	虚	危	室	壁	奎	婁	胃
8月	昴	畢	觜	参	井	鬼	柳	星	張	翼	軫	角	亢	氐	房	心	尾	箕	斗	女	虚	危	室	壁	奎	婁	胃	昴	畢	觜	参
9月	井	鬼	柳	星	張	翼	角	亢	氐	房	心	尾	箕	斗	女	虚	危	室	壁	奎	婁	胃	昴	畢	觜	参	井	鬼	柳	星	
10月	張	翼	軫	角	亢	氐	房	心	尾	箕	斗	女	虚	危	室	壁	奎	婁	胃	昴	畢	觜	参	井	鬼	柳	星	張	翼	軫	角
11月	亢	氐	房	心	心	尾	箕	斗	女	虚	危	室	壁	奎	婁	胃	昴	畢	觜	参	井	鬼	柳	星	張	翼	軫	角	亢	氐	
12月	房	心	尾	斗	女	虚	危	室	壁	奎	婁	胃	昴	畢	觜	参	井	鬼	柳	星	張	翼	軫	角	亢	氐	房	心	尾	箕	斗

1984年

	1	2	3	4	5	6	7	8	9	10	11	12	13	14	15	16	17	18	19	20	21	22	23	24	25	26	27	28	29	30	31
1月	女	虚	虚	危	室	壁	奎	婁	胃	昴	畢	觜	参	井	鬼	柳	星	張	翼	軫	角	亢	氐	房	心	尾	箕	斗	女	虚	危
2月	室	室	壁	奎	婁	胃	昴	畢	觜	参	井	鬼	柳	星	張	翼	軫	角	亢	氐	房	心	尾	箕	斗	女	虚	危	室		
3月	壁	奎	奎	婁	胃	昴	畢	觜	参	井	鬼	柳	星	張	翼	軫	角	亢	氐	房	心	尾	箕	斗	女	虚	危	室	壁	奎	婁
4月	胃	昴	畢	觜	参	井	鬼	柳	星	張	翼	軫	角	亢	氐	房	心	尾	箕	斗	女	虚	危	室	壁	奎	婁	胃	昴	畢	
5月	畢	觜	参	井	鬼	柳	星	張	翼	軫	角	亢	氐	房	心	尾	箕	斗	女	虚	危	室	壁	奎	婁	胃	昴	畢	觜	参	参
6月	井	鬼	柳	星	張	翼	軫	角	亢	氐	房	心	尾	箕	斗	女	虚	危	室	壁	奎	婁	胃	昴	畢	觜	参	井	鬼	柳	
7月	星	張	翼	軫	角	亢	氐	房	心	尾	箕	斗	女	虚	危	室	壁	奎	婁	胃	昴	畢	觜	参	井	鬼	柳	張	翼	軫	角
8月	亢	氐	房	心	尾	箕	斗	女	虚	危	室	壁	奎	婁	胃	昴	畢	觜	参	井	鬼	柳	星	張	翼	軫	角	亢	氐	房	心
9月	尾	箕	斗	女	虚	危	室	壁	奎	婁	胃	昴	畢	觜	参	井	鬼	柳	星	張	翼	軫	角	亢	氐	房	心	尾	箕	斗	
10月	女	虚	危	室	壁	奎	婁	胃	昴	畢	觜	参	井	鬼	柳	星	張	翼	軫	角	亢	氐	房	心	尾	箕	斗	女	虚	危	室
11月	壁	奎	婁	胃	昴	畢	觜	参	井	鬼	柳	星	張	翼	軫	角	亢	氐	房	心	尾	箕	心	尾	箕	斗	女	虚	危	室	
12月	壁	奎	婁	胃	昴	畢	觜	参	井	鬼	柳	星	張	翼	軫	角	亢	氐	房	心	尾	斗	女	虚	危	室	壁	奎	婁	胃	昴

1985年

	1	2	3	4	5	6	7	8	9	10	11	12	13	14	15	16	17	18	19	20	21	22	23	24	25	26	27	28	29	30	31
1月	畢	觜	参	井	鬼	柳	星	張	翼	軫	角	亢	氐	房	心	尾	箕	斗	女	虚	虚	危	室	壁	奎	婁	胃	昴	畢	觜	参
2月	井	鬼	柳	星	張	翼	軫	角	亢	氐	房	心	尾	箕	斗	女	虚	危	室	室	壁	奎	婁	胃	昴	畢	觜	参			
3月	井	鬼	柳	星	張	翼	軫	角	亢	氐	房	心	尾	箕	斗	女	虚	危	室	壁	奎	婁	胃	昴	畢	觜	参	井	鬼	柳	星
4月	張	翼	軫	角	亢	氐	房	心	尾	箕	斗	女	虚	危	室	壁	奎	婁	胃	胃	昴	畢	觜	参	井	鬼	柳	星	張	翼	
5月	軫	角	亢	氐	房	心	尾	箕	斗	女	虚	危	室	壁	奎	婁	胃	昴	畢	畢	觜	参	井	鬼	柳	星	張	翼	軫	角	亢
6月	氐	房	心	尾	箕	斗	女	虚	危	室	壁	奎	婁	胃	昴	畢	觜	参	井	鬼	柳	星	張	翼	軫	角	亢	氐	房	心	
7月	尾	箕	斗	女	虚	危	室	壁	奎	婁	胃	昴	畢	觜	参	井	鬼	鬼	柳	星	張	翼	軫	角	亢	氐	房	心	尾	箕	斗
8月	女	虚	危	室	壁	奎	婁	胃	昴	畢	觜	参	井	鬼	柳	張	翼	軫	角	亢	氐	房	心	尾	箕	斗	女	虚	危	室	壁
9月	奎	婁	胃	昴	畢	觜	参	井	鬼	柳	星	張	翼	軫	角	亢	氐	房	心	尾	箕	斗	女	虚	危	室	壁	奎	婁	胃	
10月	昴	畢	觜	参	井	鬼	柳	星	張	翼	軫	角	亢	氐	房	心	尾	箕	斗	女	虚	危	室	壁	奎	婁	胃	昴	畢	觜	参
11月	井	鬼	柳	星	張	翼	軫	角	亢	氐	房	心	尾	箕	斗	女	虚	危	室	壁	奎	婁	胃	昴	畢	觜	参	井	鬼	柳	
12月	星	張	翼	軫	角	亢	氐	房	心	尾	箕	斗	女	虚	危	室	壁	奎	婁	胃	昴	畢	觜	参	井	鬼	柳	星	張	翼	軫

1986年

	1	2	3	4	5	6	7	8	9	10	11	12	13	14	15	16	17	18	19	20	21	22	23	24	25	26	27	28	29	30	31
1月	角	亢	氐	房	心	尾	箕	斗	女	虚	危	室	壁	奎	婁	胃	昴	畢	觜	参	井	鬼	柳	星	張	翼	軫	角	亢	氐	房
2月	心	尾	箕	斗	女	虚	危	室	室	壁	奎	婁	胃	昴	畢	觜	参	井	鬼	柳	星	張	翼	軫	角	亢	氐	房			
3月	心	尾	箕	斗	女	虚	危	室	壁	奎	婁	胃	昴	畢	觜	参	井	鬼	柳	星	張	翼	軫	角	亢	氐	房	心	尾	箕	斗
4月	女	虚	危	室	壁	奎	婁	胃	胃	昴	畢	觜	参	井	鬼	柳	星	張	翼	軫	角	亢	氐	房	心	尾	箕	斗	女	虚	
5月	危	室	壁	奎	婁	胃	昴	畢	畢	觜	参	井	鬼	柳	星	張	翼	軫	角	亢	氐	房	心	尾	箕	斗	女	虚	危	室	壁
6月	奎	婁	胃	昴	畢	觜	参	井	鬼	柳	星	張	翼	軫	角	亢	氐	房	心	尾	箕	斗	女	虚	危	室	壁	奎	婁	胃	
7月	昴	畢	觜	参	井	鬼	鬼	柳	星	張	翼	軫	角	亢	氐	房	心	尾	箕	斗	女	虚	危	室	壁	奎	婁	胃	昴	畢	觜
8月	参	井	鬼	柳	星	張	翼	軫	角	亢	氐	房	心	尾	箕	斗	女	虚	危	室	壁	奎	婁	胃	昴	畢	觜	参	井	鬼	柳
9月	星	張	翼	角	亢	氐	房	心	尾	箕	斗	女	虚	危	室	壁	奎	婁	胃	昴	畢	觜	参	井	鬼	柳	星	張	翼	軫	
10月	角	亢	氐	氐	房	心	尾	箕	斗	女	虚	危	室	壁	奎	婁	胃	昴	畢	觜	参	井	鬼	柳	星	張	翼	軫	角	亢	氐
11月	房	心	尾	箕	斗	女	虚	危	室	壁	奎	婁	胃	昴	畢	觜	参	井	鬼	柳	星	張	翼	軫	角	亢	氐	房	心	尾	
12月	箕	斗	女	虚	危	室	壁	奎	婁	胃	昴	畢	觜	参	井	鬼	柳	星	張	翼	軫	角	亢	氐	房	心	尾	箕	斗	女	虚

1987年

	1	2	3	4	5	6	7	8	9	10	11	12	13	14	15	16	17	18	19	20	21	22	23	24	25	26	27	28	29	30	31
1月	危	室	壁	奎	婁	胃	昴	畢	觜	参	井	鬼	柳	星	張	翼	軫	角	亢	氐	房	心	尾	箕	斗	女	虚	危	室	壁	奎
2月	婁	胃	昴	畢	觜	参	井	鬼	柳	星	張	翼	軫	角	亢	氐	房	心	尾	箕	斗	女	虚	危	室	壁	奎	奎			
3月	婁	胃	昴	畢	觜	参	井	鬼	柳	星	張	翼	軫	角	亢	氐	房	心	尾	箕	斗	女	虚	危	室	壁	奎	婁	胃	昴	畢
4月	觜	参	井	鬼	柳	星	張	翼	軫	角	亢	氐	房	心	尾	箕	斗	女	虚	危	室	壁	奎	婁	胃	昴	畢	畢	觜	参	
5月	井	鬼	柳	星	張	翼	軫	角	亢	氐	房	心	尾	箕	斗	女	虚	危	室	壁	奎	婁	胃	昴	畢	觜	参	参	井	鬼	柳
6月	星	張	翼	軫	角	亢	氐	房	心	尾	箕	斗	女	虚	危	室	壁	奎	婁	胃	昴	畢	觜	参	井	鬼	柳	星	張	翼	
7月	軫	角	亢	氐	房	心	尾	箕	斗	女	虚	危	室	壁	奎	婁	胃	昴	畢	觜	参	井	鬼	柳	星	鬼	柳	星	張	翼	軫
8月	角	亢	氐	房	心	尾	箕	斗	女	虚	危	室	壁	奎	婁	胃	昴	畢	觜	参	井	鬼	柳	張	翼	軫	角	亢	氐	房	心
9月	尾	箕	斗	女	虚	危	室	壁	奎	婁	胃	昴	畢	觜	参	井	鬼	柳	星	張	翼	軫	角	亢	氐	房	心	尾	箕	斗	
10月	女	虚	危	室	壁	奎	婁	胃	昴	畢	觜	参	井	鬼	柳	星	張	翼	軫	角	亢	氐	氐	房	心	尾	箕	斗	女	虚	危
11月	室	壁	奎	婁	胃	昴	畢	觜	参	井	鬼	柳	星	張	翼	軫	角	亢	氐	房	心	尾	箕	斗	女	虚	危	室	壁	奎	
12月	婁	胃	昴	畢	觜	参	井	鬼	柳	星	張	翼	軫	角	亢	氐	房	心	尾	箕	斗	女	虚	危	室	壁	奎	婁	胃	昴	畢

1988年

	1	2	3	4	5	6	7	8	9	10	11	12	13	14	15	16	17	18	19	20	21	22	23	24	25	26	27	28	29	30	31
1月	觜	参	井	鬼	柳	星	張	翼	軫	角	亢	氐	房	心	尾	箕	斗	女	虚	危	室	壁	奎	婁	胃	昴	畢	觜	参	井	鬼
2月	柳	星	張	翼	軫	角	亢	氐	房	心	尾	箕	斗	女	虚	危	室	室	壁	奎	婁	胃	昴	畢	觜	参	井	鬼	柳		
3月	星	張	翼	軫	角	亢	氐	房	心	尾	箕	斗	女	虚	危	室	壁	奎	婁	胃	昴	畢	觜	参	井	鬼	柳	星	張	翼	軫
4月	角	亢	氐	房	心	尾	箕	斗	女	虚	危	室	壁	奎	婁	胃	昴	畢	觜	参	井	鬼	柳	星	張	翼	軫	角	亢	氐	
5月	房	心	尾	箕	斗	女	虚	危	室	壁	奎	婁	胃	昴	畢	畢	觜	参	井	鬼	柳	星	張	翼	軫	角	亢	氐	房	心	尾
6月	箕	斗	女	虚	危	室	壁	奎	婁	胃	昴	畢	觜	参	井	鬼	柳	星	張	翼	軫	角	亢	氐	房	心	尾	箕	斗	女	
7月	虚	危	室	壁	奎	婁	胃	昴	畢	觜	参	井	鬼	鬼	柳	星	張	翼	軫	角	亢	氐	房	心	尾	箕	斗	女	虚	危	室
8月	壁	奎	婁	胃	昴	畢	觜	参	井	鬼	柳	張	翼	軫	角	亢	氐	房	心	尾	箕	斗	女	虚	危	室	壁	奎	婁	胃	昴
9月	畢	觜	参	井	鬼	柳	星	張	翼	軫	角	亢	氐	房	心	尾	箕	斗	女	虚	危	室	壁	奎	婁	胃	昴	畢	觜	参	
10月	井	鬼	柳	星	張	翼	軫	角	亢	氐	氐	房	心	尾	箕	斗	女	虚	危	室	壁	奎	婁	胃	昴	畢	觜	参	井	鬼	柳
11月	星	張	翼	軫	角	亢	氐	房	心	尾	箕	斗	女	虚	危	室	壁	奎	婁	胃	昴	畢	觜	参	井	鬼	柳	星	張	翼	
12月	軫	角	亢	氐	房	心	尾	箕	斗	女	虚	危	室	壁	奎	婁	胃	昴	畢	觜	参	井	鬼	柳	星	張	翼	軫	角	亢	氐

1989年

	1	2	3	4	5	6	7	8	9	10	11	12	13	14	15	16	17	18	19	20	21	22	23	24	25	26	27	28	29	30	31
1月	房	心	尾	箕	斗	女	虚	虚	危	室	壁	奎	婁	胃	昴	畢	觜	参	井	鬼	柳	星	張	翼	軫	角	亢	氐	房	心	尾
2月	箕	斗	女	虚	危	室	壁	奎	婁	胃	昴	畢	觜	参	井	鬼	柳	星	張	翼	軫	角	亢	氐	房	心	尾	箕			
3月	斗	女	虚	危	室	壁	奎	奎	婁	胃	昴	畢	觜	参	井	鬼	柳	星	張	翼	軫	角	亢	氐	房	心	尾	箕	斗	女	虚
4月	危	室	壁	奎	婁	胃	昴	畢	觜	参	井	鬼	柳	星	張	翼	軫	角	亢	氐	房	心	尾	箕	斗	女	虚	危	室	壁	
5月	奎	婁	胃	昴	畢	觜	参	井	鬼	柳	星	張	翼	軫	角	亢	氐	房	心	尾	箕	斗	女	虚	危	室	壁	奎	婁	胃	昴
6月	畢	觜	参	参	井	鬼	柳	星	張	翼	軫	角	亢	氐	房	心	尾	箕	斗	女	虚	危	室	壁	奎	婁	胃	昴	畢	觜	
7月	参	井	鬼	柳	星	張	翼	軫	角	亢	氐	房	心	尾	箕	斗	女	虚	危	室	壁	奎	婁	胃	昴	畢	觜	参	井	鬼	柳
8月	星	張	翼	軫	角	亢	氐	房	心	尾	箕	斗	女	虚	危	室	壁	奎	婁	胃	昴	畢	觜	参	井	鬼	柳	星	張	翼	角
9月	亢	氐	房	心	尾	箕	斗	女	虚	危	室	壁	奎	婁	胃	昴	畢	觜	参	井	鬼	柳	星	張	翼	軫	角	亢	氐	氐	
10月	房	心	尾	箕	斗	女	虚	危	室	壁	奎	婁	胃	昴	畢	觜	参	井	鬼	柳	星	張	翼	軫	角	亢	氐	房	心	心	尾
11月	箕	斗	女	虚	危	室	壁	奎	婁	胃	昴	畢	觜	参	井	鬼	柳	星	張	翼	軫	角	亢	氐	房	心	尾	斗	女	虚	
12月	危	室	壁	奎	婁	胃	昴	畢	觜	参	井	鬼	柳	星	張	翼	軫	角	亢	氐	房	心	尾	箕	斗	女	虚	虚	危	室	壁

1990年

	1	2	3	4	5	6	7	8	9	10	11	12	13	14	15	16	17	18	19	20	21	22	23	24	25	26	27	28	29	30	31
1月	奎	婁	胃	昴	畢	觜	参	井	鬼	柳	星	張	翼	軫	角	亢	氐	房	心	尾	箕	斗	女	虚	危	室	室	壁	奎	婁	胃
2月	昴	畢	觜	参	井	鬼	柳	星	張	翼	軫	角	亢	氐	房	心	尾	箕	斗	女	虚	危	室	壁	奎	婁	胃	昴			
3月	畢	觜	参	井	鬼	柳	星	張	翼	軫	角	亢	氐	房	心	尾	箕	斗	女	虚	危	室	壁	奎	婁	胃	胃	昴	畢	觜	参
4月	井	鬼	柳	星	張	翼	軫	角	亢	氐	房	心	尾	箕	斗	女	虚	危	室	壁	奎	婁	胃	昴	畢	觜	参	井	鬼	柳	
5月	星	張	翼	軫	角	亢	氐	房	心	尾	箕	斗	女	虚	危	室	壁	奎	婁	胃	昴	畢	觜	参	井	鬼	柳	星	張	翼	軫
6月	角	亢	氐	房	心	尾	箕	斗	女	虚	危	室	壁	奎	婁	胃	昴	畢	觜	参	井	鬼	参	井	鬼	柳	星	張	翼	軫	
7月	角	亢	氐	房	心	尾	箕	斗	女	虚	危	室	壁	奎	婁	胃	昴	畢	觜	参	井	鬼	柳	星	張	翼	軫	角	亢	氐	房
8月	心	尾	箕	斗	女	虚	危	室	壁	奎	婁	胃	昴	畢	觜	参	井	鬼	柳	張	翼	軫	角	亢	氐	房	心	尾	箕	斗	女
9月	虚	危	室	壁	奎	婁	胃	昴	畢	觜	参	井	鬼	柳	星	張	翼	軫	角	亢	氐	房	心	尾	箕	斗	女	虚	危	室	
10月	壁	奎	婁	胃	昴	畢	觜	参	井	鬼	柳	星	張	翼	軫	角	亢	氐	氐	房	心	尾	箕	斗	女	虚	危	室	壁	奎	婁
11月	胃	昴	畢	觜	参	井	鬼	柳	星	張	翼	軫	角	亢	氐	房	心	尾	箕	斗	女	虚	危	室	壁	奎	婁	胃	昴	畢	
12月	觜	参	井	鬼	柳	星	張	翼	軫	角	亢	氐	房	心	尾	箕	斗	女	虚	危	室	壁	奎	婁	胃	昴	畢	觜	参	井	鬼

1991年

	1	2	3	4	5	6	7	8	9	10	11	12	13	14	15	16	17	18	19	20	21	22	23	24	25	26	27	28	29	30	31
1月	柳	星	張	翼	軫	角	亢	氐	房	心	尾	箕	斗	女	虚	虚	危	室	壁	奎	婁	胃	昴	畢	觜	参	井	鬼	柳	星	張
2月	翼	軫	角	亢	氐	房	心	尾	箕	斗	女	虚	危	室	室	壁	奎	婁	胃	昴	畢	觜	参	井	鬼	柳	星	張			
3月	翼	軫	角	亢	氐	房	心	尾	箕	斗	女	虚	危	室	壁	奎	婁	胃	昴	畢	觜	参	井	鬼	柳	星	張	翼	軫	角	亢
4月	氐	房	心	尾	箕	斗	女	虚	危	室	壁	奎	婁	胃	胃	昴	畢	觜	参	井	鬼	柳	星	張	翼	軫	角	亢	氐	房	
5月	心	尾	箕	斗	女	虚	危	室	壁	奎	婁	胃	昴	畢	觜	参	井	鬼	柳	星	張	翼	軫	角	亢	氐	房	心	尾	箕	斗
6月	女	虚	危	室	壁	奎	婁	胃	昴	畢	觜	参	井	鬼	柳	星	張	翼	軫	角	亢	氐	房	心	尾	箕	斗	女	虚	危	
7月	室	壁	奎	婁	胃	昴	畢	觜	参	井	鬼	鬼	柳	星	張	翼	軫	角	亢	氐	房	心	尾	箕	斗	女	虚	危	室	壁	奎
8月	婁	胃	昴	畢	觜	参	井	鬼	柳	張	翼	軫	角	亢	氐	房	心	尾	箕	斗	女	虚	危	室	壁	奎	婁	胃	昴	畢	觜
9月	参	井	鬼	柳	星	張	翼	角	亢	氐	房	心	尾	箕	斗	女	虚	危	室	壁	奎	婁	胃	昴	畢	觜	参	井	鬼	柳	
10月	星	張	翼	軫	角	亢	氐	氐	房	心	尾	箕	斗	女	虚	危	室	壁	奎	婁	胃	昴	畢	觜	参	井	鬼	柳	星	張	翼
11月	軫	角	亢	氐	房	心	尾	箕	斗	女	虚	危	室	壁	奎	婁	胃	昴	畢	觜	参	井	鬼	柳	星	張	翼	軫	角	亢	
12月	氐	房	心	尾	箕	斗	女	虚	危	室	壁	奎	婁	胃	昴	畢	觜	参	井	鬼	柳	星	張	翼	軫	角	亢	氐	房	心	尾

1992年

	1	2	3	4	5	6	7	8	9	10	11	12	13	14	15	16	17	18	19	20	21	22	23	24	25	26	27	28	29	30	31
1月	箕	斗	女	虚	虚	危	室	壁	奎	婁	胃	昴	畢	觜	参	井	鬼	柳	星	張	翼	軫	角	亢	氐	房	心	尾	箕	斗	女
2月	虚	危	室	室	壁	奎	婁	胃	昴	畢	觜	参	井	鬼	柳	星	張	翼	軫	角	亢	氐	房	心	尾	箕	斗	女	虚		
3月	危	室	壁	奎	婁	胃	昴	畢	觜	参	井	鬼	柳	星	張	翼	軫	角	亢	氐	房	心	尾	箕	斗	女	虚	危	室	壁	奎
4月	婁	胃	胃	昴	畢	觜	参	井	鬼	柳	星	張	翼	軫	角	亢	氐	房	心	尾	箕	斗	女	虚	危	室	壁	奎	婁	胃	
5月	昴	畢	畢	觜	参	井	鬼	柳	星	張	翼	軫	角	亢	氐	房	心	尾	箕	斗	女	虚	危	室	壁	奎	婁	胃	昴	畢	觜
6月	参	井	鬼	柳	星	張	翼	軫	角	亢	氐	房	心	尾	箕	斗	女	虚	危	室	壁	奎	婁	胃	昴	畢	觜	参	井	鬼	
7月	柳	星	張	翼	軫	角	亢	氐	房	心	尾	箕	斗	女	虚	危	室	壁	奎	婁	胃	昴	畢	觜	参	井	鬼	柳	星	張	翼
8月	軫	角	亢	氐	房	心	尾	箕	斗	女	虚	危	室	壁	奎	婁	胃	昴	畢	觜	参	井	鬼	柳	星	張	翼	角	亢	氐	房
9月	心	尾	箕	斗	女	虚	危	室	壁	奎	婁	胃	昴	畢	觜	参	井	鬼	柳	星	張	翼	軫	角	亢	氐	房	心	尾	箕	
10月	斗	女	虚	危	室	壁	奎	婁	胃	昴	畢	觜	参	井	鬼	柳	星	張	翼	軫	角	亢	氐	房	心	心	尾	箕	斗	女	虚
11月	危	室	壁	奎	婁	胃	昴	畢	觜	参	井	鬼	柳	星	張	翼	軫	角	亢	氐	房	心	尾	斗	女	虚	危	室	壁	奎	
12月	婁	胃	昴	畢	觜	参	井	鬼	柳	星	張	翼	軫	角	亢	氐	房	心	尾	箕	斗	女	虚	虚	危	室	壁	奎	婁	胃	昴

1993年

	1	2	3	4	5	6	7	8	9	10	11	12	13	14	15	16	17	18	19	20	21	22	23	24	25	26	27	28	29	30	31
1月	畢	觜	参	井	鬼	柳	星	張	翼	軫	角	亢	氐	房	心	尾	箕	斗	女	虚	危	室	室	壁	奎	婁	胃	昴	畢	觜	参
2月	井	鬼	柳	星	張	翼	軫	角	亢	氐	房	心	尾	箕	斗	女	虚	危	室	壁	奎	婁	胃	昴	畢	觜	参	井			
3月	鬼	柳	星	張	翼	軫	角	亢	氐	房	心	尾	箕	斗	女	虚	危	室	壁	奎	婁	胃	胃	昴	畢	觜	参	井	鬼	柳	星
4月	張	翼	軫	角	亢	氐	房	心	尾	箕	斗	女	虚	危	室	壁	奎	婁	胃	昴	畢	胃	昴	畢	觜	参	井	鬼	柳	星	
5月	張	翼	軫	角	亢	氐	房	心	尾	箕	斗	女	虚	危	室	壁	奎	婁	胃	昴	畢	觜	参	井	鬼	柳	星	張	翼	軫	角
6月	亢	氐	房	心	尾	箕	斗	女	虚	危	室	壁	奎	婁	胃	昴	畢	觜	参	参	井	鬼	柳	星	張	翼	軫	角	亢	氐	
7月	房	心	尾	箕	斗	女	虚	危	室	壁	奎	婁	胃	昴	畢	觜	参	井	鬼	柳	星	張	翼	軫	角	亢	氐	房	心	尾	箕
8月	斗	女	虚	危	室	壁	奎	婁	胃	昴	畢	觜	参	井	鬼	柳	星	張	翼	軫	角	亢	氐	房	心	尾	箕	斗	女	虚	危
9月	室	壁	奎	婁	胃	昴	畢	觜	参	井	鬼	柳	星	張	翼	角	亢	氐	房	心	尾	箕	斗	女	虚	危	室	壁	奎	婁	
10月	胃	昴	畢	觜	参	井	鬼	柳	星	張	翼	軫	角	亢	氐	房	心	尾	箕	斗	女	虚	危	室	壁	奎	婁	胃	昴	畢	觜
11月	参	井	鬼	柳	星	張	翼	軫	角	亢	氐	房	心	心	尾	箕	斗	女	虚	危	室	壁	奎	婁	胃	昴	畢	觜	参	井	
12月	鬼	柳	星	張	翼	軫	角	亢	氐	房	心	尾	斗	女	虚	危	室	壁	奎	婁	胃	昴	畢	觜	参	井	鬼	柳	星	張	翼

1994年

	1	2	3	4	5	6	7	8	9	10	11	12	13	14	15	16	17	18	19	20	21	22	23	24	25	26	27	28	29	30	31
1月	軫	角	亢	氐	房	心	尾	箕	斗	女	虚	虚	危	室	壁	奎	婁	胃	昴	畢	觜	参	井	鬼	柳	星	張	翼	軫	角	亢
2月	氐	房	心	尾	箕	斗	女	虚	危	室	壁	奎	婁	胃	昴	畢	觜	参	井	鬼	柳	星	張	翼	軫	角	亢	氐			
3月	房	心	尾	箕	斗	女	虚	危	室	壁	奎	奎	婁	胃	昴	畢	觜	参	井	鬼	柳	星	張	翼	軫	角	亢	氐	房	心	尾
4月	箕	斗	女	虚	危	室	壁	奎	婁	胃	胃	昴	畢	觜	参	井	鬼	柳	星	張	翼	軫	角	亢	氐	房	心	尾	箕	斗	
5月	女	虚	危	室	壁	奎	婁	胃	昴	畢	畢	觜	参	井	鬼	柳	星	張	翼	軫	角	亢	氐	房	心	尾	箕	斗	女	虚	危
6月	室	壁	奎	婁	胃	昴	畢	觜	参	井	鬼	柳	星	張	翼	軫	角	亢	氐	房	心	尾	箕	斗	女	虚	危	室	壁	奎	
7月	婁	胃	昴	畢	觜	参	井	鬼	鬼	柳	星	張	翼	軫	角	亢	氐	房	心	尾	箕	斗	女	虚	危	室	壁	奎	婁	胃	昴
8月	畢	觜	参	井	鬼	柳	張	翼	軫	角	亢	氐	房	心	尾	箕	斗	女	虚	危	室	壁	奎	婁	胃	昴	畢	觜	参	井	鬼
9月	柳	星	張	翼	軫	角	亢	氐	房	心	尾	箕	斗	女	虚	危	室	壁	奎	婁	胃	昴	畢	觜	参	井	鬼	柳	星	張	
10月	翼	軫	角	亢	氐	房	心	尾	箕	斗	女	虚	危	室	壁	奎	婁	胃	昴	畢	觜	参	井	鬼	柳	星	張	翼	軫	角	亢
11月	氐	房	心	尾	箕	斗	女	虚	危	室	壁	奎	婁	胃	昴	畢	觜	参	井	鬼	柳	星	張	翼	軫	角	亢	氐	房	心	
12月	尾	箕	斗	女	虚	危	室	壁	奎	婁	胃	昴	畢	觜	参	井	鬼	柳	星	張	翼	軫	角	亢	氐	房	心	尾	箕	斗	女

1995年

	1	2	3	4	5	6	7	8	9	10	11	12	13	14	15	16	17	18	19	20	21	22	23	24	25	26	27	28	29	30	31
1月	虚	危	室	壁	奎	婁	胃	昴	畢	觜	参	井	鬼	柳	星	張	翼	軫	角	亢	氐	房	心	尾	箕	斗	女	虚	危	室	室
2月	壁	奎	婁	胃	昴	畢	觜	参	井	鬼	柳	星	張	翼	軫	角	亢	氐	房	心	尾	箕	斗	女	虚	危	室	壁			
3月	奎	婁	胃	昴	畢	觜	参	井	鬼	柳	星	張	翼	軫	角	亢	氐	房	心	尾	箕	斗	女	虚	危	室	壁	奎	婁	胃	胃
4月	昴	畢	觜	参	井	鬼	柳	星	張	翼	軫	角	亢	氐	房	心	尾	箕	斗	女	虚	危	室	壁	奎	婁	胃	昴	畢	畢	
5月	觜	参	井	鬼	柳	星	張	翼	軫	角	亢	氐	房	心	尾	箕	斗	女	虚	危	室	壁	奎	婁	胃	昴	畢	觜	参	井	鬼
6月	柳	星	張	翼	軫	角	亢	氐	房	心	尾	箕	斗	女	虚	危	室	壁	奎	婁	胃	昴	畢	觜	参	井	鬼	鬼	柳	星	
7月	張	翼	軫	角	亢	氐	房	心	尾	箕	斗	女	虚	危	室	壁	奎	婁	胃	昴	畢	觜	参	井	鬼	柳	星	張	翼	軫	角
8月	亢	氐	房	心	尾	箕	斗	女	虚	危	室	壁	奎	婁	胃	昴	畢	觜	参	井	鬼	柳	星	張	翼	角	亢	氐	房	心	尾
9月	箕	斗	女	虚	危	室	壁	奎	婁	胃	昴	畢	觜	参	井	鬼	柳	星	張	翼	軫	角	亢	氐	角	亢	氐	房	心	尾	
10月	箕	斗	女	虚	危	室	壁	奎	婁	胃	昴	畢	觜	参	井	鬼	柳	星	張	翼	軫	角	亢	氐	房	心	尾	箕	斗	女	虚
11月	危	室	壁	奎	婁	胃	昴	畢	觜	参	井	鬼	柳	星	張	翼	軫	角	亢	氐	房	心	心	尾	箕	斗	女	虚	危	室	
12月	壁	奎	婁	胃	昴	畢	觜	参	井	鬼	柳	星	張	翼	軫	角	亢	氐	房	心	尾	斗	女	虚	危	室	壁	奎	婁	胃	昴

1996年

	1	2	3	4	5	6	7	8	9	10	11	12	13	14	15	16	17	18	19	20	21	22	23	24	25	26	27	28	29	30	31
1月	畢	觜	参	井	鬼	柳	星	張	翼	軫	角	亢	氐	房	心	尾	箕	斗	女	虚	危	室	壁	奎	婁	胃	昴	畢	觜	参	井
2月	鬼	柳	星	張	翼	軫	角	亢	氐	房	心	尾	箕	斗	女	虚	危	室	室	壁	奎	婁	胃	昴	畢	觜	参	井	鬼		
3月	柳	星	張	翼	軫	角	亢	氐	房	心	尾	箕	斗	女	虚	危	室	壁	奎	婁	胃	昴	畢	觜	参	井	鬼	柳	星	張	翼
4月	軫	角	亢	氐	房	心	尾	箕	斗	女	虚	危	室	壁	奎	婁	胃	胃	昴	畢	觜	参	井	鬼	柳	星	張	翼	軫	角	
5月	亢	氐	房	心	尾	箕	斗	女	虚	危	室	壁	奎	婁	胃	昴	畢	觜	参	井	鬼	柳	星	張	翼	軫	角	亢	氐	房	心
6月	尾	箕	斗	女	虚	危	室	壁	奎	婁	胃	昴	畢	觜	参	参	井	鬼	柳	星	張	翼	軫	角	亢	氐	房	心	尾	箕	
7月	斗	女	虚	危	室	壁	奎	婁	胃	昴	畢	觜	参	井	鬼	鬼	柳	星	張	翼	軫	角	亢	氐	房	心	尾	箕	斗	女	虚
8月	危	室	壁	奎	婁	胃	昴	畢	觜	参	井	鬼	柳	張	翼	軫	角	亢	氐	房	心	尾	箕	斗	女	虚	危	室	壁	奎	婁
9月	胃	昴	畢	觜	参	井	鬼	柳	星	張	翼	軫	角	亢	氐	房	心	尾	箕	斗	女	虚	危	室	壁	奎	婁	胃	昴	畢	
10月	觜	参	井	鬼	柳	星	張	翼	軫	角	亢	氐	房	心	尾	箕	斗	女	虚	危	室	壁	奎	婁	胃	昴	畢	觜	参	井	鬼
11月	柳	星	張	翼	軫	角	亢	氐	房	心	心	尾	箕	斗	女	虚	危	室	壁	奎	婁	胃	昴	畢	觜	参	井	鬼	柳	星	
12月	張	翼	軫	角	亢	氐	房	心	尾	箕	斗	女	虚	危	室	壁	奎	婁	胃	昴	畢	觜	参	井	鬼	柳	星	張	翼	軫	角

1997年

	1	2	3	4	5	6	7	8	9	10	11	12	13	14	15	16	17	18	19	20	21	22	23	24	25	26	27	28	29	30	31
1月	亢	氐	房	心	尾	箕	斗	女	虚	危	室	壁	奎	婁	胃	昴	畢	觜	参	井	鬼	柳	星	張	翼	軫	角	亢	氐	房	心
2月	尾	箕	斗	女	虚	危	室	室	壁	奎	婁	胃	昴	畢	觜	参	井	鬼	柳	星	張	翼	軫	角	亢	氐	房	心			
3月	尾	箕	斗	女	虚	危	室	壁	奎	婁	胃	昴	畢	觜	参	井	鬼	柳	星	張	翼	軫	角	亢	氐	房	心	尾	箕	斗	女
4月	虚	危	室	壁	奎	婁	胃	昴	畢	觜	参	井	鬼	柳	星	張	翼	軫	角	亢	氐	房	心	尾	箕	斗	女	虚	危	室	
5月	壁	奎	婁	胃	昴	畢	畢	觜	参	井	鬼	柳	星	張	翼	軫	角	亢	氐	房	心	尾	箕	斗	女	虚	危	室	壁	奎	婁
6月	胃	昴	畢	觜	参	井	鬼	柳	星	張	翼	軫	角	亢	氐	房	心	尾	箕	斗	女	虚	危	室	壁	奎	婁	胃	昴	畢	
7月	觜	参	井	鬼	鬼	柳	星	張	翼	軫	角	亢	氐	房	心	尾	箕	斗	女	虚	危	室	壁	奎	婁	胃	昴	畢	觜	参	井
8月	鬼	柳	張	翼	軫	角	亢	氐	房	心	尾	箕	斗	女	虚	危	室	壁	奎	婁	胃	昴	畢	觜	参	井	鬼	柳	星	張	翼
9月	軫	角	亢	氐	房	心	尾	箕	斗	女	虚	危	室	壁	奎	婁	胃	昴	畢	觜	参	井	鬼	柳	星	張	翼	軫	角	亢	
10月	氐	氐	房	心	尾	箕	斗	女	虚	危	室	壁	奎	婁	胃	昴	畢	觜	参	井	鬼	柳	星	張	翼	軫	角	亢	氐	房	心
11月	尾	箕	斗	女	虚	危	室	壁	奎	婁	胃	昴	畢	觜	参	井	鬼	柳	星	張	翼	軫	角	亢	氐	房	心	尾	箕	斗	
12月	女	虚	危	室	壁	奎	婁	胃	昴	畢	觜	参	井	鬼	柳	星	張	翼	軫	角	亢	氐	房	心	尾	箕	斗	女	虚	虚	危

1998年

	1	2	3	4	5	6	7	8	9	10	11	12	13	14	15	16	17	18	19	20	21	22	23	24	25	26	27	28	29	30	31
1月	室	壁	奎	婁	胃	昴	畢	觜	参	井	鬼	柳	星	張	翼	軫	角	亢	氐	房	心	尾	箕	斗	女	虚	危	室	壁	奎	婁
2月	胃	昴	畢	觜	参	井	鬼	柳	星	張	翼	軫	角	亢	氐	房	心	尾	箕	斗	女	虚	危	室	壁	奎	奎	婁			
3月	胃	昴	畢	觜	参	井	鬼	柳	星	張	翼	軫	角	亢	氐	房	心	尾	箕	斗	女	虚	危	室	壁	奎	婁	胃	昴	畢	觜
4月	参	井	鬼	柳	星	張	翼	軫	角	亢	氐	房	心	尾	箕	斗	女	虚	危	室	壁	奎	婁	胃	昴	畢	觜	参	井	鬼	
5月	柳	星	張	翼	軫	角	亢	氐	房	心	尾	箕	斗	女	虚	危	室	壁	奎	婁	胃	昴	畢	觜	参	参	井	鬼	柳	星	張
6月	翼	軫	角	亢	氐	房	心	尾	箕	斗	女	虚	危	室	壁	奎	婁	胃	昴	畢	觜	参	井	参	井	鬼	柳	星	張	翼	
7月	軫	角	亢	氐	房	心	尾	箕	斗	女	虚	危	室	壁	奎	婁	胃	昴	畢	觜	参	井	鬼	柳	星	張	翼	軫	角	亢	氐
8月	房	心	尾	箕	斗	女	虚	危	室	壁	奎	婁	胃	昴	畢	觜	参	井	鬼	柳	星	張	翼	軫	角	亢	氐	房	心	尾	箕
9月	斗	女	虚	危	室	壁	奎	婁	胃	昴	畢	觜	参	井	鬼	柳	星	張	翼	軫	角	亢	氐	房	心	尾	箕	斗	女	虚	
10月	危	室	壁	奎	婁	胃	昴	畢	觜	参	井	鬼	柳	星	張	翼	軫	角	亢	氐	房	心	尾	箕	斗	女	虚	危	室	壁	奎
11月	婁	胃	昴	畢	觜	参	井	鬼	柳	星	張	翼	軫	角	亢	氐	房	心	心	尾	箕	斗	女	虚	危	室	壁	奎	婁	胃	
12月	昴	畢	觜	参	井	鬼	柳	星	張	翼	軫	角	亢	氐	房	心	尾	箕	斗	女	虚	危	室	壁	奎	婁	胃	昴	畢	觜	参

紫式部占い　27キャラクター早見表

1999年

	1	2	3	4	5	6	7	8	9	10	11	12	13	14	15	16	17	18	19	20	21	22	23	24	25	26	27	28	29	30	31
1月	井	鬼	柳	星	張	翼	軫	角	亢	氐	房	心	尾	箕	斗	女	虚	虚	危	室	壁	奎	婁	胃	昴	畢	觜	参	井	鬼	柳
2月	星	張	翼	軫	角	亢	氐	房	心	尾	箕	斗	女	虚	危	室	壁	奎	婁	胃	昴	畢	觜	参	井	鬼	柳	星			
3月	張	翼	軫	角	亢	氐	房	心	尾	箕	斗	女	虚	危	室	壁	奎	奎	婁	胃	昴	畢	觜	参	井	鬼	柳	星	張	翼	軫
4月	角	亢	氐	房	心	尾	箕	斗	女	虚	危	室	壁	奎	婁	胃	昴	畢	觜	参	井	鬼	柳	星	張	翼	軫	角	亢	氐	
5月	房	心	尾	箕	斗	女	虚	危	室	壁	奎	婁	胃	昴	畢	觜	参	井	鬼	柳	星	張	翼	軫	角	亢	氐	房	心	尾	箕
6月	斗	女	虚	危	室	壁	奎	婁	胃	昴	畢	觜	参	参	井	鬼	柳	星	張	翼	軫	角	亢	氐	房	心	尾	箕	斗	女	
7月	虚	危	室	壁	奎	婁	胃	昴	畢	觜	参	井	鬼	柳	星	張	翼	軫	角	亢	氐	房	心	尾	箕	斗	女	虚	危	室	壁
8月	奎	婁	胃	昴	畢	觜	参	井	鬼	柳	張	翼	軫	角	亢	氐	房	心	尾	箕	斗	女	虚	危	室	壁	奎	婁	胃	昴	畢
9月	觜	参	井	鬼	柳	星	張	翼	軫	角	亢	氐	房	心	尾	箕	斗	女	虚	危	室	壁	奎	婁	胃	昴	畢	觜	参	井	
10月	鬼	柳	星	張	翼	軫	角	亢	氐	房	心	尾	箕	斗	女	虚	危	室	壁	奎	婁	胃	昴	畢	觜	参	井	鬼	柳	星	張
11月	翼	軫	角	亢	氐	房	心	心	尾	箕	斗	女	虚	危	室	壁	奎	婁	胃	昴	畢	觜	参	井	鬼	柳	星	張	翼	軫	
12月	角	亢	氐	房	心	尾	箕	斗	女	虚	危	室	壁	奎	婁	胃	昴	畢	觜	参	井	鬼	柳	星	張	翼	軫	角	亢	氐	房

2000年

	1	2	3	4	5	6	7	8	9	10	11	12	13	14	15	16	17	18	19	20	21	22	23	24	25	26	27	28	29	30	31
1月	心	尾	箕	斗	女	虚	虚	危	室	壁	奎	婁	胃	昴	畢	觜	参	井	鬼	柳	星	張	翼	軫	角	亢	氐	房	心	尾	箕
2月	斗	女	虚	危	室	壁	奎	婁	胃	昴	畢	觜	参	井	鬼	柳	星	張	翼	軫	角	亢	氐	房	心	尾	箕	斗	女		
3月	虚	危	室	壁	奎	奎	婁	胃	昴	畢	觜	参	井	鬼	柳	星	張	翼	軫	角	亢	氐	房	心	尾	箕	斗	女	虚	危	室
4月	壁	奎	婁	胃	胃	昴	畢	觜	参	井	鬼	柳	星	張	翼	軫	角	亢	氐	房	心	尾	箕	斗	女	虚	危	室	壁	奎	
5月	婁	胃	昴	畢	觜	参	井	鬼	柳	星	張	翼	軫	角	亢	氐	房	心	尾	箕	斗	女	虚	危	室	壁	奎	婁	胃	昴	畢
6月	觜	参	井	鬼	柳	星	張	翼	軫	角	亢	氐	房	心	尾	箕	斗	女	虚	危	室	壁	奎	婁	胃	昴	畢	觜	参	井	
7月	鬼	鬼	柳	星	張	翼	軫	角	亢	氐	房	心	尾	箕	斗	女	虚	危	室	壁	奎	婁	胃	昴	畢	觜	参	井	鬼	柳	張
8月	翼	軫	角	亢	氐	房	心	尾	箕	斗	女	虚	危	室	壁	奎	婁	胃	昴	畢	觜	参	井	鬼	柳	星	張	翼	角	亢	氐
9月	房	心	尾	箕	斗	女	虚	危	室	壁	奎	婁	胃	昴	畢	觜	参	井	鬼	柳	星	張	翼	軫	角	亢	氐	氐	房	心	
10月	尾	箕	斗	女	虚	危	室	壁	奎	婁	胃	昴	畢	觜	参	井	鬼	柳	星	張	翼	軫	角	亢	氐	房	心	尾	箕	斗	女
11月	虚	危	室	壁	奎	婁	胃	昴	畢	觜	参	井	鬼	柳	星	張	翼	軫	角	亢	氐	房	心	尾	箕	斗	女	虚	危	室	
12月	壁	奎	婁	胃	昴	畢	觜	参	井	鬼	柳	星	張	翼	軫	角	亢	氐	房	心	尾	箕	斗	女	虚	虚	危	室	壁	奎	婁

2001年

	1	2	3	4	5	6	7	8	9	10	11	12	13	14	15	16	17	18	19	20	21	22	23	24	25	26	27	28	29	30	31
1月	胃	昴	畢	觜	参	井	鬼	柳	星	張	翼	軫	角	亢	氐	房	心	尾	箕	斗	女	虚	危	室	壁	奎	婁	胃	昴	畢	觜
2月	参	井	鬼	柳	星	張	翼	軫	角	亢	氐	房	心	尾	箕	斗	女	虚	危	室	壁	奎	奎	婁	胃	昴	畢	觜			
3月	参	井	鬼	柳	星	張	翼	軫	角	亢	氐	房	心	尾	箕	斗	女	虚	危	室	壁	奎	婁	胃	胃	昴	畢	觜	参	井	鬼
4月	柳	星	張	翼	軫	角	亢	氐	房	心	尾	箕	斗	女	虚	危	室	壁	奎	婁	胃	昴	畢	畢	觜	参	井	鬼	柳	星	
5月	張	翼	軫	角	亢	氐	房	心	尾	箕	斗	女	虚	危	室	壁	奎	婁	胃	昴	畢	觜	畢	觜	参	井	鬼	柳	星	張	翼
6月	軫	角	亢	氐	房	心	尾	箕	斗	女	虚	危	室	壁	奎	婁	胃	昴	畢	觜	参	井	鬼	柳	星	張	翼	軫	角	亢	
7月	氐	房	心	尾	箕	斗	女	虚	危	室	壁	奎	婁	胃	昴	畢	觜	参	井	鬼	鬼	柳	星	張	翼	軫	角	亢	氐	房	心
8月	尾	箕	斗	女	虚	危	室	壁	奎	婁	胃	昴	畢	觜	参	井	鬼	柳	張	翼	軫	角	亢	氐	房	心	尾	箕	斗	女	虚
9月	危	室	壁	奎	婁	胃	昴	畢	觜	参	井	鬼	柳	星	張	翼	角	亢	氐	房	心	尾	箕	斗	女	虚	危	室	壁	奎	
10月	婁	胃	昴	畢	觜	参	井	鬼	柳	星	張	翼	軫	角	亢	氐	氐	房	心	尾	箕	斗	女	虚	危	室	壁	奎	婁	胃	昴
11月	畢	觜	参	井	鬼	柳	星	張	翼	軫	角	亢	氐	房	心	尾	箕	斗	女	虚	危	室	壁	奎	婁	胃	昴	畢	觜	参	
12月	井	鬼	柳	星	張	翼	軫	角	亢	氐	房	心	尾	箕	斗	女	虚	危	室	壁	奎	婁	胃	昴	畢	觜	参	井	鬼	柳	星

2002年

	1	2	3	4	5	6	7	8	9	10	11	12	13	14	15	16	17	18	19	20	21	22	23	24	25	26	27	28	29	30	31
1月	張	翼	軫	角	亢	氐	房	心	尾	箕	斗	女	虚	危	室	壁	奎	婁	胃	昴	畢	觜	参	井	鬼	柳	星	張	翼	軫	角
2月	亢	氐	房	心	尾	箕	斗	女	虚	危	室	室	壁	奎	婁	胃	昴	畢	觜	参	井	鬼	柳	星	張	翼	軫	角			
3月	亢	氐	房	心	尾	箕	斗	女	虚	危	室	壁	奎	奎	婁	胃	昴	畢	觜	参	井	鬼	柳	星	張	翼	軫	角	亢	氐	房
4月	心	尾	箕	斗	女	虚	危	室	壁	奎	婁	胃	胃	昴	畢	觜	参	井	鬼	柳	星	張	翼	軫	角	亢	氐	房	心	尾	
5月	箕	斗	女	虚	危	室	壁	奎	婁	胃	昴	畢	觜	参	井	鬼	柳	星	張	翼	軫	角	亢	氐	房	心	尾	箕	斗	女	虚
6月	危	室	壁	奎	婁	胃	昴	畢	觜	参	参	井	鬼	柳	星	張	翼	軫	角	亢	氐	房	心	尾	箕	斗	女	虚	危	室	
7月	壁	奎	婁	胃	昴	畢	觜	参	井	鬼	柳	星	張	翼	軫	角	亢	氐	房	心	尾	箕	斗	女	虚	危	室	壁	奎	婁	胃
8月	昴	畢	觜	参	井	鬼	柳	星	張	翼	軫	角	亢	氐	房	心	尾	箕	斗	女	虚	危	室	壁	奎	婁	胃	昴	畢	觜	参
9月	井	鬼	柳	星	張	翼	角	亢	氐	房	心	尾	箕	斗	女	虚	危	室	壁	奎	婁	胃	昴	畢	觜	参	井	鬼	柳	星	
10月	張	翼	軫	角	亢	氐	房	心	尾	箕	斗	女	虚	危	室	壁	奎	婁	胃	昴	畢	觜	参	井	鬼	柳	星	張	翼	軫	角
11月	亢	氐	房	心	心	尾	箕	斗	女	虚	危	室	壁	奎	婁	胃	昴	畢	觜	参	井	鬼	柳	星	張	翼	軫	角	亢	氐	
12月	房	心	尾	斗	女	虚	危	室	壁	奎	婁	胃	昴	畢	觜	参	井	鬼	柳	星	張	翼	軫	角	亢	氐	房	心	尾	箕	斗

2003年

	1	2	3	4	5	6	7	8	9	10	11	12	13	14	15	16	17	18	19	20	21	22	23	24	25	26	27	28	29	30	31
1月	女	虚	虚	危	室	壁	奎	婁	胃	昴	畢	觜	参	井	鬼	柳	星	張	翼	軫	角	亢	氐	房	心	尾	箕	斗	女	虚	危
2月	室	壁	奎	婁	胃	昴	畢	觜	参	井	鬼	柳	星	張	翼	軫	角	亢	氐	房	心	尾	箕	斗	女	虚	危	室			
3月	壁	奎	奎	婁	胃	昴	畢	觜	参	井	鬼	柳	星	張	翼	軫	角	亢	氐	房	心	尾	箕	斗	女	虚	危	室	壁	奎	婁
4月	胃	胃	昴	畢	觜	参	井	鬼	柳	星	張	翼	軫	角	亢	氐	房	心	尾	箕	斗	女	虚	危	室	壁	奎	婁	胃	昴	
5月	畢	觜	参	井	鬼	柳	星	張	翼	軫	角	亢	氐	房	心	尾	箕	斗	女	虚	危	室	壁	奎	婁	胃	昴	畢	觜	参	参
6月	井	鬼	柳	星	張	翼	軫	角	亢	氐	房	心	尾	箕	斗	女	虚	危	室	壁	奎	婁	胃	昴	畢	觜	参	井	鬼	鬼	
7月	柳	星	張	翼	軫	角	亢	氐	房	心	尾	箕	斗	女	虚	危	室	壁	奎	婁	胃	昴	畢	觜	参	井	鬼	柳	張	翼	軫
8月	角	亢	氐	房	心	尾	箕	斗	女	虚	危	室	壁	奎	婁	胃	昴	畢	觜	参	井	鬼	柳	星	張	翼	軫	角	亢	氐	房
9月	心	尾	箕	斗	女	虚	危	室	壁	奎	婁	胃	昴	畢	觜	参	井	鬼	柳	星	張	翼	軫	角	亢	氐	房	心	尾	箕	
10月	斗	女	虚	危	室	壁	奎	婁	胃	昴	畢	觜	参	井	鬼	柳	星	張	翼	軫	角	亢	氐	房	心	尾	箕	斗	女	虚	危
11月	室	壁	奎	婁	胃	昴	畢	觜	参	井	鬼	柳	星	張	翼	軫	角	亢	氐	房	心	尾	箕	斗	女	虚	危	室	壁	奎	
12月	婁	胃	昴	畢	觜	参	井	鬼	柳	星	張	翼	軫	角	亢	氐	房	心	尾	箕	斗	女	虚	危	室	壁	奎	婁	胃	昴	畢

2004年

	1	2	3	4	5	6	7	8	9	10	11	12	13	14	15	16	17	18	19	20	21	22	23	24	25	26	27	28	29	30	31
1月	觜	参	井	鬼	柳	星	張	翼	軫	角	亢	氐	房	心	尾	箕	斗	女	虚	危	室	室	壁	奎	婁	胃	昴	畢	觜	参	井
2月	鬼	柳	星	張	翼	軫	角	亢	氐	房	心	尾	箕	斗	女	虚	危	室	壁	奎	婁	胃	昴	畢	觜	参	井	鬼	柳		
3月	星	張	翼	軫	角	亢	氐	房	心	尾	箕	斗	女	虚	危	室	壁	奎	婁	胃	奎	婁	胃	昴	畢	觜	参	井	鬼	柳	星
4月	張	翼	軫	角	亢	氐	房	心	尾	箕	斗	女	虚	危	室	壁	奎	婁	胃	昴	畢	觜	参	井	鬼	柳	星	張	翼	軫	
5月	角	亢	氐	房	心	尾	箕	斗	女	虚	危	室	壁	奎	婁	胃	昴	畢	畢	觜	参	井	鬼	柳	星	張	翼	軫	角	亢	氐
6月	房	心	尾	箕	斗	女	虚	危	室	壁	奎	婁	胃	昴	畢	觜	参	参	井	鬼	柳	星	張	翼	軫	角	亢	氐	房	心	
7月	尾	箕	斗	女	虚	危	室	壁	奎	婁	胃	昴	畢	觜	参	井	鬼	柳	星	張	翼	軫	角	亢	氐	房	心	尾	箕	斗	女
8月	虚	危	室	壁	奎	婁	胃	昴	畢	觜	参	井	鬼	柳	星	張	翼	軫	角	亢	氐	房	心	尾	箕	斗	女	虚	危	室	壁
9月	奎	婁	胃	昴	畢	觜	参	井	鬼	柳	星	張	翼	角	亢	氐	房	心	尾	箕	斗	女	虚	危	室	壁	奎	婁	胃	昴	
10月	畢	觜	参	井	鬼	柳	星	張	翼	軫	角	亢	氐	氐	房	心	尾	箕	斗	女	虚	危	室	壁	奎	婁	胃	昴	畢	觜	参
11月	井	鬼	柳	星	張	翼	軫	角	亢	氐	房	心	尾	箕	斗	女	虚	危	室	壁	奎	婁	胃	昴	畢	觜	参	井	鬼	柳	
12月	星	張	翼	軫	角	亢	氐	房	心	尾	箕	斗	女	虚	危	室	壁	奎	婁	胃	昴	畢	觜	参	井	鬼	柳	星	張	翼	軫

2005年

	1	2	3	4	5	6	7	8	9	10	11	12	13	14	15	16	17	18	19	20	21	22	23	24	25	26	27	28	29	30	31
1月	角	亢	氐	房	心	尾	箕	斗	女	虚	危	室	壁	奎	婁	胃	昴	畢	觜	参	井	鬼	柳	星	張	翼	軫	角	亢	氐	房
2月	心	尾	箕	斗	女	虚	危	室	室	壁	奎	婁	胃	昴	畢	觜	参	井	鬼	柳	星	張	翼	軫	角	亢	氐	房			
3月	心	尾	箕	斗	女	虚	危	室	壁	奎	婁	胃	昴	畢	觜	参	井	鬼	柳	星	張	翼	軫	角	亢	氐	房	心	尾	箕	斗
4月	女	虚	危	室	壁	奎	婁	胃	胃	昴	畢	觜	参	井	鬼	柳	星	張	翼	軫	角	亢	氐	房	心	尾	箕	斗	女	虚	
5月	危	室	壁	奎	婁	胃	昴	畢	觜	参	井	鬼	柳	星	張	翼	軫	角	亢	氐	房	心	尾	箕	斗	女	虚	危	室	壁	奎
6月	婁	胃	昴	畢	觜	参	参	井	鬼	柳	星	張	翼	軫	角	亢	氐	房	心	尾	箕	斗	女	虚	危	室	壁	奎	婁	胃	
7月	昴	畢	觜	参	井	鬼	柳	星	張	翼	軫	角	亢	氐	房	心	尾	箕	斗	女	虚	危	室	壁	奎	婁	胃	昴	畢	觜	参
8月	井	鬼	柳	星	張	翼	軫	角	亢	氐	房	心	尾	箕	斗	女	虚	危	室	壁	奎	婁	胃	昴	畢	觜	参	井	鬼	柳	星
9月	張	翼	軫	角	亢	氐	房	心	尾	箕	斗	女	虚	危	室	壁	奎	婁	胃	昴	畢	觜	参	井	鬼	柳	星	張	翼	軫	
10月	角	亢	氐	房	心	尾	箕	斗	女	虚	危	室	壁	奎	婁	胃	昴	畢	觜	参	井	鬼	柳	星	張	翼	軫	角	亢	氐	房
11月	心	心	尾	箕	斗	女	虚	危	室	壁	奎	婁	胃	昴	畢	觜	参	井	鬼	柳	星	張	翼	軫	角	亢	氐	房	心	尾	
12月	箕	斗	女	虚	危	室	壁	奎	婁	胃	昴	畢	觜	参	井	鬼	柳	星	張	翼	軫	角	亢	氐	房	心	尾	箕	斗	女	虚

2006年

	1	2	3	4	5	6	7	8	9	10	11	12	13	14	15	16	17	18	19	20	21	22	23	24	25	26	27	28	29	30	31
1月	危	室	壁	奎	婁	胃	昴	畢	觜	参	井	鬼	柳	星	張	翼	軫	角	亢	氐	房	心	尾	箕	斗	女	虚	危	室	壁	奎
2月	婁	胃	昴	畢	觜	参	井	鬼	柳	星	張	翼	軫	角	亢	氐	房	心	尾	箕	斗	女	虚	危	室	壁	奎	奎			
3月	婁	胃	昴	畢	觜	参	井	鬼	柳	星	張	翼	軫	角	亢	氐	房	心	尾	箕	斗	女	虚	危	室	壁	奎	婁	胃	昴	畢
4月	觜	参	井	鬼	柳	星	張	翼	軫	角	亢	氐	房	心	尾	箕	斗	女	虚	危	室	壁	奎	婁	胃	昴	畢	畢	觜	参	
5月	井	鬼	柳	星	張	翼	軫	角	亢	氐	房	心	尾	箕	斗	女	虚	危	室	壁	奎	婁	胃	昴	畢	觜	参	井	鬼	柳	星
6月	張	翼	軫	角	亢	氐	房	心	尾	箕	斗	女	虚	危	室	壁	奎	婁	胃	昴	畢	觜	参	井	鬼	鬼	柳	星	張	翼	
7月	軫	角	亢	氐	房	心	尾	箕	斗	女	虚	危	室	壁	奎	婁	胃	昴	畢	觜	参	井	鬼	柳	張	翼	軫	角	亢	氐	房
8月	心	尾	箕	斗	女	虚	危	室	壁	奎	婁	胃	昴	畢	觜	参	井	鬼	柳	星	張	翼	軫	張	翼	軫	角	亢	氐	房	心
9月	尾	箕	斗	女	虚	危	室	壁	奎	婁	胃	昴	畢	觜	参	井	鬼	柳	星	張	翼	角	亢	氐	房	心	尾	箕	斗	女	
10月	虚	危	室	壁	奎	婁	胃	昴	畢	觜	参	井	鬼	柳	星	張	翼	軫	角	亢	氐	氐	房	心	尾	箕	斗	女	虚	危	室
11月	壁	奎	婁	胃	昴	畢	觜	参	井	鬼	柳	星	張	翼	軫	角	亢	氐	房	心	心	尾	箕	斗	女	虚	危	室	壁	奎	
12月	婁	胃	昴	畢	觜	参	井	鬼	柳	星	張	翼	軫	角	亢	氐	房	心	尾	斗	女	虚	危	室	壁	奎	婁	胃	昴	畢	觜

2007年

	1	2	3	4	5	6	7	8	9	10	11	12	13	14	15	16	17	18	19	20	21	22	23	24	25	26	27	28	29	30	31
1月	参	井	鬼	柳	星	張	翼	軫	角	亢	氐	房	心	尾	箕	斗	女	虚	虚	危	室	壁	奎	婁	胃	昴	畢	觜	参	井	鬼
2月	柳	星	張	翼	軫	角	亢	氐	房	心	尾	箕	斗	女	虚	危	室	室	壁	奎	婁	胃	昴	畢	觜	参	井	鬼			
3月	柳	星	張	翼	軫	角	亢	氐	房	心	尾	箕	斗	女	虚	危	室	壁	奎	婁	胃	昴	畢	觜	参	井	鬼	柳	星	張	翼
4月	軫	角	亢	氐	房	心	尾	箕	斗	女	虚	危	室	壁	奎	婁	胃	昴	畢	觜	参	井	鬼	柳	星	張	翼	軫	角	亢	
5月	氐	房	心	尾	箕	斗	女	虚	危	室	壁	奎	婁	胃	昴	畢	畢	觜	参	井	鬼	柳	星	張	翼	軫	角	亢	氐	房	心
6月	尾	箕	斗	女	虚	危	室	壁	奎	婁	胃	昴	畢	觜	参	井	鬼	柳	星	張	翼	軫	角	亢	氐	房	心	尾	箕	斗	
7月	女	虚	危	室	壁	奎	婁	胃	昴	畢	觜	参	井	鬼	柳	星	張	翼	軫	角	亢	氐	房	心	尾	箕	斗	女	虚	危	室
8月	壁	奎	婁	胃	昴	畢	觜	参	井	鬼	柳	星	張	翼	軫	角	亢	氐	房	心	尾	箕	斗	女	虚	危	室	壁	奎	婁	胃
9月	昴	畢	觜	参	井	鬼	柳	星	張	翼	角	亢	氐	房	心	尾	箕	斗	女	虚	危	室	壁	奎	婁	胃	昴	畢	觜	参	
10月	井	鬼	柳	星	張	翼	軫	角	亢	氐	氐	房	心	尾	箕	斗	女	虚	危	室	壁	奎	婁	胃	昴	畢	觜	参	井	鬼	柳
11月	星	張	翼	軫	角	亢	氐	房	心	心	尾	箕	斗	女	虚	危	室	壁	奎	婁	胃	昴	畢	觜	参	井	鬼	柳	星	張	
12月	翼	軫	角	亢	氐	房	心	尾	箕	斗	女	虚	危	室	壁	奎	婁	胃	昴	畢	觜	参	井	鬼	柳	星	張	翼	軫	角	亢

2008年

	1	2	3	4	5	6	7	8	9	10	11	12	13	14	15	16	17	18	19	20	21	22	23	24	25	26	27	28	29	30	31
1月	氐	房	心	尾	箕	斗	女	虚	危	室	壁	奎	婁	胃	昴	畢	觜	参	井	鬼	柳	星	張	翼	軫	角	亢	氐	房	心	尾
2月	箕	斗	女	虚	危	室	室	壁	奎	婁	胃	昴	畢	觜	参	井	鬼	柳	星	張	翼	軫	角	亢	氐	房	心	尾	箕		
3月	斗	女	虚	危	室	壁	奎	奎	婁	胃	昴	畢	觜	参	井	鬼	柳	星	張	翼	軫	角	亢	氐	房	心	尾	箕	斗	女	虚
4月	危	室	壁	奎	婁	胃	昴	畢	觜	参	井	鬼	柳	星	張	翼	軫	角	亢	氐	房	心	尾	箕	斗	女	虚	危	室	壁	
5月	奎	婁	胃	昴	畢	觜	参	井	鬼	柳	星	張	翼	軫	角	亢	氐	房	心	尾	箕	斗	女	虚	危	室	壁	奎	婁	胃	昴
6月	畢	觜	参	参	井	鬼	柳	星	張	翼	軫	角	亢	氐	房	心	尾	箕	斗	女	虚	危	室	壁	奎	婁	胃	昴	畢	觜	
7月	参	井	鬼	柳	星	張	翼	軫	角	亢	氐	房	心	尾	箕	斗	女	虚	危	室	壁	奎	婁	胃	昴	畢	觜	参	井	鬼	柳
8月	張	翼	軫	角	亢	氐	房	心	尾	箕	斗	女	虚	危	室	壁	奎	婁	胃	昴	畢	觜	参	井	鬼	柳	星	張	翼	軫	角
9月	亢	氐	房	心	尾	箕	斗	女	虚	危	室	壁	奎	婁	胃	昴	畢	觜	参	井	鬼	柳	星	張	翼	軫	角	亢	氐	房	
10月	心	尾	箕	斗	女	虚	危	室	壁	奎	婁	胃	昴	畢	觜	参	井	鬼	柳	星	張	翼	軫	角	亢	氐	房	心	心	尾	箕
11月	斗	女	虚	危	室	壁	奎	婁	胃	昴	畢	觜	参	井	鬼	柳	星	張	翼	軫	角	亢	氐	房	心	尾	箕	斗	女	虚	
12月	危	室	壁	奎	婁	胃	昴	畢	觜	参	井	鬼	柳	星	張	翼	軫	角	亢	氐	房	心	尾	箕	斗	女	虚	危	室	壁	奎

2009年

	1	2	3	4	5	6	7	8	9	10	11	12	13	14	15	16	17	18	19	20	21	22	23	24	25	26	27	28	29	30	31
1月	婁	胃	昴	畢	觜	参	井	鬼	柳	星	張	翼	軫	角	亢	氐	房	心	尾	箕	斗	女	虚	危	室	室	壁	奎	婁	胃	昴
2月	畢	觜	参	井	鬼	柳	星	張	翼	軫	角	亢	氐	房	心	尾	箕	斗	女	虚	危	室	壁	奎	奎	婁	胃	昴			
3月	畢	觜	参	井	鬼	柳	星	張	翼	軫	角	亢	氐	房	心	尾	箕	斗	女	虚	危	室	壁	奎	婁	胃	胃	昴	畢	觜	参
4月	井	鬼	柳	星	張	翼	軫	角	亢	氐	房	心	尾	箕	斗	女	虚	危	室	壁	奎	婁	胃	昴	畢	觜	参	井	鬼	柳	
5月	星	張	翼	軫	角	亢	氐	房	心	尾	箕	斗	女	虚	危	室	壁	奎	婁	胃	昴	畢	觜	参	井	鬼	柳	星	張	翼	軫
6月	角	亢	氐	房	心	尾	箕	斗	女	虚	危	室	壁	奎	婁	胃	昴	畢	觜	参	井	鬼	参	井	鬼	柳	星	張	翼	軫	
7月	角	亢	氐	房	心	尾	箕	斗	女	虚	危	室	壁	奎	婁	胃	昴	畢	觜	参	井	鬼	柳	星	張	翼	軫	角	亢	氐	房
8月	心	尾	箕	斗	女	虚	危	室	壁	奎	婁	胃	昴	畢	觜	参	井	鬼	柳	張	翼	軫	角	亢	氐	房	心	尾	箕	斗	女
9月	虚	危	室	壁	奎	婁	胃	昴	畢	觜	参	井	鬼	柳	星	張	翼	軫	角	亢	氐	房	心	尾	箕	斗	女	虚	危	室	
10月	壁	奎	婁	胃	昴	畢	觜	参	井	鬼	柳	星	張	翼	軫	角	亢	氐	房	心	尾	箕	斗	女	虚	危	室	壁	奎	婁	胃
11月	昴	畢	觜	参	井	鬼	柳	星	張	翼	軫	角	亢	氐	房	心	心	尾	箕	斗	女	虚	危	室	壁	奎	婁	胃	昴	畢	
12月	觜	参	井	鬼	柳	星	張	翼	軫	角	亢	氐	房	心	尾	斗	女	虚	危	室	壁	奎	婁	胃	昴	畢	觜	参	井	鬼	柳

2010年

	1	2	3	4	5	6	7	8	9	10	11	12	13	14	15	16	17	18	19	20	21	22	23	24	25	26	27	28	29	30	31
1月	星	張	翼	軫	角	亢	氐	房	心	尾	箕	斗	女	虚	虚	危	室	壁	奎	婁	胃	昴	畢	觜	参	井	鬼	柳	星	張	翼
2月	軫	角	亢	氐	房	心	尾	箕	斗	女	虚	危	室	室	壁	奎	婁	胃	昴	畢	觜	参	井	鬼	柳	星	張	翼			
3月	軫	角	亢	氐	房	心	尾	箕	斗	女	虚	危	室	壁	奎	奎	婁	胃	昴	畢	觜	参	井	鬼	柳	星	張	翼	軫	角	亢
4月	氐	房	心	尾	箕	斗	女	虚	危	室	壁	奎	婁	胃	昴	畢	觜	参	井	鬼	柳	星	張	翼	軫	角	亢	氐	房	心	
5月	尾	箕	斗	女	虚	危	室	壁	奎	婁	胃	昴	畢	畢	觜	参	井	鬼	柳	星	張	翼	軫	角	亢	氐	房	心	尾	箕	斗
6月	女	虚	危	室	壁	奎	婁	胃	昴	畢	觜	参	井	鬼	柳	星	張	翼	軫	角	亢	氐	房	心	尾	箕	斗	女	虚	危	
7月	室	壁	奎	婁	胃	昴	畢	觜	参	井	鬼	鬼	柳	星	張	翼	軫	角	亢	氐	房	心	尾	箕	斗	女	虚	危	室	壁	奎
8月	婁	胃	昴	畢	觜	参	井	鬼	柳	張	翼	軫	角	亢	氐	房	心	尾	箕	斗	女	虚	危	室	壁	奎	婁	胃	昴	畢	觜
9月	参	井	鬼	柳	星	張	翼	角	亢	氐	房	心	尾	箕	斗	女	虚	危	室	壁	奎	婁	胃	昴	畢	觜	参	井	鬼	柳	
10月	星	張	翼	軫	角	亢	氐	氐	房	心	尾	箕	斗	女	虚	危	室	壁	奎	婁	胃	昴	畢	觜	参	井	鬼	柳	星	張	翼
11月	軫	角	亢	氐	房	心	尾	箕	斗	女	虚	危	室	壁	奎	婁	胃	昴	畢	觜	参	井	鬼	柳	星	張	翼	軫	角	亢	
12月	氐	房	心	尾	箕	斗	女	虚	危	室	壁	奎	婁	胃	昴	畢	觜	参	井	鬼	柳	星	張	翼	軫	角	亢	氐	房	心	尾

2011年

	1	2	3	4	5	6	7	8	9	10	11	12	13	14	15	16	17	18	19	20	21	22	23	24	25	26	27	28	29	30	31
1月	箕	斗	女	虚	危	室	壁	奎	婁	胃	昴	畢	觜	参	井	鬼	柳	星	張	翼	軫	角	亢	氐	房	心	尾	箕	斗	女	虚
2月	危	室	室	壁	奎	婁	胃	昴	畢	觜	参	井	鬼	柳	星	張	翼	軫	角	亢	氐	房	心	尾	箕	斗	女	虚			
3月	危	室	壁	奎	奎	婁	胃	昴	畢	觜	参	井	鬼	柳	星	張	翼	軫	角	亢	氐	房	心	尾	箕	斗	女	虚	危	室	壁
4月	奎	婁	胃	昴	畢	觜	参	井	鬼	柳	星	張	翼	軫	角	亢	氐	房	心	尾	箕	斗	女	虚	危	室	壁	奎	婁	胃	
5月	昴	畢	畢	觜	参	井	鬼	柳	星	張	翼	軫	角	亢	氐	房	心	尾	箕	斗	女	虚	危	室	壁	奎	婁	胃	昴	畢	觜
6月	参	参	井	鬼	柳	星	張	翼	軫	角	亢	氐	房	心	尾	箕	斗	女	虚	危	室	壁	奎	婁	胃	昴	畢	觜	参	井	
7月	鬼	柳	星	張	翼	軫	角	亢	氐	房	心	尾	箕	斗	女	虚	危	室	壁	奎	婁	胃	昴	畢	觜	参	井	鬼	柳	星	張
8月	翼	軫	角	亢	氐	房	心	尾	箕	斗	女	虚	危	室	壁	奎	婁	胃	昴	畢	觜	参	井	鬼	柳	星	張	翼	角	亢	氐
9月	房	心	尾	箕	斗	女	虚	危	室	壁	奎	婁	胃	昴	畢	觜	参	井	鬼	柳	星	張	翼	軫	角	亢	氐	房	心	尾	
10月	箕	斗	女	虚	危	室	壁	奎	婁	胃	昴	畢	觜	参	井	鬼	柳	星	張	翼	軫	角	亢	氐	房	心	心	尾	箕	斗	女
11月	虚	危	室	壁	奎	婁	胃	昴	畢	觜	参	井	鬼	柳	星	張	翼	軫	角	亢	氐	房	心	尾	斗	女	虚	危	室	壁	
12月	奎	婁	胃	昴	畢	觜	参	井	鬼	柳	星	張	翼	軫	角	亢	氐	房	心	尾	箕	斗	女	虚	虚	危	室	壁	奎	婁	胃

2012年

	1	2	3	4	5	6	7	8	9	10	11	12	13	14	15	16	17	18	19	20	21	22	23	24	25	26	27	28	29	30	31
1月	昴	畢	觜	参	井	鬼	柳	星	張	翼	軫	角	亢	氐	房	心	尾	箕	斗	女	虚	危	室	壁	奎	婁	胃	昴	畢	觜	参
2月	井	鬼	柳	星	張	翼	軫	角	亢	氐	房	心	尾	箕	斗	女	虚	危	室	壁	奎	奎	婁	胃	昴	畢	觜	参	井		
3月	鬼	柳	星	張	翼	軫	角	亢	氐	房	心	尾	箕	斗	女	虚	危	室	壁	奎	婁	胃	昴	畢	觜	参	井	鬼	柳	星	張
4月	翼	軫	角	亢	氐	房	心	尾	箕	斗	女	虚	危	室	壁	奎	婁	胃	昴	畢	胃	昴	畢	觜	参	井	鬼	柳	星	張	
5月	翼	軫	角	亢	氐	房	心	尾	箕	斗	女	虚	危	室	壁	奎	婁	胃	昴	畢	畢	觜	参	井	鬼	柳	星	張	翼	軫	角
6月	亢	氐	房	心	尾	箕	斗	女	虚	危	室	壁	奎	婁	胃	昴	畢	觜	参	参	井	鬼	柳	星	張	翼	軫	角	亢	氐	
7月	房	心	尾	箕	斗	女	虚	危	室	壁	奎	婁	胃	昴	畢	觜	参	井	鬼	柳	星	張	翼	軫	角	亢	氐	房	心	尾	箕
8月	斗	女	虚	危	室	壁	奎	婁	胃	昴	畢	觜	参	井	鬼	柳	星	張	翼	軫	角	亢	氐	房	心	尾	箕	斗	女	虚	危
9月	室	壁	奎	婁	胃	昴	畢	觜	参	井	鬼	柳	星	張	翼	角	亢	氐	房	心	尾	箕	斗	女	虚	危	室	壁	奎	婁	
10月	胃	昴	畢	觜	参	井	鬼	柳	星	張	翼	軫	角	亢	氐	房	心	尾	箕	斗	女	虚	危	室	壁	奎	婁	胃	昴	畢	觜
11月	参	井	鬼	柳	星	張	翼	軫	角	亢	氐	房	心	心	尾	箕	斗	女	虚	危	室	壁	奎	婁	胃	昴	畢	觜	参	井	
12月	鬼	柳	星	張	翼	軫	角	亢	氐	房	心	尾	斗	女	虚	危	室	壁	奎	婁	胃	昴	畢	觜	参	井	鬼	柳	星	張	翼

2013年

	1	2	3	4	5	6	7	8	9	10	11	12	13	14	15	16	17	18	19	20	21	22	23	24	25	26	27	28	29	30	31
1月	軫	角	亢	氐	房	心	尾	箕	斗	女	虚	虚	危	室	壁	奎	婁	胃	昴	畢	觜	参	井	鬼	柳	星	張	翼	軫	角	亢
2月	氐	房	心	尾	箕	斗	女	虚	危	室	壁	奎	婁	胃	昴	畢	觜	参	井	鬼	柳	星	張	翼	軫	角	亢	氐			
3月	房	心	尾	箕	斗	女	虚	危	室	壁	奎	奎	婁	胃	昴	畢	觜	参	井	鬼	柳	星	張	翼	軫	角	亢	氐	房	心	尾
4月	箕	斗	女	虚	危	室	壁	奎	婁	胃	昴	畢	觜	参	井	鬼	柳	星	張	翼	軫	角	亢	氐	房	心	尾	箕	斗	女	
5月	虚	危	室	壁	奎	婁	胃	昴	畢	畢	觜	参	井	鬼	柳	星	張	翼	軫	角	亢	氐	房	心	尾	箕	斗	女	虚	危	室
6月	壁	奎	婁	胃	昴	畢	觜	参	参	井	鬼	柳	星	張	翼	軫	角	亢	氐	房	心	尾	箕	斗	女	虚	危	室	壁	奎	
7月	婁	胃	昴	畢	觜	参	井	鬼	柳	星	張	翼	軫	角	亢	氐	房	心	尾	箕	斗	女	虚	危	室	壁	奎	婁	胃	昴	畢
8月	觜	参	井	鬼	柳	星	張	翼	軫	角	亢	氐	房	心	尾	箕	斗	女	虚	危	室	壁	奎	婁	胃	昴	畢	觜	参	井	鬼
9月	柳	星	張	翼	角	亢	氐	房	心	尾	箕	斗	女	虚	危	室	壁	奎	婁	胃	昴	畢	觜	参	井	鬼	柳	星	張	翼	
10月	軫	角	亢	氐	氐	房	心	尾	箕	斗	女	虚	危	室	壁	奎	婁	胃	昴	畢	觜	参	井	鬼	柳	星	張	翼	軫	角	亢
11月	氐	房	心	尾	箕	斗	女	虚	危	室	壁	奎	婁	胃	昴	畢	觜	参	井	鬼	柳	星	張	翼	軫	角	亢	氐	房	心	
12月	尾	箕	斗	女	虚	危	室	壁	奎	婁	胃	昴	畢	觜	参	井	鬼	柳	星	張	翼	軫	角	亢	氐	房	心	尾	箕	斗	女

2014年

	1	2	3	4	5	6	7	8	9	10	11	12	13	14	15	16	17	18	19	20	21	22	23	24	25	26	27	28	29	30	31
1月	虚	危	室	壁	奎	婁	胃	昴	畢	觜	参	井	鬼	柳	星	張	翼	軫	角	亢	氐	房	心	尾	箕	斗	女	虚	危	室	室
2月	壁	奎	婁	胃	昴	畢	觜	参	井	鬼	柳	星	張	翼	軫	角	亢	氐	房	心	尾	箕	斗	女	虚	危	室	壁			
3月	奎	婁	胃	昴	畢	觜	参	井	鬼	柳	星	張	翼	軫	角	亢	氐	房	心	尾	箕	斗	女	虚	危	室	壁	奎	婁	胃	胃
4月	昴	畢	觜	参	井	鬼	柳	星	張	翼	軫	角	亢	氐	房	心	尾	箕	斗	女	虚	危	室	壁	奎	婁	胃	昴	畢	觜	
5月	参	井	鬼	柳	星	張	翼	軫	角	亢	氐	房	心	尾	箕	斗	女	虚	危	室	壁	奎	婁	胃	昴	畢	觜	参	参	井	鬼
6月	柳	星	張	翼	軫	角	亢	氐	房	心	尾	箕	斗	女	虚	危	室	壁	奎	婁	胃	昴	畢	觜	参	井	鬼	柳	星	張	
7月	翼	軫	角	亢	氐	房	心	尾	箕	斗	女	虚	危	室	壁	奎	婁	胃	昴	畢	觜	参	井	鬼	柳	星	張	翼	軫	角	亢
8月	氐	房	心	尾	箕	斗	女	虚	危	室	壁	奎	婁	胃	昴	畢	觜	参	井	鬼	柳	星	張	翼	角	亢	氐	房	心	尾	箕
9月	斗	女	虚	危	室	壁	奎	婁	胃	昴	畢	觜	参	井	鬼	柳	星	張	翼	軫	角	亢	氐	氐	房	心	尾	箕	斗	女	
10月	虚	危	室	壁	奎	婁	胃	昴	畢	觜	参	井	鬼	柳	星	張	翼	軫	角	亢	氐	房	心	氐	房	心	尾	箕	斗	女	虚
11月	危	室	壁	奎	婁	胃	昴	畢	觜	参	井	鬼	柳	星	張	翼	軫	角	亢	氐	房	心	尾	箕	斗	女	虚	危	室	壁	
12月	奎	婁	胃	昴	畢	觜	参	井	鬼	柳	星	張	翼	軫	角	亢	氐	房	心	尾	箕	斗	女	虚	危	室	壁	奎	婁	胃	昴

2015年

	1	2	3	4	5	6	7	8	9	10	11	12	13	14	15	16	17	18	19	20	21	22	23	24	25	26	27	28	29	30	31
1月	畢	觜	参	井	鬼	柳	星	張	翼	軫	角	亢	氐	房	心	尾	箕	斗	女	虚	危	室	壁	奎	婁	胃	昴	畢	觜	参	井
2月	鬼	柳	星	張	翼	軫	角	亢	氐	房	心	尾	箕	斗	女	虚	危	室	室	壁	奎	婁	胃	昴	畢	觜	参	井			
3月	鬼	柳	星	張	翼	軫	角	亢	氐	房	心	尾	箕	斗	女	虚	危	室	壁	奎	婁	胃	昴	畢	觜	参	井	鬼	柳	星	張
4月	翼	軫	角	亢	氐	房	心	尾	箕	斗	女	虚	危	室	壁	奎	婁	胃	胃	昴	畢	觜	参	井	鬼	柳	星	張	翼	軫	
5月	角	亢	氐	房	心	尾	箕	斗	女	虚	危	室	壁	奎	婁	胃	昴	畢	觜	参	井	鬼	柳	星	張	翼	軫	角	亢	氐	房
6月	心	尾	箕	斗	女	虚	危	室	壁	奎	婁	胃	昴	畢	觜	参	井	鬼	柳	星	張	翼	軫	角	亢	氐	房	心	尾	箕	
7月	斗	女	虚	危	室	壁	奎	婁	胃	昴	畢	觜	参	井	鬼	鬼	柳	星	張	翼	軫	角	亢	氐	房	心	尾	箕	斗	女	虚
8月	危	室	壁	奎	婁	胃	昴	畢	觜	参	井	鬼	柳	張	翼	軫	角	亢	氐	房	心	尾	箕	斗	女	虚	危	室	壁	奎	婁
9月	胃	昴	畢	觜	参	井	鬼	柳	星	張	翼	軫	角	亢	氐	房	心	尾	箕	斗	女	虚	危	室	壁	奎	婁	胃	昴	畢	
10月	觜	参	井	鬼	柳	星	張	翼	軫	角	亢	氐	氐	房	心	尾	箕	斗	女	虚	危	室	壁	奎	婁	胃	昴	畢	觜	参	井
11月	鬼	柳	星	張	翼	軫	角	亢	氐	房	心	心	尾	箕	斗	女	虚	危	室	壁	奎	婁	胃	昴	畢	觜	参	井	鬼	柳	
12月	星	張	翼	軫	角	亢	氐	房	心	尾	斗	女	虚	危	室	壁	奎	婁	胃	昴	畢	觜	参	井	鬼	柳	星	張	翼	軫	角

2016年

	1	2	3	4	5	6	7	8	9	10	11	12	13	14	15	16	17	18	19	20	21	22	23	24	25	26	27	28	29	30	31
1月	亢	氐	房	心	尾	箕	斗	女	虚	虚	危	室	壁	奎	婁	胃	昴	畢	觜	参	井	鬼	柳	星	張	翼	軫	角	亢	氐	房
2月	心	尾	箕	斗	女	虚	危	室	壁	奎	婁	胃	昴	畢	觜	参	井	鬼	柳	星	張	翼	軫	角	亢	氐	房	心	尾		
3月	箕	斗	女	虚	危	室	壁	奎	奎	婁	胃	昴	畢	觜	参	井	鬼	柳	星	張	翼	軫	角	亢	氐	房	心	尾	箕	斗	女
4月	虚	危	室	壁	奎	婁	胃	昴	畢	觜	参	井	鬼	柳	星	張	翼	軫	角	亢	氐	房	心	尾	箕	斗	女	虚	危	室	
5月	壁	奎	婁	胃	昴	畢	畢	觜	参	井	鬼	柳	星	張	翼	軫	角	亢	氐	房	心	尾	箕	斗	女	虚	危	室	壁	奎	婁
6月	胃	昴	畢	觜	参	井	鬼	柳	星	張	翼	軫	角	亢	氐	房	心	尾	箕	斗	女	虚	危	室	壁	奎	婁	胃	昴	畢	
7月	觜	参	井	鬼	柳	星	張	翼	軫	角	亢	氐	房	心	尾	箕	斗	女	虚	危	室	壁	奎	婁	胃	昴	畢	觜	参	井	鬼
8月	柳	星	張	翼	軫	角	亢	氐	房	心	尾	箕	斗	女	虚	危	室	壁	奎	婁	胃	昴	畢	觜	参	井	鬼	柳	星	張	翼
9月	角	亢	氐	房	心	尾	箕	斗	女	虚	危	室	壁	奎	婁	胃	昴	畢	觜	参	井	鬼	柳	星	張	翼	軫	角	亢	氐	
10月	氐	房	心	尾	箕	斗	女	虚	危	室	壁	奎	婁	胃	昴	畢	觜	参	井	鬼	柳	星	張	翼	軫	角	亢	氐	房	心	心
11月	尾	箕	斗	女	虚	危	室	壁	奎	婁	胃	昴	畢	觜	参	井	鬼	柳	星	張	翼	軫	角	亢	氐	房	心	尾	斗	女	
12月	虚	危	室	壁	奎	婁	胃	昴	畢	觜	参	井	鬼	柳	星	張	翼	軫	角	亢	氐	房	心	尾	箕	斗	女	虚	虚	危	室

2017年

	1	2	3	4	5	6	7	8	9	10	11	12	13	14	15	16	17	18	19	20	21	22	23	24	25	26	27	28	29	30	31
1月	壁	奎	婁	胃	昴	畢	觜	参	井	鬼	柳	星	張	翼	軫	角	亢	氐	房	心	尾	箕	斗	女	虚	危	室	室	壁	奎	婁
2月	胃	昴	畢	觜	参	井	鬼	柳	星	張	翼	軫	角	亢	氐	房	心	尾	箕	斗	女	虚	危	室	壁	奎	婁	胃			
3月	昴	畢	觜	参	井	鬼	柳	星	張	翼	軫	角	亢	氐	房	心	尾	箕	斗	女	虚	危	室	壁	奎	婁	胃	胃	昴	畢	觜
4月	参	井	鬼	柳	星	張	翼	軫	角	亢	氐	房	心	尾	箕	斗	女	虚	危	室	壁	奎	婁	胃	昴	畢	觜	参	井	鬼	
5月	柳	星	張	翼	軫	角	亢	氐	房	心	尾	箕	斗	女	虚	危	室	壁	奎	婁	胃	昴	畢	觜	参	参	井	鬼	柳	星	張
6月	翼	軫	角	亢	氐	房	心	尾	箕	斗	女	虚	危	室	壁	奎	婁	胃	昴	畢	觜	参	井	参	井	鬼	柳	星	張	翼	
7月	軫	角	亢	氐	房	心	尾	箕	斗	女	虚	危	室	壁	奎	婁	胃	昴	畢	觜	参	井	鬼	柳	星	張	翼	軫	角	亢	氐
8月	房	心	尾	箕	斗	女	虚	危	室	壁	奎	婁	胃	昴	畢	觜	参	井	鬼	柳	星	張	翼	軫	角	亢	氐	房	心	尾	箕
9月	斗	女	虚	危	室	壁	奎	婁	胃	昴	畢	觜	参	井	鬼	柳	星	張	翼	角	亢	氐	房	心	尾	箕	斗	女	虚	危	
10月	室	壁	奎	婁	胃	昴	畢	觜	参	井	鬼	柳	星	張	翼	軫	角	亢	氐	氐	房	心	尾	箕	斗	女	虚	危	室	壁	奎
11月	婁	胃	昴	畢	觜	参	井	鬼	柳	星	張	翼	軫	角	亢	氐	房	心	尾	箕	斗	女	虚	危	室	壁	奎	婁	胃	昴	
12月	畢	觜	参	井	鬼	柳	星	張	翼	軫	角	亢	氐	房	心	尾	箕	斗	女	虚	危	室	壁	奎	婁	胃	昴	畢	觜	参	井

2018年

	1	2	3	4	5	6	7	8	9	10	11	12	13	14	15	16	17	18	19	20	21	22	23	24	25	26	27	28	29	30	31
1月	鬼	柳	星	張	翼	軫	角	亢	氐	房	心	尾	箕	斗	女	虚	虚	危	室	壁	奎	婁	胃	昴	畢	觜	参	井	鬼	柳	星
2月	張	翼	軫	角	亢	氐	房	心	尾	箕	斗	女	虚	危	室	室	壁	奎	婁	胃	昴	畢	觜	参	井	鬼	柳	星			
3月	張	翼	軫	角	亢	氐	房	心	尾	箕	斗	女	虚	危	室	壁	奎	婁	胃	昴	畢	觜	参	井	鬼	柳	星	張	翼	軫	角
4月	亢	氐	房	心	尾	箕	斗	女	虚	危	室	壁	奎	婁	胃	胃	昴	畢	觜	参	井	鬼	柳	星	張	翼	軫	角	亢	氐	
5月	房	心	尾	箕	斗	女	虚	危	室	壁	奎	婁	胃	昴	畢	觜	参	井	鬼	柳	星	張	翼	軫	角	亢	氐	房	心	尾	箕
6月	斗	女	虚	危	室	壁	奎	婁	胃	昴	畢	觜	参	参	井	鬼	柳	星	張	翼	軫	角	亢	氐	房	心	尾	箕	斗	女	
7月	虚	危	室	壁	奎	婁	胃	昴	畢	觜	参	井	鬼	柳	星	張	翼	軫	角	亢	氐	房	心	尾	箕	斗	女	虚	危	室	壁
8月	奎	婁	胃	昴	畢	觜	参	井	鬼	柳	張	翼	軫	角	亢	氐	房	心	尾	箕	斗	女	虚	危	室	壁	奎	婁	胃	昴	畢
9月	觜	参	井	鬼	柳	星	張	翼	軫	角	亢	氐	房	心	尾	箕	斗	女	虚	危	室	壁	奎	婁	胃	昴	畢	觜	参	井	
10月	鬼	柳	星	張	翼	軫	角	亢	氐	房	心	尾	箕	斗	女	虚	危	室	壁	奎	婁	胃	昴	畢	觜	参	井	鬼	柳	星	張
11月	翼	軫	角	亢	氐	房	心	心	尾	箕	斗	女	虚	危	室	壁	奎	婁	胃	昴	畢	觜	参	井	鬼	柳	星	張	翼	軫	
12月	角	亢	氐	房	心	尾	斗	女	虚	危	室	壁	奎	婁	胃	昴	畢	觜	参	井	鬼	柳	星	張	翼	軫	角	亢	氐	房	心

2019年

	1	2	3	4	5	6	7	8	9	10	11	12	13	14	15	16	17	18	19	20	21	22	23	24	25	26	27	28	29	30	31
1月	尾	箕	斗	女	虚	虚	危	室	壁	奎	婁	胃	昴	畢	觜	参	井	鬼	柳	星	張	翼	軫	角	亢	氐	房	心	尾	箕	斗
2月	女	虚	危	室	室	壁	奎	婁	胃	昴	畢	觜	参	井	鬼	柳	星	張	翼	軫	角	亢	氐	房	心	尾	箕	斗			
3月	女	虚	危	室	壁	奎	奎	婁	胃	昴	畢	觜	参	井	鬼	柳	星	張	翼	軫	角	亢	氐	房	心	尾	箕	斗	女	虚	危
4月	室	壁	奎	婁	胃	昴	畢	觜	参	井	鬼	柳	星	張	翼	軫	角	亢	氐	房	心	尾	箕	斗	女	虚	危	室	壁	奎	
5月	婁	胃	昴	畢	畢	觜	参	井	鬼	柳	星	張	翼	軫	角	亢	氐	房	心	尾	箕	斗	女	虚	危	室	壁	奎	婁	胃	昴
6月	畢	觜	参	井	鬼	柳	星	張	翼	軫	角	亢	氐	房	心	尾	箕	斗	女	虚	危	室	壁	奎	婁	胃	昴	畢	觜	参	
7月	井	鬼	鬼	柳	星	張	翼	軫	角	亢	氐	房	心	尾	箕	斗	女	虚	危	室	壁	奎	婁	胃	昴	畢	觜	参	井	鬼	柳
8月	張	翼	軫	角	亢	氐	房	心	尾	箕	斗	女	虚	危	室	壁	奎	婁	胃	昴	畢	觜	参	井	鬼	柳	星	張	翼	角	亢
9月	氐	房	心	尾	箕	斗	女	虚	危	室	壁	奎	婁	胃	昴	畢	觜	参	井	鬼	柳	星	張	翼	軫	角	亢	氐	氐	房	
10月	心	尾	箕	斗	女	虚	危	室	壁	奎	婁	胃	昴	畢	觜	参	井	鬼	柳	星	張	翼	軫	角	亢	氐	房	心	尾	箕	斗
11月	女	虚	危	室	壁	奎	婁	胃	昴	畢	觜	参	井	鬼	柳	星	張	翼	軫	角	亢	氐	房	心	尾	箕	斗	女	虚	危	
12月	室	壁	奎	婁	胃	昴	畢	觜	参	井	鬼	柳	星	張	翼	軫	角	亢	氐	房	心	尾	箕	斗	女	虚	危	室	壁	奎	婁

2020年

	1	2	3	4	5	6	7	8	9	10	11	12	13	14	15	16	17	18	19	20	21	22	23	24	25	26	27	28	29	30	31
1月	胃	昴	畢	觜	参	井	鬼	柳	星	張	翼	軫	角	亢	氐	房	心	尾	箕	斗	女	虚	危	室	室	壁	奎	婁	胃	昴	畢
2月	觜	参	井	鬼	柳	星	張	翼	軫	角	亢	氐	房	心	尾	箕	斗	女	虚	危	室	壁	奎	奎	婁	胃	昴	畢	觜		
3月	参	井	鬼	柳	星	張	翼	軫	角	亢	氐	房	心	尾	箕	斗	女	虚	危	室	壁	奎	婁	胃	昴	畢	觜	参	井	鬼	柳
4月	星	張	翼	軫	角	亢	氐	房	心	尾	箕	斗	女	虚	危	室	壁	奎	婁	胃	昴	畢	畢	觜	参	井	鬼	柳	星	張	
5月	翼	軫	角	亢	氐	房	心	尾	箕	斗	女	虚	危	室	壁	奎	婁	胃	昴	畢	觜	参	畢	觜	参	井	鬼	柳	星	張	翼
6月	軫	角	亢	氐	房	心	尾	箕	斗	女	虚	危	室	壁	奎	婁	胃	昴	畢	觜	参	井	鬼	柳	星	張	翼	軫	角	亢	
7月	氐	房	心	尾	箕	斗	女	虚	危	室	壁	奎	婁	胃	昴	畢	觜	参	井	鬼	鬼	柳	星	張	翼	軫	角	亢	氐	房	心
8月	尾	箕	斗	女	虚	危	室	壁	奎	婁	胃	昴	畢	觜	参	井	鬼	柳	張	翼	軫	角	亢	氐	房	心	尾	箕	斗	女	虚
9月	危	室	壁	奎	婁	胃	昴	畢	觜	参	井	鬼	柳	星	張	翼	角	亢	氐	房	心	尾	箕	斗	女	虚	危	室	壁	奎	
10月	婁	胃	昴	畢	觜	参	井	鬼	柳	星	張	翼	軫	角	亢	氐	氐	房	心	尾	箕	斗	女	虚	危	室	壁	奎	婁	胃	昴
11月	畢	觜	参	井	鬼	柳	星	張	翼	軫	角	亢	氐	房	心	尾	箕	斗	女	虚	危	室	壁	奎	婁	胃	昴	畢	觜	参	
12月	井	鬼	柳	星	張	翼	軫	角	亢	氐	房	心	尾	箕	斗	女	虚	危	室	壁	奎	婁	胃	昴	畢	觜	参	井	鬼	柳	星

2021年

	1	2	3	4	5	6	7	8	9	10	11	12	13	14	15	16	17	18	19	20	21	22	23	24	25	26	27	28	29	30	31
1月	張	翼	軫	角	亢	氐	房	心	尾	箕	斗	女	虚	危	室	壁	奎	婁	胃	昴	畢	觜	参	井	鬼	柳	星	張	翼	軫	角
2月	亢	氐	房	心	尾	箕	斗	女	虚	危	室	室	壁	奎	婁	胃	昴	畢	觜	参	井	鬼	柳	星	張	翼	軫	角			
3月	亢	氐	房	心	尾	箕	斗	女	虚	危	室	壁	奎	婁	胃	昴	畢	觜	参	井	鬼	柳	星	張	翼	軫	角	亢	氐	房	心
4月	尾	箕	斗	女	虚	危	室	壁	奎	婁	胃	胃	昴	畢	觜	参	井	鬼	柳	星	張	翼	軫	角	亢	氐	房	心	尾	箕	
5月	斗	女	虚	危	室	壁	奎	婁	胃	昴	畢	畢	觜	参	井	鬼	柳	星	張	翼	軫	角	亢	氐	房	心	尾	箕	斗	女	虚
6月	危	室	壁	奎	婁	胃	昴	畢	觜	参	井	鬼	柳	星	張	翼	軫	角	亢	氐	房	心	尾	箕	斗	女	虚	危	室	壁	
7月	奎	婁	胃	昴	畢	觜	参	井	鬼	鬼	柳	星	張	翼	軫	角	亢	氐	房	心	尾	箕	斗	女	虚	危	室	壁	奎	婁	胃
8月	昴	畢	觜	参	井	鬼	柳	張	翼	軫	角	亢	氐	房	心	尾	箕	斗	女	虚	危	室	壁	奎	婁	胃	昴	畢	觜	参	井
9月	鬼	柳	星	張	翼	軫	角	亢	氐	房	心	尾	箕	斗	女	虚	危	室	壁	奎	婁	胃	昴	畢	觜	参	井	鬼	柳	星	
10月	張	翼	軫	角	亢	氐	房	心	尾	箕	斗	女	虚	危	室	壁	奎	婁	胃	昴	畢	觜	参	井	鬼	柳	星	張	翼	軫	角
11月	亢	氐	房	心	心	尾	箕	斗	女	虚	危	室	壁	奎	婁	胃	昴	畢	觜	参	井	鬼	柳	星	張	翼	軫	角	亢	氐	
12月	房	心	尾	斗	女	虚	危	室	壁	奎	婁	胃	昴	畢	觜	参	井	鬼	柳	星	張	翼	軫	角	亢	氐	房	心	尾	箕	斗

2022年

	1	2	3	4	5	6	7	8	9	10	11	12	13	14	15	16	17	18	19	20	21	22	23	24	25	26	27	28	29	30	31
1月	女	虚	虚	危	室	壁	奎	婁	胃	昴	畢	觜	参	井	鬼	柳	星	張	翼	軫	角	亢	氐	房	心	尾	箕	斗	女	虚	危
2月	室	壁	奎	婁	胃	昴	畢	觜	参	井	鬼	柳	星	張	翼	軫	角	亢	氐	房	心	尾	箕	斗	女	虚	危	室			
3月	壁	奎	奎	婁	胃	昴	畢	觜	参	井	鬼	柳	星	張	翼	軫	角	亢	氐	房	心	尾	箕	斗	女	虚	危	室	壁	奎	婁
4月	胃	昴	畢	觜	参	井	鬼	柳	星	張	翼	軫	角	亢	氐	房	心	尾	箕	斗	女	虚	危	室	壁	奎	婁	胃	昴	畢	
5月	畢	觜	参	井	鬼	柳	星	張	翼	軫	角	亢	氐	房	心	尾	箕	斗	女	虚	危	室	壁	奎	婁	胃	昴	畢	觜	参	井
6月	鬼	柳	星	張	翼	軫	角	亢	氐	房	心	尾	箕	斗	女	虚	危	室	壁	奎	婁	胃	昴	畢	觜	参	井	鬼	鬼	柳	
7月	星	張	翼	軫	角	亢	氐	房	心	尾	箕	斗	女	虚	危	室	壁	奎	婁	胃	昴	畢	觜	参	井	鬼	柳	張	張	翼	軫
8月	角	亢	氐	房	心	尾	箕	斗	女	虚	危	室	壁	奎	婁	胃	昴	畢	觜	参	井	鬼	柳	星	張	翼	角	亢	氐	房	心
9月	尾	箕	斗	女	虚	危	室	壁	奎	婁	胃	昴	畢	觜	参	井	鬼	柳	星	張	翼	軫	角	亢	氐	氐	房	心	尾	箕	
10月	斗	女	虚	危	室	壁	奎	婁	胃	昴	畢	觜	参	井	鬼	柳	星	張	翼	軫	角	亢	氐	房	心	尾	箕	斗	女	虚	危
11月	室	壁	奎	婁	胃	昴	畢	觜	参	井	鬼	柳	星	張	翼	軫	角	亢	氐	房	心	尾	箕	斗	女	虚	危	室	壁	奎	
12月	婁	胃	昴	畢	觜	参	井	鬼	柳	星	張	翼	軫	角	亢	氐	房	心	尾	箕	斗	女	虚	危	室	壁	奎	婁	胃	昴	畢

2023年

	1	2	3	4	5	6	7	8	9	10	11	12	13	14	15	16	17	18	19	20	21	22	23	24	25	26	27	28	29	30	31
1月	觜	参	井	鬼	柳	星	張	翼	軫	角	亢	氐	房	心	尾	箕	斗	女	虚	危	室	室	壁	奎	婁	胃	昴	畢	觜	参	井
2月	鬼	柳	星	張	翼	軫	角	亢	氐	房	心	尾	箕	斗	女	虚	危	室	壁	奎	婁	胃	昴	畢	觜	参	井	鬼			
3月	柳	星	張	翼	軫	角	亢	氐	房	心	尾	箕	斗	女	虚	危	室	壁	奎	婁	胃	奎	婁	胃	昴	畢	觜	参	井	鬼	柳
4月	星	張	翼	軫	角	亢	氐	房	心	尾	箕	斗	女	虚	危	室	壁	奎	婁	胃	昴	畢	觜	参	井	鬼	柳	星	張	翼	
5月	軫	角	亢	氐	房	心	尾	箕	斗	女	虚	危	室	壁	奎	婁	胃	昴	畢	畢	觜	参	井	鬼	柳	星	張	翼	軫	角	亢
6月	氐	房	心	尾	箕	斗	女	虚	危	室	壁	奎	婁	胃	昴	畢	觜	参	井	鬼	柳	星	張	翼	軫	角	亢	氐	房	心	
7月	尾	箕	斗	女	虚	危	室	壁	奎	婁	胃	昴	畢	觜	参	井	鬼	鬼	柳	星	張	翼	軫	角	亢	氐	房	心	尾	箕	斗
8月	女	虚	危	室	壁	奎	婁	胃	昴	畢	觜	参	井	鬼	柳	張	翼	軫	角	亢	氐	房	心	尾	箕	斗	女	虚	危	室	壁
9月	奎	婁	胃	昴	畢	觜	参	井	鬼	柳	星	張	翼	軫	角	亢	氐	房	心	尾	箕	斗	女	虚	危	室	壁	奎	婁	胃	
10月	昴	畢	觜	参	井	鬼	柳	星	張	翼	軫	角	亢	氐	氐	房	心	尾	箕	斗	女	虚	危	室	壁	奎	婁	胃	昴	畢	觜
11月	参	井	鬼	柳	星	張	翼	軫	角	亢	氐	房	心	尾	箕	斗	女	虚	危	室	壁	奎	婁	胃	昴	畢	觜	参	井	鬼	
12月	柳	星	張	翼	軫	角	亢	氐	房	心	尾	箕	斗	女	虚	危	室	壁	奎	婁	胃	昴	畢	觜	参	井	鬼	柳	星	張	翼

2024年

	1	2	3	4	5	6	7	8	9	10	11	12	13	14	15	16	17	18	19	20	21	22	23	24	25	26	27	28	29	30	31
1月	軫	角	亢	氐	房	心	尾	箕	斗	女	虚	危	室	壁	奎	婁	胃	昴	畢	觜	参	井	鬼	柳	星	張	翼	軫	角	亢	氐
2月	房	心	尾	箕	斗	女	虚	危	室	室	壁	奎	婁	胃	昴	畢	觜	参	井	鬼	柳	星	張	翼	軫	角	亢	氐	房		
3月	心	尾	箕	斗	女	虚	危	室	壁	奎	婁	胃	昴	畢	觜	参	井	鬼	柳	星	張	翼	軫	角	亢	氐	房	心	尾	箕	斗
4月	女	虚	危	室	壁	奎	婁	胃	胃	昴	畢	觜	参	井	鬼	柳	星	張	翼	軫	角	亢	氐	房	心	尾	箕	斗	女	虚	
5月	危	室	壁	奎	婁	胃	昴	畢	觜	参	井	鬼	柳	星	張	翼	軫	角	亢	氐	房	心	尾	箕	斗	女	虚	危	室	壁	奎
6月	婁	胃	昴	畢	觜	参	井	鬼	柳	星	張	翼	軫	角	亢	氐	房	心	尾	箕	斗	女	虚	危	室	壁	奎	婁	胃	昴	
7月	畢	觜	参	井	鬼	鬼	柳	星	張	翼	軫	角	亢	氐	房	心	尾	箕	斗	女	虚	危	室	壁	奎	婁	胃	昴	畢	觜	参
8月	井	鬼	柳	張	翼	軫	角	亢	氐	房	心	尾	箕	斗	女	虚	危	室	壁	奎	婁	胃	昴	畢	觜	参	井	鬼	柳	星	張
9月	翼	軫	角	亢	氐	房	心	尾	箕	斗	女	虚	危	室	壁	奎	婁	胃	昴	畢	觜	参	井	鬼	柳	星	張	翼	軫	角	
10月	亢	氐	氐	房	心	尾	箕	斗	女	虚	危	室	壁	奎	婁	胃	昴	畢	觜	参	井	鬼	柳	星	張	翼	軫	角	亢	氐	房
11月	心	尾	箕	斗	女	虚	危	室	壁	奎	婁	胃	昴	畢	觜	参	井	鬼	柳	星	張	翼	軫	角	亢	氐	房	心	尾	箕	
12月	斗	女	虚	危	室	壁	奎	婁	胃	昴	畢	觜	参	井	鬼	柳	星	張	翼	軫	角	亢	氐	房	心	尾	箕	斗	女	虚	虚

2025年

	1	2	3	4	5	6	7	8	9	10	11	12	13	14	15	16	17	18	19	20	21	22	23	24	25	26	27	28	29	30	31
1月	危	室	壁	奎	婁	胃	昴	畢	觜	参	井	鬼	柳	星	張	翼	軫	角	亢	氐	房	心	尾	箕	斗	女	虚	危	室	壁	奎
2月	婁	胃	昴	畢	觜	参	井	鬼	柳	星	張	翼	軫	角	亢	氐	房	心	尾	箕	斗	女	虚	危	室	壁	奎	奎			
3月	婁	胃	昴	畢	觜	参	井	鬼	柳	星	張	翼	軫	角	亢	氐	房	心	尾	箕	斗	女	虚	危	室	壁	奎	婁	胃	昴	畢
4月	觜	参	井	鬼	柳	星	張	翼	軫	角	亢	氐	房	心	尾	箕	斗	女	虚	危	室	壁	奎	婁	胃	昴	畢	畢	觜	参	
5月	井	鬼	柳	星	張	翼	軫	角	亢	氐	房	心	尾	箕	斗	女	虚	危	室	壁	奎	婁	胃	昴	畢	觜	参	井	鬼	柳	星
6月	張	翼	軫	角	亢	氐	房	心	尾	箕	斗	女	虚	危	室	壁	奎	婁	胃	昴	畢	觜	参	井	鬼	柳	星	張	翼	軫	
7月	角	亢	氐	房	心	尾	箕	斗	女	虚	危	室	壁	奎	婁	胃	昴	畢	觜	参	井	鬼	柳	星	鬼	柳	星	張	翼	軫	角
8月	亢	氐	房	心	尾	箕	斗	女	虚	危	室	壁	奎	婁	胃	昴	畢	觜	参	井	鬼	柳	張	翼	軫	角	亢	氐	房	心	尾
9月	箕	斗	女	虚	危	室	壁	奎	婁	胃	昴	畢	觜	参	井	鬼	柳	星	張	翼	軫	角	亢	氐	房	心	尾	箕	斗	女	
10月	虚	危	室	壁	奎	婁	胃	昴	畢	觜	参	井	鬼	柳	星	張	翼	軫	角	亢	氐	房	心	尾	箕	斗	女	虚	危	室	壁
11月	奎	婁	胃	昴	畢	觜	参	井	鬼	柳	星	張	翼	軫	角	亢	氐	房	心	心	尾	箕	斗	女	虚	危	室	壁	奎	婁	
12月	胃	昴	畢	觜	参	井	鬼	柳	星	張	翼	軫	角	亢	氐	房	心	尾	箕	斗	女	虚	危	室	壁	奎	婁	胃	昴	畢	觜

2026年

	1	2	3	4	5	6	7	8	9	10	11	12	13	14	15	16	17	18	19	20	21	22	23	24	25	26	27	28	29	30	31
1月	参	井	鬼	柳	星	張	翼	軫	角	亢	氐	房	心	尾	箕	斗	女	虚	虚	危	室	壁	奎	婁	胃	昴	畢	觜	参	井	鬼
2月	柳	星	張	翼	軫	角	亢	氐	房	心	尾	箕	斗	女	虚	危	室	壁	奎	婁	胃	昴	畢	觜	参	井	鬼	柳			
3月	星	張	翼	軫	角	亢	氐	房	心	尾	箕	斗	女	虚	危	室	壁	奎	奎	婁	胃	昴	畢	觜	参	井	鬼	柳	星	張	翼
4月	軫	角	亢	氐	房	心	尾	箕	斗	女	虚	危	室	壁	奎	婁	胃	昴	畢	觜	参	井	鬼	柳	星	張	翼	軫	角	亢	
5月	氐	房	心	尾	箕	斗	女	虚	危	室	壁	奎	婁	胃	昴	畢	畢	觜	参	井	鬼	柳	星	張	翼	軫	角	亢	氐	房	心
6月	尾	箕	斗	女	虚	危	室	壁	奎	婁	胃	昴	畢	觜	参	井	鬼	柳	星	張	翼	軫	角	亢	氐	房	心	尾	箕	斗	
7月	女	虚	危	室	壁	奎	婁	胃	昴	畢	觜	参	井	鬼	柳	星	張	翼	軫	角	亢	氐	房	心	尾	箕	斗	女	虚	危	室
8月	壁	奎	婁	胃	昴	畢	觜	参	井	鬼	柳	星	張	翼	軫	角	亢	氐	房	心	尾	箕	斗	女	虚	危	室	壁	奎	婁	胃
9月	昴	畢	觜	参	井	鬼	柳	星	張	翼	角	亢	氐	房	心	尾	箕	斗	女	虚	危	室	壁	奎	婁	胃	昴	畢	觜	参	
10月	井	鬼	柳	星	張	翼	軫	角	亢	氐	氐	房	心	尾	箕	斗	女	虚	危	室	壁	奎	婁	胃	昴	畢	觜	参	井	鬼	柳
11月	星	張	翼	軫	角	亢	氐	房	心	尾	箕	斗	女	虚	危	室	壁	奎	婁	胃	昴	畢	觜	参	井	鬼	柳	星	張	翼	
12月	軫	角	亢	氐	房	心	尾	箕	斗	女	虚	危	室	壁	奎	婁	胃	昴	畢	觜	参	井	鬼	柳	星	張	翼	軫	角	亢	氐

2027年

	1	2	3	4	5	6	7	8	9	10	11	12	13	14	15	16	17	18	19	20	21	22	23	24	25	26	27	28	29	30	31
1月	房	心	尾	箕	斗	女	虚	虚	危	室	壁	奎	婁	胃	昴	畢	觜	参	井	鬼	柳	星	張	翼	軫	角	亢	氐	房	心	尾
2月	箕	斗	女	虚	危	室	室	壁	奎	婁	胃	昴	畢	觜	参	井	鬼	柳	星	張	翼	軫	角	亢	氐	房	心	尾			
3月	箕	斗	女	虚	危	室	壁	奎	婁	胃	昴	畢	觜	参	井	鬼	柳	星	張	翼	軫	角	亢	氐	房	心	尾	箕	斗	女	虚
4月	危	室	壁	奎	婁	胃	胃	昴	畢	觜	参	井	鬼	柳	星	張	翼	軫	角	亢	氐	房	心	尾	箕	斗	女	虚	危	室	
5月	壁	奎	婁	胃	昴	畢	觜	参	井	鬼	柳	星	張	翼	軫	角	亢	氐	房	心	尾	箕	斗	女	虚	危	室	壁	奎	婁	胃
6月	昴	畢	觜	参	参	井	鬼	柳	星	張	翼	軫	角	亢	氐	房	心	尾	箕	斗	女	虚	危	室	壁	奎	婁	胃	昴	畢	
7月	觜	参	井	鬼	柳	星	張	翼	軫	角	亢	氐	房	心	尾	箕	斗	女	虚	危	室	壁	奎	婁	胃	昴	畢	觜	参	井	鬼
8月	柳	張	翼	軫	角	亢	氐	房	心	尾	箕	斗	女	虚	危	室	壁	奎	婁	胃	昴	畢	觜	参	井	鬼	柳	星	張	翼	軫
9月	角	亢	氐	房	心	尾	箕	斗	女	虚	危	室	壁	奎	婁	胃	昴	畢	觜	参	井	鬼	柳	星	張	翼	軫	角	亢	氐	
10月	房	心	尾	箕	斗	女	虚	危	室	壁	奎	婁	胃	昴	畢	觜	参	井	鬼	柳	星	張	翼	軫	角	亢	氐	房	心	尾	箕
11月	斗	女	虚	危	室	壁	奎	婁	胃	昴	畢	觜	参	井	鬼	柳	星	張	翼	軫	角	亢	氐	房	心	尾	箕	斗	女	虚	
12月	危	室	壁	奎	婁	胃	昴	畢	觜	参	井	鬼	柳	星	張	翼	軫	角	亢	氐	房	心	尾	箕	斗	女	虚	虚	危	室	壁

2028年

	1	2	3	4	5	6	7	8	9	10	11	12	13	14	15	16	17	18	19	20	21	22	23	24	25	26	27	28	29	30	31
1月	奎	婁	胃	昴	畢	觜	参	井	鬼	柳	星	張	翼	軫	角	亢	氐	房	心	尾	箕	斗	女	虚	危	室	室	壁	奎	婁	胃
2月	昴	畢	觜	参	井	鬼	柳	星	張	翼	軫	角	亢	氐	房	心	尾	箕	斗	女	虚	危	室	壁	奎	婁	胃	昴	畢		
3月	觜	参	井	鬼	柳	星	張	翼	軫	角	亢	氐	房	心	尾	箕	斗	女	虚	危	室	壁	奎	婁	胃	胃	昴	畢	觜	参	井
4月	鬼	柳	星	張	翼	軫	角	亢	氐	房	心	尾	箕	斗	女	虚	危	室	壁	奎	婁	胃	昴	畢	畢	觜	参	井	鬼	柳	
5月	星	張	翼	軫	角	亢	氐	房	心	尾	箕	斗	女	虚	危	室	壁	奎	婁	胃	昴	畢	觜	参	井	鬼	柳	星	張	翼	軫
6月	角	亢	氐	房	心	尾	箕	斗	女	虚	危	室	壁	奎	婁	胃	昴	畢	觜	参	井	鬼	参	井	鬼	柳	星	張	翼	軫	
7月	角	亢	氐	房	心	尾	箕	斗	女	虚	危	室	壁	奎	婁	胃	昴	畢	觜	参	井	鬼	柳	星	張	翼	軫	角	亢	氐	房
8月	心	尾	箕	斗	女	虚	危	室	壁	奎	婁	胃	昴	畢	觜	参	井	鬼	柳	張	翼	軫	角	亢	氐	房	心	尾	箕	斗	女
9月	虚	危	室	壁	奎	婁	胃	昴	畢	觜	参	井	鬼	柳	星	張	翼	軫	角	亢	氐	房	心	尾	箕	斗	女	虚	危	室	
10月	壁	奎	婁	胃	昴	畢	觜	参	井	鬼	柳	星	張	翼	軫	角	亢	氐	房	心	尾	箕	斗	女	虚	危	室	壁	奎	婁	胃
11月	昴	畢	觜	参	井	鬼	柳	星	張	翼	軫	角	亢	氐	房	心	尾	箕	斗	女	虚	危	室	壁	奎	婁	胃	昴	畢	觜	
12月	参	井	鬼	柳	星	張	翼	軫	角	亢	氐	房	心	尾	箕	斗	女	虚	危	室	壁	奎	婁	胃	昴	畢	觜	参	井	鬼	柳

2029年

	1	2	3	4	5	6	7	8	9	10	11	12	13	14	15	16	17	18	19	20	21	22	23	24	25	26	27	28	29	30	31
1月	星	張	翼	軫	角	亢	氐	房	心	尾	箕	斗	女	虚	虚	危	室	壁	奎	婁	胃	昴	畢	觜	参	井	鬼	柳	星	張	翼
2月	軫	角	亢	氐	房	心	尾	箕	斗	女	虚	危	室	壁	奎	婁	胃	昴	畢	觜	参	井	鬼	柳	星	張	翼	軫			
3月	角	亢	氐	房	心	尾	箕	斗	女	虚	危	室	壁	奎	奎	婁	胃	昴	畢	觜	参	井	鬼	柳	星	張	翼	軫	角	亢	氐
4月	房	心	尾	箕	斗	女	虚	危	室	壁	奎	婁	胃	胃	昴	畢	觜	参	井	鬼	柳	星	張	翼	軫	角	亢	氐	房	心	
5月	尾	箕	斗	女	虚	危	室	壁	奎	婁	胃	昴	畢	觜	参	井	鬼	柳	星	張	翼	軫	角	亢	氐	房	心	尾	箕	斗	女
6月	虚	危	室	壁	奎	婁	胃	昴	畢	觜	参	参	井	鬼	柳	星	張	翼	軫	角	亢	氐	房	心	尾	箕	斗	女	虚	危	
7月	室	壁	奎	婁	胃	昴	畢	觜	参	井	鬼	鬼	柳	星	張	翼	軫	角	亢	氐	房	心	尾	箕	斗	女	虚	危	室	壁	奎
8月	婁	胃	昴	畢	觜	参	井	鬼	柳	張	翼	軫	角	亢	氐	房	心	尾	箕	斗	女	虚	危	室	壁	奎	婁	胃	昴	畢	觜
9月	参	井	鬼	柳	星	張	翼	角	亢	氐	房	心	尾	箕	斗	女	虚	危	室	壁	奎	婁	胃	昴	畢	觜	参	井	鬼	柳	
10月	星	張	翼	軫	角	亢	氐	氐	房	心	尾	箕	斗	女	虚	危	室	壁	奎	婁	胃	昴	畢	觜	参	井	鬼	柳	星	張	翼
11月	軫	角	亢	氐	房	心	尾	箕	斗	女	虚	危	室	壁	奎	婁	胃	昴	畢	觜	参	井	鬼	柳	星	張	翼	軫	角	亢	
12月	氐	房	心	尾	斗	女	虚	危	室	壁	奎	婁	胃	昴	畢	觜	参	井	鬼	柳	星	張	翼	軫	角	亢	氐	房	心	尾	箕

2030年

	1	2	3	4	5	6	7	8	9	10	11	12	13	14	15	16	17	18	19	20	21	22	23	24	25	26	27	28	29	30	31
1月	斗	女	虚	虚	危	室	壁	奎	婁	胃	昴	畢	觜	参	井	鬼	柳	星	張	翼	軫	角	亢	氐	房	心	尾	箕	斗	女	虚
2月	危	室	室	壁	奎	婁	胃	昴	畢	觜	参	井	鬼	柳	星	張	翼	軫	角	亢	氐	房	心	尾	箕	斗	女	虚			
3月	危	室	壁	奎	婁	胃	昴	畢	觜	参	井	鬼	柳	星	張	翼	軫	角	亢	氐	房	心	尾	箕	斗	女	虚	危	室	壁	奎
4月	婁	胃	胃	昴	畢	觜	参	井	鬼	柳	星	張	翼	軫	角	亢	氐	房	心	尾	箕	斗	女	虚	危	室	壁	奎	婁	胃	
5月	昴	畢	觜	参	井	鬼	柳	星	張	翼	軫	角	亢	氐	房	心	尾	箕	斗	女	虚	危	室	壁	奎	婁	胃	昴	畢	觜	参
6月	参	井	鬼	柳	星	張	翼	軫	角	亢	氐	房	心	尾	箕	斗	女	虚	危	室	壁	奎	婁	胃	昴	畢	觜	参	井	鬼	
7月	鬼	柳	星	張	翼	軫	角	亢	氐	房	心	尾	箕	斗	女	虚	危	室	壁	奎	婁	胃	昴	畢	觜	参	井	鬼	柳	張	翼
8月	軫	角	亢	氐	房	心	房	箕	斗	女	虚	危	室	壁	奎	婁	胃	昴	畢	觜	参	井	鬼	柳	星	張	翼	軫	角	亢	氐
9月	房	心	尾	箕	斗	女	虚	危	室	壁	奎	婁	胃	昴	畢	觜	参	井	鬼	柳	星	張	翼	軫	角	亢	氐	房	心	尾	
10月	箕	斗	女	虚	危	室	壁	奎	婁	胃	昴	畢	觜	参	井	鬼	柳	星	張	翼	軫	角	亢	氐	房	心	心	尾	箕	斗	女
11月	虚	危	室	壁	奎	婁	胃	昴	畢	觜	参	井	鬼	柳	星	張	翼	軫	角	亢	氐	房	心	尾	斗	女	虚	危	室	壁	
12月	奎	婁	胃	昴	畢	觜	参	井	鬼	柳	星	張	翼	軫	角	亢	氐	房	心	尾	箕	斗	女	虚	虚	危	室	壁	奎	婁	胃

2031年

	1	2	3	4	5	6	7	8	9	10	11	12	13	14	15	16	17	18	19	20	21	22	23	24	25	26	27	28	29	30	31
1月	昴	畢	觜	参	井	鬼	柳	星	張	翼	軫	角	亢	氐	房	心	尾	箕	斗	女	虚	危	室	壁	奎	婁	胃	昴	畢	觜	参
2月	井	鬼	柳	星	張	翼	軫	角	亢	氐	房	心	尾	箕	斗	女	虚	危	室	壁	奎	奎	婁	胃	昴	畢	觜	参			
3月	井	鬼	柳	星	張	翼	軫	角	亢	氐	房	心	尾	箕	斗	女	虚	危	室	壁	奎	婁	胃	昴	畢	觜	参	井	鬼	柳	星
4月	張	翼	軫	角	亢	氐	房	心	尾	箕	斗	女	虚	危	室	壁	奎	婁	胃	昴	畢	胃	昴	畢	觜	参	井	鬼	柳	星	
5月	張	翼	軫	角	亢	氐	房	心	尾	箕	斗	女	虚	危	室	壁	奎	婁	胃	昴	畢	觜	参	井	鬼	柳	星	張	翼	軫	角
6月	亢	氐	房	心	尾	箕	斗	女	虚	危	室	壁	奎	婁	胃	昴	畢	觜	参	参	井	鬼	柳	星	張	翼	軫	角	亢	氐	
7月	房	心	尾	箕	斗	女	虚	危	室	壁	奎	婁	胃	昴	畢	觜	参	井	鬼	柳	星	張	翼	軫	角	亢	氐	房	心	尾	箕
8月	斗	女	虚	危	室	壁	奎	婁	胃	昴	畢	觜	参	井	鬼	柳	星	張	翼	軫	角	亢	氐	房	心	尾	箕	斗	女	虚	危
9月	室	壁	奎	婁	胃	昴	畢	觜	参	井	鬼	柳	星	張	翼	軫	角	亢	氐	房	心	尾	箕	斗	女	虚	危	室	壁	奎	
10月	婁	胃	昴	畢	觜	参	井	鬼	柳	星	張	翼	軫	角	亢	氐	房	心	尾	箕	斗	女	虚	危	室	壁	奎	婁	胃	昴	畢
11月	觜	参	井	鬼	柳	星	張	翼	軫	角	亢	氐	房	心	心	尾	箕	斗	女	虚	危	室	壁	奎	婁	胃	昴	畢	觜	参	
12月	井	鬼	柳	星	張	翼	軫	角	亢	氐	房	心	尾	斗	女	虚	危	室	壁	奎	婁	胃	昴	畢	觜	参	井	鬼	柳	星	張

2032年

	1	2	3	4	5	6	7	8	9	10	11	12	13	14	15	16	17	18	19	20	21	22	23	24	25	26	27	28	29	30	31
1月	翼	軫	角	亢	氐	房	心	尾	箕	斗	女	虚	虚	危	室	壁	奎	婁	胃	昴	畢	觜	参	井	鬼	柳	星	張	翼	軫	角
2月	亢	氐	房	心	尾	箕	斗	女	虚	危	室	壁	奎	婁	胃	昴	畢	觜	参	井	鬼	柳	星	張	翼	軫	角	亢	氐		
3月	房	心	尾	箕	斗	女	虚	危	室	壁	奎	奎	婁	胃	昴	畢	觜	参	井	鬼	柳	星	張	翼	軫	角	亢	氐	房	心	尾
4月	箕	斗	女	虚	危	室	壁	奎	婁	胃	昴	畢	觜	参	井	鬼	柳	星	張	翼	軫	角	亢	氐	房	心	尾	箕	斗	女	
5月	虚	危	室	壁	奎	婁	胃	昴	畢	觜	参	井	鬼	柳	星	張	翼	軫	角	亢	氐	房	心	尾	箕	斗	女	虚	危	室	壁
6月	奎	婁	胃	昴	畢	觜	参	参	井	鬼	柳	星	張	翼	軫	角	亢	氐	房	心	尾	箕	斗	女	虚	危	室	壁	奎	婁	
7月	胃	昴	畢	觜	参	井	鬼	柳	星	張	翼	軫	角	亢	氐	房	心	尾	箕	斗	女	虚	危	室	壁	奎	婁	胃	昴	畢	觜
8月	参	井	鬼	柳	星	張	翼	軫	角	亢	氐	房	心	尾	箕	斗	女	虚	危	室	壁	奎	婁	胃	昴	畢	觜	参	井	鬼	柳
9月	星	張	翼	軫	角	亢	氐	房	心	尾	箕	斗	女	虚	危	室	壁	奎	婁	胃	昴	畢	觜	参	井	鬼	柳	星	張	翼	
10月	軫	角	亢	氐	房	心	尾	箕	斗	女	虚	危	室	壁	奎	婁	胃	昴	畢	觜	参	井	鬼	柳	星	張	翼	軫	角	亢	氐
11月	房	心	心	尾	箕	斗	女	虚	危	室	壁	奎	婁	胃	昴	畢	觜	参	井	鬼	柳	星	張	翼	軫	角	亢	氐	房	心	
12月	尾	箕	斗	女	虚	危	室	壁	奎	婁	胃	昴	畢	觜	参	井	鬼	柳	星	張	翼	軫	角	亢	氐	房	心	尾	箕	斗	女

2033年

	1	2	3	4	5	6	7	8	9	10	11	12	13	14	15	16	17	18	19	20	21	22	23	24	25	26	27	28	29	30	31
1月	虚	危	室	壁	奎	婁	胃	昴	畢	觜	参	井	鬼	柳	星	張	翼	軫	角	亢	氐	房	心	尾	箕	斗	女	虚	危	室	室
2月	壁	奎	婁	胃	昴	畢	觜	参	井	鬼	柳	星	張	翼	軫	角	亢	氐	房	心	尾	箕	斗	女	虚	危	室	壁			
3月	奎	婁	胃	昴	畢	觜	参	井	鬼	柳	星	張	翼	軫	角	亢	氐	房	心	尾	箕	斗	女	虚	危	室	壁	奎	婁	胃	胃
4月	昴	畢	觜	参	井	鬼	柳	星	張	翼	軫	角	亢	氐	房	心	尾	箕	斗	女	虚	危	室	壁	奎	婁	胃	昴	畢	觜	
5月	参	井	鬼	柳	星	張	翼	軫	角	亢	氐	房	心	尾	箕	斗	女	虚	危	室	壁	奎	婁	胃	昴	畢	觜	参	井	鬼	柳
6月	星	張	翼	軫	角	亢	氐	房	心	尾	箕	斗	女	虚	危	室	壁	奎	婁	胃	昴	畢	觜	参	井	鬼	鬼	柳	星	張	
7月	翼	軫	角	亢	氐	房	心	尾	箕	斗	女	虚	危	室	壁	奎	婁	胃	昴	畢	觜	参	井	鬼	柳	張	翼	軫	角	亢	氐
8月	房	心	尾	箕	斗	女	虚	危	室	壁	奎	婁	胃	昴	畢	觜	参	井	鬼	柳	星	張	翼	軫	角	亢	氐	房	心	尾	箕
9月	斗	女	虚	危	室	壁	奎	婁	胃	昴	畢	觜	参	井	鬼	柳	星	張	翼	軫	角	亢	氐	房	心	尾	箕	斗	女	虚	
10月	危	室	壁	奎	婁	胃	昴	畢	觜	参	井	鬼	柳	星	張	翼	軫	角	亢	氐	房	心	心	尾	箕	斗	女	虚	危	室	壁
11月	奎	婁	胃	昴	畢	觜	参	井	鬼	柳	星	張	翼	軫	角	亢	氐	房	心	尾	箕	斗	女	虚	危	室	壁	奎	婁	胃	
12月	昴	畢	觜	参	井	鬼	柳	星	張	翼	軫	角	亢	氐	房	心	尾	箕	斗	女	虚	斗	女	虚	危	室	壁	奎	婁	胃	昴

2034年

	1	2	3	4	5	6	7	8	9	10	11	12	13	14	15	16	17	18	19	20	21	22	23	24	25	26	27	28	29	30	31
1月	畢	觜	参	井	鬼	柳	星	張	翼	軫	角	亢	氐	房	心	尾	箕	斗	女	虚	危	室	壁	奎	婁	胃	昴	畢	觜	参	井
2月	鬼	柳	星	張	翼	軫	角	亢	氐	房	心	尾	箕	斗	女	虚	危	室	室	壁	奎	婁	胃	昴	畢	觜	参	井			
3月	鬼	柳	星	張	翼	軫	角	亢	氐	房	心	尾	箕	斗	女	虚	危	室	壁	奎	婁	胃	昴	畢	觜	参	井	鬼	柳	星	張
4月	翼	軫	角	亢	氐	房	心	尾	箕	斗	女	虚	危	室	壁	奎	婁	胃	胃	昴	畢	觜	参	井	鬼	柳	星	張	翼	軫	
5月	角	亢	氐	房	心	尾	箕	斗	女	虚	危	室	壁	奎	婁	胃	昴	畢	觜	参	井	鬼	柳	星	張	翼	軫	角	亢	氐	房
6月	心	尾	箕	斗	女	虚	危	室	壁	奎	婁	胃	昴	畢	觜	参	井	鬼	柳	星	張	翼	軫	角	亢	氐	房	心	尾	箕	
7月	斗	女	虚	危	室	壁	奎	婁	胃	昴	畢	觜	参	井	鬼	鬼	柳	星	張	翼	軫	角	亢	氐	房	心	尾	箕	斗	女	虚
8月	危	室	壁	奎	婁	胃	昴	畢	觜	参	井	鬼	柳	張	翼	軫	角	亢	氐	房	心	尾	箕	斗	女	虚	危	室	壁	奎	婁
9月	胃	昴	畢	觜	参	井	鬼	柳	星	張	翼	軫	角	亢	氐	房	心	尾	箕	斗	女	虚	危	室	壁	奎	婁	胃	昴	畢	
10月	觜	参	井	鬼	柳	星	張	翼	軫	角	亢	氐	房	心	尾	箕	斗	女	虚	危	室	壁	奎	婁	胃	昴	畢	觜	参	井	鬼
11月	柳	星	張	翼	軫	角	亢	氐	房	心	心	尾	箕	斗	女	虚	危	室	壁	奎	婁	胃	昴	畢	觜	参	井	鬼	柳	星	
12月	張	翼	軫	角	亢	氐	房	心	尾	箕	斗	女	虚	危	室	壁	奎	婁	胃	昴	畢	觜	参	井	鬼	柳	星	張	翼	軫	角

2035年

	1	2	3	4	5	6	7	8	9	10	11	12	13	14	15	16	17	18	19	20	21	22	23	24	25	26	27	28	29	30	31
1月	亢	氐	房	心	尾	箕	斗	女	虚	虚	危	室	壁	奎	婁	胃	昴	畢	觜	参	井	鬼	柳	星	張	翼	軫	角	亢	氐	房
2月	心	尾	箕	斗	女	虚	危	室	壁	奎	婁	胃	昴	畢	觜	参	井	鬼	柳	星	張	翼	軫	角	亢	氐	房	心			
3月	尾	箕	斗	女	虚	危	室	壁	奎	奎	婁	胃	昴	畢	觜	参	井	鬼	柳	星	張	翼	軫	角	亢	氐	房	心	尾	箕	斗
4月	女	虚	危	室	壁	奎	婁	胃	昴	畢	觜	参	井	鬼	柳	星	張	翼	軫	角	亢	氐	房	心	尾	箕	斗	女	虚	危	
5月	室	壁	奎	婁	胃	昴	畢	畢	觜	参	井	鬼	柳	星	張	翼	軫	角	亢	氐	房	心	尾	箕	斗	女	虚	危	室	壁	奎
6月	婁	胃	昴	畢	觜	参	井	鬼	柳	星	張	翼	軫	角	亢	氐	房	心	尾	箕	斗	女	虚	危	室	壁	奎	婁	胃	昴	
7月	畢	觜	参	井	鬼	柳	星	張	翼	軫	角	亢	氐	房	心	尾	箕	斗	女	虚	危	室	壁	奎	婁	胃	昴	畢	觜	参	井
8月	鬼	柳	星	張	翼	軫	角	亢	氐	房	心	尾	箕	斗	女	虚	危	室	壁	奎	婁	胃	昴	畢	觜	参	井	鬼	柳	星	張
9月	翼	角	亢	氐	房	心	尾	箕	斗	女	虚	危	室	壁	奎	婁	胃	昴	畢	觜	参	井	鬼	柳	星	張	翼	軫	角	亢	
10月	氐	房	心	尾	箕	斗	女	虚	危	室	壁	奎	婁	胃	昴	畢	觜	参	井	鬼	柳	星	張	翼	軫	角	亢	氐	房	心	心
11月	尾	箕	斗	女	虚	危	室	壁	奎	婁	胃	昴	畢	觜	参	井	鬼	柳	星	張	翼	軫	角	亢	氐	房	心	尾	箕	斗	
12月	女	虚	危	室	壁	奎	婁	胃	昴	畢	觜	参	井	鬼	柳	星	張	翼	軫	角	亢	氐	房	心	尾	箕	斗	女	虚	危	室

2036年

	1	2	3	4	5	6	7	8	9	10	11	12	13	14	15	16	17	18	19	20	21	22	23	24	25	26	27	28	29	30	31
1月	壁	奎	婁	胃	昴	畢	觜	参	井	鬼	柳	星	張	翼	軫	角	亢	氐	房	心	尾	箕	斗	女	虚	危	室	室	壁	奎	婁
2月	胃	昴	畢	觜	参	井	鬼	柳	星	張	翼	軫	角	亢	氐	房	心	尾	箕	斗	女	虚	危	室	壁	奎	奎	婁	胃		
3月	昴	畢	觜	参	井	鬼	柳	星	張	翼	軫	角	亢	氐	房	心	尾	箕	斗	女	虚	危	室	壁	奎	婁	胃	胃	昴	畢	觜
4月	参	井	鬼	柳	星	張	翼	軫	角	亢	氐	房	心	尾	箕	斗	女	虚	危	室	壁	奎	婁	胃	昴	畢	觜	参	井	鬼	
5月	柳	星	張	翼	軫	角	亢	氐	房	心	尾	箕	斗	女	虚	危	室	壁	奎	婁	胃	昴	畢	觜	参	参	井	鬼	柳	星	張
6月	翼	軫	角	亢	氐	房	心	尾	箕	斗	女	虚	危	室	壁	奎	婁	胃	昴	畢	觜	参	井	鬼	柳	星	張	翼	軫	角	
7月	亢	氐	房	心	尾	箕	斗	女	虚	危	室	壁	奎	婁	胃	昴	畢	觜	参	井	鬼	柳	鬼	柳	星	張	翼	軫	角	亢	氐
8月	房	心	尾	箕	斗	女	虚	危	室	壁	奎	婁	胃	昴	畢	觜	参	井	鬼	柳	星	張	翼	軫	角	亢	氐	房	心	尾	箕
9月	斗	女	虚	危	室	壁	奎	婁	胃	昴	畢	觜	参	井	鬼	柳	星	張	翼	角	亢	氐	房	心	尾	箕	斗	女	虚	危	
10月	室	壁	奎	婁	胃	昴	畢	觜	参	井	鬼	柳	星	張	翼	軫	角	亢	氐	房	心	尾	箕	斗	女	虚	危	室	壁	奎	婁
11月	胃	昴	畢	觜	参	井	鬼	柳	星	張	翼	軫	角	亢	氐	房	心	心	尾	箕	斗	女	虚	危	室	壁	奎	婁	胃	昴	
12月	畢	觜	参	井	鬼	柳	星	張	翼	軫	角	亢	氐	房	心	尾	箕	斗	女	虚	危	室	壁	奎	婁	胃	昴	畢	觜	参	井

2037年

	1	2	3	4	5	6	7	8	9	10	11	12	13	14	15	16	17	18	19	20	21	22	23	24	25	26	27	28	29	30	31
1月	鬼	柳	星	張	翼	軫	角	亢	氐	房	心	尾	箕	斗	女	虚	危	室	壁	奎	婁	胃	昴	畢	觜	参	井	鬼	柳	星	張
2月	翼	軫	角	亢	氐	房	心	尾	箕	斗	女	虚	危	室	室	壁	奎	婁	胃	昴	畢	觜	参	井	鬼	柳	星	張			
3月	翼	軫	角	亢	氐	房	心	尾	箕	斗	女	虚	危	室	壁	奎	奎	婁	胃	昴	畢	觜	参	井	鬼	柳	星	張	翼	軫	角
4月	亢	氐	房	心	尾	箕	斗	女	虚	危	室	壁	奎	婁	胃	胃	昴	畢	觜	参	井	鬼	柳	星	張	翼	軫	角	亢	氐	
5月	房	心	尾	箕	斗	女	虚	危	室	壁	奎	婁	胃	昴	畢	觜	参	井	鬼	柳	星	張	翼	軫	角	亢	氐	房	心	尾	箕
6月	斗	女	虚	危	室	壁	奎	婁	胃	昴	畢	觜	参	参	井	鬼	柳	星	張	翼	軫	角	亢	氐	房	心	尾	箕	斗	女	
7月	虚	危	室	壁	奎	婁	胃	昴	畢	觜	参	井	鬼	柳	星	張	翼	軫	角	亢	氐	房	心	尾	箕	斗	女	虚	危	室	壁
8月	奎	婁	胃	昴	畢	觜	参	井	鬼	柳	張	翼	軫	角	亢	氐	房	心	尾	箕	斗	女	虚	危	室	壁	奎	婁	胃	昴	畢
9月	觜	参	井	鬼	柳	星	張	翼	軫	角	亢	氐	房	心	尾	箕	斗	女	虚	危	室	壁	奎	婁	胃	昴	畢	觜	参	井	
10月	鬼	柳	星	張	翼	軫	角	亢	氐	房	心	尾	箕	斗	女	虚	危	室	壁	奎	婁	胃	昴	畢	觜	参	井	鬼	柳	星	張
11月	翼	軫	角	亢	氐	房	心	尾	箕	斗	女	虚	危	室	壁	奎	婁	胃	昴	畢	觜	参	井	鬼	柳	星	張	翼	軫	角	
12月	亢	氐	房	心	尾	箕	斗	女	虚	危	室	壁	奎	婁	胃	昴	畢	觜	参	井	鬼	柳	星	張	翼	軫	角	亢	氐	房	心

おわりに

最後までお読みいただきありがとうございます。

今回私が宿曜占星術の27宿をあえて『源氏物語』の登場人物にしたのはなぜか？

宿曜占星術は、密教の密の教え。

それだけに、学べば学ぶほど奥が深く神秘的です。それぞれの宿には個性があり、そこから浮かび上がる人格や運勢は、人の心の中を映し出す魅惑の鏡……。

宿曜に精通していた紫式部の『源氏物語』の中に、当たり過ぎて怖いと言われ封印された宿曜占星術の真髄に近付くヒントがあるのではないか、と思ったのです。

『源氏物語』は、千年以上経った今でも色褪せることなく輝き続けています。

それを書いた紫式部の運命は、その後どんどん変わっていったのだと思います。

自ら運を開き幸運を引き寄せた平安時代のスーパーWOMAN紫式部。

「幸運を生かすにも知恵が必要。幸運が訪れてもその機会を正しく生かす知恵を持たない者には何の役にも立たぬもの。」

私の愛読書『ものの見方が変わる 座右の寓話』（著・戸田智弘）で出会った一文

の知恵が、宿曜占星術のことだと私は思っています。

人は幸せになる前には必ず幸せをもたらす人、物、言葉、ひらめきと出会っているのです。

『紫式部占い』との出会いで皆さんも自分の運氣を味方につけて幸せになっていただければと思います。

宿曜占星術、アロマ、風水を知ることで気持ち良く日々を過ごし、出会う人とのコミュニケーションツールの一つとして、運氣を味方につけてこれまで以上に人生を楽しく輝くものにしていただければと思います。

本書が知識を得るためだけではなく、背中を押してくれるような、安心して一歩を踏み出す勇気を与えられる本になっていれば幸いです。

最後に、この本を書くにあたりお世話になった全ての方、そして、この本をお手に取って下さったあなたに心からお礼申し上げます。

あなたの人生がますます輝かしい日々になることを願っております。

2023年4月10日　小林清香

参考文献

大久保健治『密教占星法と源氏物語』河出書房新社（１９８１）
森田龍僊『密教占星法　上編・下編』臨川書店（１９９６）
小峰有美子『宿曜経27宿占星法』東洋書院（１９８２）
高畑三惠子『あなたの未来を切り開く宿曜秘宝』ビオ・マガジン（２０１９）
上野玄津・高畑三惠子『空海の大予言』平成出版（２０２０）
上住節子『宿曜占法―密教占星術』大蔵出版（１９９０）
水晶玉子『オリエンタル占星術』講談社（２００６）
嶋本静子『香りの源氏物語』旬報社（２００５）
佐藤晃子『源氏物語解剖図鑑』エクスナレッジ（２０２１）
花園あずき『はやげん～はやよみ源氏物語～』新書館（２０１２）
大和和紀『あさきゆめみし　完全版』講談社（２００８）
ガブリエル・モージェイ『スピリットとアロマテラピー―東洋医学の視点から、感情と精神のバランスをとり戻す』
フレグランスジャーナル社（２０００）
家庭医学事典制作委員会編、ロジャールッツ・ルッツ小平悦子監修『エッセンシャルオイル家庭医学辞典』
ナチュラルハーモニー＆サイエンス（２０１２）
柏原茜・石麻恭子監修『スピリチュアルアロマテラピー事典　中医と占星学から読み解く精油のメッセージ』
河出書房新社（２０２２）
ＮＡＲＤ ＪＡＰＡＮ『ケモタイプ精油小事典』ナードアロマテラピー協会（１９９８）
富井健二監修、吉田順・かなゆきこ『「源氏」でわかる古典常識　パワーアップ版』学研プラス（２０１５）

PROFILE

著者

小林清香

KIYOKA KOBAYASHI

月よみ師®／宿曜秘宝®協会マスター講師／宿曜アロマテラピー®チーフ・ティーチャー。古代からの神秘「月・香・石」を使い、これまでに個人・法人合わせて3000人以上のカウンセリングを行う。2019年から、3つの神秘の魅力を伝える朝会を、代官山「リストランテASO」にて開催。参加者は250名を超える。愛称は「愉快な天然カウンセラー」。

【その他取得資格】
英国：ICGT　認定上級ヒーラー/上級インストラクター
日本：JCHI　認定上級ヒーラー/上級インストラクター
宿曜アロマテラピー®認定講師
ヨーロッパメディカルアロマテラピーNARD JAPAN認定アドバイザー
四柱推命鑑定師
靈氣マスター
TCマスターカラーセラピスト
予防医療診断士
谷口令風水心理カウンセリング協会　風水心理カウンセラー

風水監修

谷口 令

REI TANIGUCHI

学習院女子短大卒業後、東京海上、IBM、レナウンなどでキャリアを積むかたわら、20代はじめに九星気学の大家である宮田武明氏と出会う。方位学、家相学、移転学、環境学象意学、命名学、筆跡学、観相・人相学など研鑽を重ねて独立し、心理学をプラスした独自のメソッドを構築。風水歴45年、国内外に3万人以上の顧客を持つ。20歳から現在まで、あらゆるタイプの家に住み、オフィスを含め通算20回の引越しを実験し、住居や住み方の大切さを知り、迷信に振り回されない現在の環境学としての風水を提案。また、これまでのカウンセリング経験から、風水はプライベートシーンだけでなく、ビジネスにも大きな影響を与えることを確信。オフィス空間をはじめ、『自分の強み』を活かすビジネスネームやビジネスアイテム、業績を上げる経営戦略やブランディング、商品名など風水学をワークスタイルに取り入れる風水を提唱中。また、風水スクールより1000名以上の卒業生を輩出。卒業生は風水心理カウンセラーとして、現在国内外で活躍中。『パワーチャージ風水』（講談社）、『シンクロですべての幸せが叶う』（KADOKAWA）、『運を動かす力』『住まいの風水パーフェクトブック』『開運！ 神社日和』（かざひの文庫）など、著書多数。

紫式部占い

～家康が封印した当たりすぎる
インド占星術『宿曜』で見る性格&相性～

小林清香 著
風水監修　谷口 令

2023年4月10日　初版発行

発行者　磐崎文彰
発行所　株式会社かざひの文庫
〒110-0002　東京都台東区上野桜木2-16-21
電話／FAX 03(6322)3231
e-mail：company@kazahinobunko.com
http://www.kazahinobunko.com

発売元　太陽出版
〒113-0033　東京都文京区本郷3-43-8-101
電話03(3814)0471　FAX 03(3814)2366
e-mail：info@taiyoshuppan.net
http://www.taiyoshuppan.net

印刷・製本　モリモト印刷

出版プロデュース　谷口 令
編集協力　中村 百
イラスト　ふわこういちろう
装丁　BLUE DESIGN COMPANY
DTP　KM-Factory

Special Thanks
一般社団法人風水心理カウンセリング協会代表理事　谷口令先生
一般社団法人自然治癒力学校理理事　おのころ心平先生
一般社団法人宿曜秘宝®協会代表　高畑三惠子先生
一般社団法人宿曜アロマテラピー®協会　柳澤ゆき先生
一般社団法人宿曜秘宝協会®マスター講師　伊藤真弓先生

ISBN978-4-86723-126-5